SHENGSHI ZHONGGUO

KANG YONG QIAN SHENGSHI

盛世中国

第3卷

康雍乾盛世

陈婷◎著

中国华侨出版社

前言

1661 年正月初七，顺治帝福临去世，皇三子玄烨 8 岁即位为帝。自此，有清一朝开始了一个长达 100 多年的崭新时期，历经康熙、雍正、乾隆三代，国力强盛，政治清明，是中国封建社会发展中最后的黄金年代，这个时期被史学家称为"康雍乾盛世"。

那么，这个盛世的"盛"究竟表现在哪些方面呢？

第一是统一，统一，是一个国家至高无上的利益。中国历史上，大约出现过80 多个皇朝，而实现了大一统的却只有秦、西汉、东汉、隋、唐、明、清等不足 10 个王朝，在这些基本统一全国的朝代中，其统治持续 200 年以上的只有汉、唐、明、清四朝，包围圈缩小到这个时候，就可以看出清王朝在历史上的地位了。

在康雍乾盛世时期，清政府通过数次战争，奠定了中国近代的版图，其时的中华版图，南至南海诸岛，东南到台湾及附属岛屿钓鱼岛、赤尾屿等，北接西伯利亚，东临太平洋，西跨葱岭，东北到黑龙江以北的外兴安岭和库页岛，西北到巴尔喀什湖，面积大约有1300 万平方公里，比现在的 960 万平方公里多了整整1/3。

盛世的第二个表现是，清代专制主义中央集权制度发展到康熙后，呈现日益强化的趋势。中央权力高度集中，君主皇权进一步加强。到雍正、乾隆时期，军机处将议政王大臣会议和内阁的职权集于一身，直接听命于皇帝，皇权得到高度的发挥，极大地提高了行政效率。

第三个表现是社会安定、经济发达，农业、工商业都非常兴盛，精致的瓷器、精美的丝绸以及醇香的茶叶带来了极大的贸易顺差，无数真金白银源源不断地流入中国。乾隆时期，国家财政收入之丰，达到了我国古代社会的最高水平，经济规模和总量居当时世界之最，经济的发展带来了全国人口剧增，从康熙时的 2000 万增加到乾隆时的 3 亿，当时中国人口占世界人口的 1/3，直至 1800 年（即乾隆去世后一年），中国仍然是世界经济的中心，其生产和出口能力，为世界其他地区望尘莫及，出现了文治武功、相得益彰的局面，其时中国，是不折不扣的兴盛之世。

第四，"文治"，也是康雍乾盛世的重要表现之一，其集中体现在盛世修书上面。盛世修书、修史是中华数千年历史发展中独特的文化传统，中国是世界上唯一的历史记载不中断的国家，这种传统功不可没。

历史上比较有名的大规模的修书工程，一般只是在国家极其强大的时候才会出现，比如，唐贞观盛世时，纂成《北齐书》、《晋书》、《陈书》、《隋书》等二十四史中的六史；明初的洪武、永乐年间最大的类书《永乐大典》诞生。至于清朝，就以康雍乾盛世时期修成的《四库全书》为例，4000 多人集体参与，历经十几年的时间才完成了这个工程，修成了中国历史上最大的一部丛书，囊括了清朝乾隆以前中国历史上的主要文史百科典籍，对于弘扬民族文化、传播古代文化做出了重要贡献。而康雍乾三朝，类似的文化工程还有很多，所需费用无可计数，如此大的文化工程，也只能是在盛世才能完成。

总之，康雍乾盛世，无论是在繁荣的质上还是量上，都远逾前代，有集大成之势。它是以儒家价值观为核心的中国文化在 18 世纪创造的一个伟大奇迹。本书尊重史实，详细讲述了康熙、雍正、乾隆三代励精图治所显现出的盛世风华，讲述了他们在政治、经济、外交、民族关系上的历史功绩。让我们再一次领略那个时代的辉煌，也希望能对读者有所助益。

目录
Contents

目录
Contents

第五章   **国富民强四海升平 盛世风华光耀四方**

第一章
内忧外患国家堪忧
峥嵘岁月江山一统

除掉鳌拜以后，康熙帝长长地松了一口气，他终于可以大展宏图，自由舒展拳脚做一番事业了。除掉鳌拜这一事件让朝中大臣受到了极大的震撼，对他心服口服。后人称赞康熙大帝文韬武略、文治武功，天生就是个当皇帝的料，虽夸张了些，但却是极有道理的。年轻的康熙踢开了前进路上的绊脚石，并为恢复发展生产、消除割据势力、实现国家统一扫清了道路，从而开始了清朝历史的新篇章。

/ 新君即位 /

　　清顺治十八年（1661）正月初一，中国人最重视，也最隆重的传统节日，照理说，也应该最喜庆、最热闹，可是清廷的大臣们却敏感地觉得事情有些不对劲：皇上免去了朝贺大典，甚至连当天理应自己主持的祭祀太庙的仪式都没有出席。

　　群臣在春节朝贺皇帝是历朝历代都遵循的旧例，祭祀太庙更是重要仪式，这些可不是小事，皇帝说免就免、说不去就不去了，大臣们疑惑难解，只是不约而同地有了不祥的预兆，这种预兆使他们在这个最应该喜庆的日子里，心中蒙上了一层阴影。

　　初六，皇宫传出谕旨：赦免京城内十恶死罪以外的一切罪犯，并传谕民间，不准炒豆、不准点灯、不准倒垃圾。这两道旨意一下，群臣疑惑尽释，却更加惊惧：赦免罪犯可能有不同的原因，而那三个"不准"，只有在皇帝"出痘"——患"天花"的情况下才会出现，所以只能说明一件事：皇上得了天花！而在那个时代，"天花"是死亡的代名词……

顺治皇帝的确已经病危，皇宫内处处弥漫着紧张的气氛。最心痛的那个人，莫过于顺治的母亲、孝庄皇太后，但是孝庄始终是一个以大局为重的伟大女性，她抑制住了一个母亲即将失去唯一的儿子的心痛，她说：福临，我们商量一下，要将皇位传给谁吧……

　　史载，初七深夜，年仅24岁的顺治皇帝溘然长逝。

　　两天后，一个8岁的小孩一身孝服坐在了紫禁城金銮殿的宝座中，他就是爱新觉罗·玄烨，后来的康熙大帝。按照常理，顺治当时有四个儿子，选择玄烨，或者因为这个孩子非常出色，或者因为对他有特殊的偏爱。其实都不是，玄烨在即位以前，和其他皇子一样，没有任何区别，要说真有什么特殊的地方，就是他3岁左右的时候出过天花，当时他的父亲正在全心照顾那个心肝宝贝董鄂妃，对这个已经被死神缠住的儿子只说了一句，让他出宫去吧，当心传染给别人。

　　所以童年的康熙，没有享受过多少来自父母的爱，父亲基本没有理会他，心思全在董鄂妃身上。母亲爱他，可是清廷的规矩是，皇后和嫔妃生了孩子，都不能放在自己身边养，也就是逢年过节或有什么大典的时候能远远地看一眼。对于康熙来说，他的童年笼罩着天花的阴影，那个令人谈之色变的恶症所引起的恐慌、惊惧以及亲身经历的病痛成了年幼的康熙挥之不去的噩梦。也许正是因为这些不幸的经历，使康熙变得早熟而稳重。童年和少年时代的康熙，既保持了儿童和少年的天真，也表现出少年英主的锋芒。6岁时，玄烨与皇二子福全一起向父皇问安。顺治问他们二人的志向，福全的回答是"愿为贤王"，而玄烨的回答则是"愿效法父皇"。

　　玄烨小小年纪却有大志，给顺治留下了深刻印象。不过最终决定将皇位传给他，这还不是主要原因，最主要的原因是这个孩子已经出过天花，对这种可怕的恶性传染病具有终身的免疫力，这才是他登上皇位最有力的砝码，因为这个问题来决定皇位继承人荒唐吗？不荒唐，没有亲身经历过那个时代，并不能切身体会到时人对天花的恐惧。

顺治也恐惧，因为他本来有八个儿子六个女儿，可是竟然有四个儿子五个女儿在 8 岁前就夭折了，主要原因就是天花，更重要的是，他也将死于天花，其时清朝入主中原不足 20 年，根基未定，自己英年早逝，肯定会在一定程度上影响朝纲，为了避免这样的情况再次发生，选择具有免疫力的玄烨，这不啻一个明智之举。

历史就是这样耐人寻味，如果康熙没有得过天花，清朝 300 年基业会不会改写，我们已经无从得知，但必须承认的是，天花在康熙的脸上留下了终生的麻子，同时也让他登上了金銮宝座，成就了这位千古一帝。

顺治立下遗诏，命索尼、苏克萨哈、遏必隆、鳌拜为辅政大臣。首辅索尼，就是康熙朝的名臣索额图的父亲，他绝对是一位精明的政治家，城府很深，只可惜年纪太大，难以起什么作用；排名第二的苏克萨哈聪明且富辩才，势力很弱野心很大，他跟鳌拜是儿女亲家，非常希望借助鳌拜来扩张自己的势力，偏偏鳌拜不买他的账，与他势同水火；遏必隆则是墙头草、两边倒，一生没什么主见；鳌拜虽名列末位，但他是追随皇太极马上得天下的重要将领，战功显赫，号称"满洲第一勇士"，他相信强人政治，认为只有用高压手段，才能稳定大清江山，他有才能却刚愎自用，由于资格老、军功高，从心里看不起康熙，心想一个小毛孩子会治什么江山。

康熙即位后，在四大辅臣的精心辅佐下，清政府对全国的统治日益巩固。不过，四辅臣之间的矛盾却在加剧。个性最强的鳌拜自然处于矛盾的旋涡中，满族人自努尔哈赤起就实行八旗制度，鳌拜属镶黄旗，他不断地为两黄旗（正黄旗、镶黄旗）扩张势力，打压"宿敌"两白旗（正白旗、镶白旗）。

而四大辅臣中只有苏克萨哈属白旗，鲜明地形成两黄对一白、三比一的局面，这也是鳌拜最终独揽朝政的重要缘由之一。首辅索尼向来厌恶苏克萨哈，又年迈多病，见鳌拜处处针对苏克萨哈，从来不多发一言，颇有纵容之意，遏必隆本就没什么主见，见此情形遂与鳌拜同旗结党。苏克萨哈威望尚浅，也是无可奈何，又退无可退。在四人主政的八年中，鳌拜与苏克萨哈的矛盾不断升级，最后集中在了镶黄旗与正白旗圈换土地上。

清初圈地时，多尔衮是正白旗之主，他凭借自己大权在握，将冀东肥沃的土地圈给了正白旗，而将保定、河间、涿州等稍差的土地圈给镶黄旗。清康熙五年（**1666**），鳌拜提出圈地应该按照八旗排列顺序，冀东的土地应归黄旗所有，因此要求和正白旗换地。鳌拜为了攫取绝对的权力，利用两黄旗与白旗的矛盾，翻出陈年老账，既打击了白旗大臣苏克萨哈，又使自己得到了黄旗大臣和旗人的拥戴，可谓一箭双雕。然而如此一来，社会经济秩序的稳定性就遭到了严重的破坏——换田将使数十万人流离失所，数十万亩土地荒芜，至少一年之内颗粒无收。

索尼、遏必隆支持鳌拜，苏克萨哈当然坚决反对，当时户部尚书苏纳海、直隶总督朱昌祚、巡抚王登联唯恐引起大骚乱，也都反对换地，这三个人的举动惹恼了鳌拜，他想：你们居然敢在老虎身上拔胡须，我现在还不能拿苏克萨哈怎么办，那先办你们吧。于是上疏强迫康熙下令将三人处斩。康熙虽年幼，也知道鳌拜纯属无理取闹，可是他没有办法，只好默许，这也造成了历史上的一桩千古冤案。

鳌拜处死三人，随后强行换地。换地事件，从表面上看来，是鳌拜胜了，实际上却未必是好事，因为从此康熙开始对他起了戒心。他在祖母的教诲下早就知道了当年摄政王多尔衮专权给父亲带来的痛苦，为了避免鳌拜成为另一个多尔衮，早熟而有心机的他，开始以退为进，一方面避免与鳌拜发生正面冲突，一方面韬光养晦，专心学习治世本领。

向来看不起康熙的鳌拜却没有丝毫的警醒，此后还多次当着皇帝的面，呵斥大臣，屡次将各地官员的奏折拿回家跟心腹们处理。康熙心里恨得咬牙切齿，表面上却不动声色，时不时地还当着众人的面表扬鳌拜，称其为国之栋梁、大清砥柱。鳌拜听罢更加得意扬扬。

清康熙六年（1667）六月，索尼病死，虽然他身为首辅，一直姑息纵容鳌拜，任其坐大，临死前却做了一件令康熙满意的事。这年，康熙已年满14岁。索尼上书请小皇帝亲政，因为这属于遵循旧例，顺治帝就是14岁亲政的。七月，康熙亲政，仍命辅臣佐理政务。

苏克萨哈看索尼死了，皇帝亲政了，自己和鳌拜斗了这么多年，从没占过上风，于是心灰意冷起来，便上疏请求皇帝解除自己的所有职务，批准自己去河北遵化为先帝守陵。可怜的苏克萨哈连这个愿望都无法实现，他的举动彻底惹怒了鳌拜。这是很明显的事，首辅没了，排名第二的苏克萨哈请辞，那么按理说鳌拜、遏必隆两人也应该卸任，何况皇帝已经亲政了。苏克萨哈触及到了鳌拜的要害，这也为自己惹来了杀身之祸。罗织罪名是鳌拜的强项，他为苏克萨哈网罗了用心险恶、图谋不轨、久蓄异志、欺藐幼主等二十四项罪名，建议将其凌迟处死并诛其九族。

苏克萨哈是不是冤枉的，康熙比谁都清楚，他坚决反对处死苏克萨哈，想保他一命。谁知鳌拜气势汹汹，竟在御前"攘臂上前，强奏累日"。康熙无奈，只得杀了苏克萨哈缓解这种局面。至此，他终于下决心铲除鳌拜。鳌拜在朝堂上公然侵犯他的尊严，是可忍，孰不可忍。康熙已经下定决心铲除鳌拜及其势力。

苏克萨哈被杀，使鳌拜与康熙之间的矛盾急剧上升，至此，四大辅臣只剩下一个无足轻重的遏必隆，他对鳌拜唯唯诺诺，鳌拜把持了议政王大臣会议和六部的实权，更加肆无忌惮、为所欲为。清康熙八年（1669）元旦，鳌拜率诸臣上殿朝贺，身上穿的黄袍，样式和布料与康熙的一模一样，不同的地方，只是帽子上打了个红绒结，而康熙戴的是一颗东珠。此时他已经将其党羽安插到朝廷各个部门，牢牢控制了政局。朝中大小事件，诸臣都先到鳌拜家里商议，然后再通知康熙结果，而对此明显大逆不道的行为，没有任何人有勇气提出异议。

有一次，鳌拜装病不上朝，康熙心知肚明，为了表示对他的"重视"，康熙亲自到府中问候，两人明明已经势同水火，却还得假意客气，鳌拜表示了对皇帝亲自探视的深深惶恐，康熙则表达了对鳌拜生病的无比痛心，一再叮嘱他要好好休息，早日处理朝政，免得自己无所适从。

按说"探视"到了这一阶段，应该是一出成功的戏，双方退场也就罢了，谁知大内侍卫竟发现鳌拜席下有刀，朝廷的规矩，见皇帝不能带任何凶器，众侍卫马上围拢过来，气氛十分紧张，颇有剑拔弩张之势。谁知康熙轻松一笑："我们满人马上得天下，带刀是习俗，鳌少保乃满洲第一勇士，刀不离身，有什么可大惊小怪的，都退下！"随即又对鳌拜叮嘱了一番，也无外是"好好休息、早日为朕分忧"之类的话，就回宫了。

经过此事，鳌拜就更看不起康熙了，一个小孩子，低眉顺眼的，看起来也没什么见识，他实在是低估了康熙。这时，鳌拜的亲信已经遍布朝廷内外，康熙深知，稍有不慎，就会打草惊蛇，酿成大变，他也知道，遏必隆、杰书等人已被鳌拜吓破了胆，帮不了自己。

经过长期的考虑，一个周密的计划在他脑海中酝酿成熟，他陆续将一些忠于自己的人安排在自己的周围，并将一批亲信提拔到要害部门，如提拔索额图为吏部右侍郎，提拔明珠为刑部尚书。渐渐地，一个新的势力集团悄悄地在年轻的皇帝周围形成。随后，康熙帝又派亲信掌握了京师的卫戍权。

为了最后解决鳌拜，康熙皇帝精心挑选了一批少年侍卫，在宫内整日以"布库"为戏。满族语"布库"意为"摔跤常胜者"，是由满族"骑马打仗"演变而来的。比赛时在地上画出一个圆形角斗区，参赛者分为两个队，每队各二人。比赛时，一人背着另一人。比赛开始后，两队开始互相接近，背上的人相互争斗，设法把对方推出场外或把对方从背上拉下来，以此决定胜负。

鳌拜进宫奏事，康熙也不让众少年回避，有时还混在其中，玩得兴高采烈，装出一副胸无大志的样子。鳌拜也不以为意，只当是皇帝年少，耽于嬉戏，不务政事，还暗自窃喜，以为"帝弱且好弄"，"心益坦然"。

清康熙八年（1669）五月，一天，康熙召集身边练习布库的少年说："你们跟朕这么久，朕待你们如何？"少年们齐声回答："皇上待我们恩重如山！"康熙说："好，很好，朕今天也不怕告诉你们，鳌拜，他是朕的敌人，是大清的罪人，朕恨他入骨，朕要你们替朕铲除他！此事若成，有重赏。""愿为陛下赴汤蹈火！"康熙满意地点了点头，随即传令鳌拜进宫议事。

鳌拜入宫后，康熙笑脸迎接："鳌少保，朕近日与侍卫正练习布库，少保你是满洲第一勇士，摔跤功夫非比寻常，朕让这些侍卫表演一番，劳烦少保指点指点？"鳌拜抚须大笑："不敢不敢，既然皇上有命，臣就勉为其难了。"眼里却闪过一丝不屑，康熙捕捉到了这个眼神，未置可否。随即一声令下，命少年们开始练习。少年们你背我、我背你，折腾得不亦乐乎，渐渐地围到了鳌拜的身边，鳌拜未加警惕，少年们一拥而上，抱腿的抱腿、拽胳膊的拽胳膊，鳌拜猝不及防，毕竟岁月不饶人，纵然是满洲第一勇士，也只好束手就擒，戏剧性地败在一群少年手下。

接着，康熙宣布鳌拜三十条罪状，说明其论罪当斩，但念其屡立战功，是大清开国良将，所以赦其死罪，拘禁终身。这件事，当时法国在清廷的传教士白晋的记载更加生动有趣。据白晋描述，鳌拜被打入天牢后请求觐见康熙，让康熙看他为救清太宗皇太极而留下的伤疤，累累伤痕加上辅佐先皇的功绩，使他保住了性命。不过，也该他命不长久，鳌拜在禁所死去。

除掉鳌拜以后，康熙帝长长地松了一口气，他终于可以大展宏图，自由舒展拳脚做一番事业了。一个十几岁的少年能做出什么事业？看他智擒鳌拜就知道不能小看他，这一招让朝中大臣心服口服，受到了极大的震撼，虽然说不上人人自危，却无不明里暗里地对这个小皇帝表示畏服。后人称赞康熙大帝文韬武略、文治武功，天生就是个当皇帝的料，虽夸张了些，但却是极有道理的。年轻的康熙踢开了前进路上的绊脚石，并为恢复发展生产、消除割据势力、实现国家统一扫清了道路，从而开始了清朝历史的新篇章。

南书房的设置

　　像以往任何一个雄才大略的皇帝一样，康熙主政之初，最关注的就是一件事——集权。也许有人说，皇帝还需要集权吗？所谓普天之下，莫非王土；率土之滨，莫非王臣，谁敢分皇帝的权力？

　　有人敢分皇权，这权力还不是他们自己抢的，是皇帝给的。皇帝想专权，又分给别人权力，矛盾吗？不矛盾。皇帝是真龙天子，这是一种奉承话，大家都知道，世界上没有龙这种动物。从唯物主义的角度来讲，皇帝除了是皇帝之外，他还是个人，只不过这个人从事了一种非常高贵的职业，就是做皇帝。是人就有累的时候，就有一定的精力，以康熙初年的人口数量为例，当时全国有大约 2000 万人，2000 万聚在一起的视觉效果我们无法想象，但是去掉那个"万"字，就是让一个人管理几千人，即使不眠不休，也管不过来吧，皇帝也是一样，让他自己管，他也管不过来。在这样的情况下，再舍不得，也得把权力分一些给别人，让他们帮自己管。

　　先看看距离清朝最近的明朝皇帝把权力分给了谁，明太祖朱元璋即位之初，是宰相帮他"分忧"，但是朱元璋是一个权力欲望极强的人，他早就觉得相权是他心上的一根刺，于是不动声色地容宰相胡惟庸坐大，然后找个借口一举废除了宰相制，所以"胡惟庸案"并不单纯是一个案件，里面折射的意义非常重大——从春秋时代就有的宰相制消失了。然而聪明如朱元璋却也无法改变历史的规律，完全意义上的集权是行不通的，不管你的精力有多么旺盛。于是到了明成祖朱棣时，又设了内阁，具有讽刺意义的是，内阁大臣除了没有宰相的称谓之外，所掌握的权力并不比宰相少，甚至在某个特定时期还远远大于宰相，从宰相到内阁，绝对意义的换汤不换药。

明末满族人的后金政权崛起以后，皇太极沿袭明制，也以内阁作为中枢机构，但是称谓不同，叫内三院（内国史院，内秘书院，内弘文院），虽说是中央最高行政机关，但只负责起草、传达诏令，代批拟旨等。内阁的最高长官是大学士，地位很高但没有实权，实际上只相当于皇帝的私人秘书。清朝入关以后，即顺治帝时，才将内三院正式称内阁。康熙即位之初，索尼、鳌拜等四辅臣以恢复祖制为名，又将内阁改为内三院。康熙除掉鳌拜正式亲政后，又恢复了内阁制，并把中央权力一分为三，即内阁、议政王大臣会议和南书房。

先说相比之下历史最悠久的内阁，内阁设大学士四人，满、汉各二人；设协办大学士两人，满、汉各一人；设学士十人，满六人、汉四人。和明朝的内阁比起来，此时的内阁权力是非常小的，不过比起皇太极、顺治时代还是有所提升，因而出现了像纳兰明珠、索额图、徐元文、李光地等在朝中有较大影响的内阁大学士。

尽管如此，内阁仍然没有什么实权，在很大程度上仍是承旨书谕。

这一点从一些小事上就可以折射出来，据《康熙起居注》记载，清康熙十九年（1680）六月，江西提督许贞上疏奏请招募水兵1000人到水师。康熙对内阁大学士索额图等人说："许贞想招募1000水兵，不免费粮又费钱，不久前不是批准尚之孝标下的兵丁到江西各兵营补老弱之数吗，不如将此项兵丁拨给许贞，少了的话，就不用再补了，这样既满足了许贞的要求，又不至于浪费钱粮，你们有什么其他看法吗？"索额图等立刻回答："皇上所言极是。"

可见在皇权的绝对支配下，大学士只能明哲保身，而不可能有大的作为，内阁也不是一个独立的权力系统，它和专制皇权不存在实质性的矛盾冲突，和明初内阁一样，清初内阁的出现也可以说是皇权得到加强的产物。索额图、明珠等人虽然风光一时，最后还是被康熙轻轻松松地修理了，用康熙的话说就是："若等势重于四辅臣乎？我欲去之，则尽去之！"很有"挡我者死"的气势。

接下来说一说议政王大臣会议。清初，中央政权机构大体采用明朝制度，设内阁，置六部，但还保留着由满族贵族组成的议政王大臣会议，其权力凌驾于内阁、六部之上。凡军国大事都由议政王大臣会议决定，皇权受到限制。入关前，皇太极就已经将议政大臣们提到了很高的地位，"设八议政大臣……总理一切事务，与诸贝勒偕坐共议"，"协议国政，军国大事，均于此决之"。顺治年间，汉人范文程、安达礼等也先后受命为议政大臣。这样以皇帝亲信关系，着眼于国事政治需要，逐步代替狭隘的氏族血缘关系，有力地提高了议政王大臣会议的重要性，对稳定清初政局、奠定大清朝的统治，非常有帮助。

当然，议政王大臣会议的活动及其发展，是离不开各有关时期的政治形势的。康熙即位之初，索尼、遏必隆、苏克萨哈、鳌拜四辅政大臣操纵议政王大臣会议极大地限制了皇权。康熙亲政后，本想严重削弱议政王大臣会议的权力，免除后顾之忧，谁知接着又爆发了三藩叛乱，无奈之下，他只好恢复主要由满族亲王主持的议政王大臣会议，"凡军国重务不由阁臣票发者，皆交议政大臣会议"，"凡令仪政王、贝勒、大臣会议之事，俱系国家重大机密事务，会议之时，理应极其缜密"。不过这只是非常时期的非常举措，康熙知道，过分将大权交给议政王大臣会议肯定会威胁到皇权，并且这些满族王公贵族地位较高，有时与皇帝意见发生矛盾，皇帝也不得不收回成命，而这也是高高在上的皇帝最不能忍受的。所以平定三藩之乱的后期，康熙逐渐对其加以限制。

至此，可以看出，表面上，康熙将中央权力一分为三，但是无论内阁还是议政王大臣会议，都没有什么实际权力。具有明确权力意志的康熙皇帝始终将政务大权牢牢控制在自己手中，他曾明确说过"今天下大小事务皆朕一人亲理，无可旁贷。若将要务分任于人则断不可行"，并表示内阁大学士等人只是"佐君理事之人"，不得侵犯人主权力，而自己也绝不"以大权授人"，他的这种言论集中体现在南书房的设立上。

在故宫乾清宫西南隅，有一排不太显眼的房舍，名为"南斋"，通常称为"南书房"。千万不要小看这些平凡的小房间，在清政府统治的300年时间里，那些才高八斗的读书人以入值南书房为荣。为什么呢？因为这里是皇帝读书的地方，入值者主要陪伴皇帝赋诗撰文、写字作画，有时还秉承皇帝的意旨起草诏令，"撰述谕旨"，这是一种怎样的荣耀啊！而这种荣耀，在康熙年间，达到了极致。

清康熙十六年（1677），康熙帝亲自挑选某些经过精审确定的亲信文人入值南书房办事，称"南书房行走"。南书房行走有两个特点：第一，绝大多数是汉人，这是清朝采取的缓和满汉民族矛盾，消除汉族士人反清意识，从而使之为清朝服务的政策的具体表现；第二，均为经史、文学、书法、绘画以及自然科学方面出类拔萃的人才学者。康熙选拔南书房行走，或亲自考察，或向他人询问，但绝对谨慎。比如选拔张英时，召他觐见，对答了一番之后，康熙非常欣赏这个人，但还是会再三询问其他人，被询问的人就差说"张英绝对行，不行您砍我的头"了，才批准其入选。选拔王士祯时，康熙问某内阁大学士："当今世上，博学多才，擅长诗文的人以谁为最？"这个大臣回答说是王士祯。康熙不能确信，很是啰唆地又问了冯溥、陈廷敬、张英等人，大家都那么回答，王士祯才得以入值南书房。即使已成为南书房行走的，也还要受到康熙帝的"不时咨询"，"突然袭击"，其次数之多，令人防不胜防，那些亲信文人经常被吓得一身冷汗，但从这里也可以看出康熙用人的严格。除了张、王二人，不少清初著名文人学者都入值过南书房，如查慎行、朱彝尊、方苞、沈荃，等等。

据史书记载，康熙皇帝最初打算设置南书房时说："朕不时观书写字，近侍内并无博学善书者，以致讲论不能应对。今欲于翰林内选择二员，常侍左右，讲究文义。"南书房行走的确奉命讲诵经史，考订文章，抄录经典，纂辑讲章诗文。康熙帝为人勤奋好学，在南书房行走的辅助下，阅读了大量经史文学典籍和自然科学书籍，通晓了汉族文化，成为中国历史上少有的知识渊博的君主。

但实际上，南书房的职责没有这么简单，康熙帝把"特颁诏旨"起草的权力都交给了南书房。各地有上报康熙帝的密缮小折子，都要交与南书房"管理宫报首领，从内密达御前"。南书房行走，是康熙皇帝的近臣，在清廷中的地位尤为显赫。清代史学家赵翼说："时尚未有军机处，凡撰述谕旨，多属南书房诸臣。"例如高士奇，"每归第，则九卿肩舆伺其巷皆满"，跟他打听消息的人，连家门前的巷子都挤满了。

更重要的是，此后，许多重大政务已不再交付议政王大臣会议讨论，改为经由南书房传谕或遵旨起草上谕，这样做的目的正是为了更直接地行使皇权。清人吴振棫《养吉斋丛录》曾述及南书房在中央政权中的重要位置："章疏票拟主之内阁，军国机要主之议政处，若特颁诏旨，由南书房翰清宫南书房林视草。"清人震钧《天咫偶闻》也提到了南书房的重要："或代拟谕旨，或咨询庶政，或访问民隐……"南书房的设置，分夺了议政王大臣会议和内阁的权力，成为康熙帝加强皇权的重要工具，是康熙帝实施高度集权的重要步骤。

说到这里，有一个问题就无法回避了：集权是好事吗？在生产力不发达的封建社会，集权未必是一件坏事，中国古代史上，秦朝是最早将集权付诸实践的朝代，秦始皇统一六国，为历史的发展做出了巨大的贡献。当然，集权与专制是一对双胞胎，如果权力集中在一个十恶不赦的人手里，那么百姓就要受苦了，天下就要大乱了，比如明朝的大太监刘瑾、魏忠贤以及大臣严嵩等人就是因为大权在握而祸国殃民，在当时是人人得而诛之的角色。

由此可见，封建社会集权不可怕，关键看权力掌握在谁的手里。

现在的情况是，权力集结在康熙手里，历史告诉我们，康熙是一个好皇帝，他没有用自己手中的权力去作威作福、危害百姓，或者选很多秀女，而是用集权去平三藩、统一台湾、反侵略、整顿吏治、治理河工、轻徭薄役等，简单说就是，他用手中的权力开创了一个四海升平的盛世。

/ 三藩之乱的平息 /

　　正在康熙大刀阔斧加强集权的时候，有一个人感到不自在了。事实上，自从鳌拜被除之后，他就明白当今皇上可不是一个好糊弄的小孩子，所以一直忧心忡忡。所谓做贼心虚，便是如此。他拥兵自重，在所辖区域横征暴敛、作恶多端，所以他心虚。

　　这个人就是吴三桂，大名鼎鼎的冲冠一怒为红颜的平西王吴三桂。当年，他作为山海关总兵把清兵引入山海关，为清廷立了大功，遂被封为平西王，镇守云南。除了他，还有两个原本都是明朝将领的人在清兵入关前后相继降清，并得到加封：平南王尚可喜，镇守广东；靖南王耿仲明，镇守福建。如此看来，这三个人的履历，有很多的相似之处：都降过清，都靠降清得了富贵，得了富贵之后都盘踞一方作威作福。就是耿仲明冤点儿，落了个卖主的骂名后，不久就死了，他的儿子耿继茂袭封后时间不长也追随父亲去了，孙子耿精忠又再次袭封。三王各拥重兵，割据一方，俨然是三个独立王国，号称"三藩"。不管怎样，此刻面对康熙大帝，吴三桂、尚可喜、耿精忠三人就是一条线上的蚂蚱了，于是经常暗通款曲，互通声气，以防不测。

　　不过，他们的担心也并非多余。康熙虽然年轻，可是他不但早熟，还熟读经史，历史上的藩镇割据对中央的危害他比谁看得都清楚。三王各拥重兵，合起来也有10万兵力，几乎相当于清政府绿营兵（与八旗兵不同，主要由汉人组成）的一半，这样的兵力耗费了大量的中央军费，对于中央集权国家，也是一个很大的威胁。所以康熙亲政以后，把除三藩作为头等大事提上日程，命人将其刻在宫中柱上，可时常看到，并积极寻找解决三藩问题的有利时机。

　　三藩自割据一方后，丝毫不知收敛，吴三桂自恃势重，圈占民田，又借疏河修城之名，搜刮民脂民膏，还私自铸钱。光是敛财也就罢了，他还集结兵马，日日操练，并且明目张胆地铸造兵器。他的儿子吴应熊为额驸，朝政巨细，可以旦夕密报。这样一个人，对康熙而言，只可以用一个词来形容他：心腹大患。

　　毫无疑问，吴三桂是藩王中实力最大、威胁最大的一个，藩王10万的兵力他有7万。当然耿精忠和尚可喜也好不到哪儿去，耿精忠袭封王爵后，"以税敛暴于闽"，纵使其部下"苛派夫役，勒索银米"。又花点小钱收买一帮地痞流氓，天天在市集上造谣，公开宣扬造反言论。

　　至于尚可喜，主攻敛财，广州为对外通商口岸，他在广东命令部属私充盐商，"每岁所获银两不下数百万"。虽然没有天天练兵、私铸兵器、散布谣言什么的。可是他有个不孝的儿子，俗称逆子，即尚之信。尚之信趁父亲年老多病，掌握兵权，他和属下一起，作恶多端，草菅人命，罪行累累，俨然取代父亲成了头目，但是他还不甘心，觉得父亲的存在让他不舒服，于是经常在父亲面前拿着刀，恐吓恫吓。

尚可喜一看这还了得，自己戎马半生，好不容易才奠定了这个基业，本想老来享几天清福，却出了这么个不孝子，看他整日磨刀霍霍，自己连命都快保不住了，只能再往后退一步了。

1673 年，尚可喜以年事已高为由，向朝廷上书要求回辽东养老，并提出由他的儿子尚之信承袭王爵，继续留镇广东。康熙一看，机会来了，马上回复尚可喜："退休可以，袭爵就免了，朕恩准你们全家迁回辽东老家去，这些年背井离乡的也不容易。"尚可喜还没接到圣谕，吴三桂就从吴应熊那里得到了消息，他一看大事不妙，马上修书命人连夜交与耿精忠，商议两人一起奏请撤藩。

这边康熙刚刚回复了尚可喜的奏折，马上又收到了吴三桂、耿精忠两人撤藩的请求。朝堂上一片争论，吏部侍郎索额图等大部分官员都倾向不答应撤藩。很明显的事，吴、耿两人怎么可能甘心放弃眼前大把的利益，真的回老家养老呢，不过是投石问路而已，傻子都看得出来，一旦朝廷批准撤藩，他们马上就造反。可是国家初定，天下未安，朝廷哪有精力去平反啊，不如"坚决"挽留两人，算是个缓兵之计，来日方长，等朝廷有了足够的实力再作计较。

康熙却不这样想，他说："朕阅前史，藩镇久握重兵，迟早都要造反，如今也是一样，撤必反，不撤亦反，何况吴三桂子应熊、耿精忠弟昭忠、聚忠等，都在京师供职，趁此撤藩，他们投鼠忌器，尚不至有变动。"刑部尚书明珠等人表示赞同，康熙就这样决定下来，遂准奏撤藩，派侍郎哲尔旨、学士博达礼往云南，户部尚书梁清标往广东，吏部左侍郎陈一炳往福建，监察各藩撤兵事宜。

这下吴三桂傻眼了，心想康熙这个小毛孩子真是不知天高地厚，跟他客气他还当起真来，既如此，就闹个鱼死网破，让你见识见识厉害。随后便与几个心腹密议加紧练兵，积极备战。不久，朝廷派来的特使到了，吴三桂接了诏书，一面派手下热情款待特使，一面假装积极地办理交接手续，整顿完毕时，便召军中全部将士到府，不胜凄楚地说："各位将军随本王征战多年，都立过大功，很是辛苦，本王铭记在心，眼下大局已定，本想与诸位共享富贵安乐，不想朝廷下令撤藩，让本王移镇山海关，此去吉凶未卜，诸位多多保重吧，只怕今日一别，后会无期了。"又不是让他去死，怎么就后会无期了呢？山海关也算是他的老家，更称得上是他发家的地方，乖乖回去安享个晚年不好吗？非要惹出一番事端，弄得生灵涂炭。

话说诸将领听了吴三桂一番假惺惺的告别之词，纷纷说道："我等也是随王爷出生入死，才能有今天，王爷的知遇之恩从不敢忘，不知道朝廷为何无故下令撤藩？"

吴三桂继续假装说道："圣上的旨意，臣下怎好妄自揣测，不过，古人说，飞鸟尽，良弓藏，狡兔死，走狗烹，总是不错的。本王深悔当年失策，不忿李贼祸国殃民，欲救民于水火，却将清兵引进了关，哎！报应，报应啊！"接着他命家丁抬出许多大箱子，打开箱盖，无数金银珠宝、珍奇古玩，映得满室生辉，吴三桂指着这些东西继续说："本王得到报应也就是了，可叹诸位为我辛劳多年，我却无以为报，这是本王多年积蓄，各位都取一点，留个纪念，他日本王若有不测，见了这些东西，就当是见了本王吧，也不枉我们相识一场。"说着竟假惺惺地流下泪来。

语音刚落，吴三桂手下那些将领，马上纷纷表示要永远追随王爷，生生世世，子子孙孙。其实，他们未必不是真心，这些人，据守云南多年，所谓天高皇帝远，想干什么就干什么，想打家劫舍就打家劫舍，想强抢民女就强抢民女，吴三桂一向睁一只眼闭一只眼，从这个角度来说，他们也是非常感激吴三桂的。再说，当年后周大将赵匡胤的手下为其黄袍加身，成就了一代帝王，今日云南有精兵良将，且粮草充裕，未必不能推翻大清，真要到了那个时候，自己都是开国功臣啊，高官厚禄、珠宝美女还怕没有吗？

吴三桂一看，众人的情绪被煽动得差不多了，马上又拱了一把火："各位将军千万别这样，钦使已限定行期，不日就要启程，皇命不可违啊！"这时，人群中有人跳出来，大声说："什么钦使不钦使？我等眼中只有王爷，我们不愿让王爷移镇，他敢强逼？大清的天下，没有王爷能到手吗？皇上这般忘恩负义，我们还尊他作甚！"

吴三桂大怒："胡闹，竟敢对皇上不敬，都是我平日教导无方，来人，将此人捆起来与我一起赴京谢罪！"众将士一听他这话，齐声喊道："请王爷做主子，带领我等一起杀入北京城去！"未等答话，马上就有人出去，过了一会儿，拎了两个钦使的人头进来。

吴三桂一声长叹："这是陷我于不义啊！也罢也罢，事到如今，退无可退，只是钦使虽死，巡抚尚在，这该如何是好？"马上又有人出去，不一会儿，拎了云南巡抚朱国治的人头进来，吴三桂见了，痛哭起来："朱大人，朱大人，本王无意害你，九泉之下，休要怪罪本王啊。"

果然如康熙所料，吴三桂一接到撤藩的旨意，便首先举兵叛乱，自称"天下都招讨兵马大元帅"，以"兴明讨虏"为口号。且不说那个什么兵马大元帅，光是这个"兴明讨虏"的口号就够令人作呕的，是谁把清兵引入了山海关帮助清朝灭了明王朝啊，是谁连南明永历帝朱由榔逃到了缅甸还不放过，自动请命去斩草除根，一点情面也不留啊。这个人就是吴三桂，他兴兵之前居然还去朱由榔的坟前拜祭，失声痛哭，这已经不是"打一巴掌给个甜枣吃"就能解释的行为了，想必朱由榔在地下也气得咬牙，恨不得变成厉鬼向吴三桂索命。

做了各种舆论和军事上的准备后，吴三桂于第二年年初派兵进攻湖南，迅速占领贵州、湖南、四川等省。不久耿精忠响应吴三桂，在福州起兵叛乱。清康熙十五年（1676）二月，尚之信也在广东起兵响应。许多汉族提督也纷纷竖起叛旗，响应叛乱。短短两年的时间，战火遍及滇、黔、闽、粤、桂、湘、鄂、川、陕等省，叛军的气势锐不可当。

吴三桂发动叛乱之初，叛军连战连捷，清廷官员慌了，内部产生了分歧，尤其是索额图，他一再联络大部分官员在朝堂上上奏，提出与吴三桂和解，甚至不惜"裂土罢兵"，只有明珠等少数官员提出应与叛军一决胜负。康熙起初不动声色，向主张和解的大臣问道："两军已经交战，依众卿家所言，如何与吴贼和解呢？"索额图等人以为圣上有意答应，马上回答："这个好办，就说是逆臣出撤藩之下策，将主张撤藩之人统统杀掉，允诺吴三桂世守云南，战事必能结束。"康熙点了点头："哦。"明珠却恨得牙齿痒痒，他与索额图向来不睦，两人斗得像乌眼鸡似的，眼见索额图想借机置自己于死地，皇上似乎有意答应，情急之下，只得向康熙进言："皇上……"康熙摆了摆手示意他不要说话，又转头问索额图："索卿家，依你所言，主张撤藩之人都要杀掉，朕记得，朕是头一个主张撤藩的，你要把朕杀了去跟吴三桂谈吗?"此言一出,不只索额图,主和的大臣们全都跪下了,嘴里不停地喊着:"臣罪该万死、罪该万死……"

康熙令他们起身,义正词严地说:"朕知道你们不是这个意思,但是,三藩一日不除,国家一日不宁,朕要告诉你们,三藩,朕撤定了!今日之事就此作罢,日后,谁再提起议和之事,格杀勿论!"随后命人处决留京为人质的吴三桂长子吴应雄和孙子吴世霖,以表示平叛决心。

消息传到云南,吴三桂哭了,结合前面的内容,吴三桂哭了很多次了,恐怕独独这一次才是真心实意地伤心。人生三大悲剧,少年丧母、中年丧妻、老来丧子,他这个年纪,母亲早就不在了,妻子要多少有多少,独独对这个儿子是打心眼儿里疼啊,听说吴应熊的死讯后,他老泪纵横,发誓要为儿子报仇。话又说回来了,你儿子当初留在北京做驸马就是当人质的,你知道你起兵他肯定得死,这不咎由自取吗?

但是,也没时间伤心了,因为紧接着康熙调集军队重点进攻吴三桂的叛军,下令停撤平南、靖南二藩,这个决策是非常英明的,他看出来三藩之中,属吴三桂野心最大,反叛之心早已有之。耿精忠虽常有造反言论,也不过是过过嘴瘾,他还是有自知之明的,响应吴三桂也是迫于形势,至于尚之信更是没脑子,眼见天下大乱,也想凑上去分一杯羹,还是想占点便宜。果然,耿、尚二人轻易就被招降了。

对西北,康熙先以优势兵力击败陕西的王辅臣,又恢复其官爵,稳定了西北局势。至此,清军免除了"三边动摇,势难猝定"的后顾之忧。吴三桂彻底陷入了孤立的境地,吴军也已经没了刚刚造反时的锐气,士气逐渐低迷。

清康熙十七年（1678），74 岁的吴三桂在湖南衡州称帝，此时吴军已经连吃了无数败仗，所占城池越来越少，勉强支撑，吴三桂以如此高龄，还是执意爬上宝座，想过过皇帝瘾。不过，几个月之后，被无数汉人唾弃又被满族人瞧不起的吴三桂在担惊受怕中一命呜呼了。

　　吴三桂死了以后，吴军人心涣散，在清军强大的攻势下，迅速土崩瓦解，败退昆明。吴三桂的孙子吴世璠顽固抵抗，拒不投降，估计是知道投降了也是个死。清康熙二十年（1681）十月，清军攻下昆明城。吴世璠自杀。至此，前后历时 8 年之久的三藩之乱，遂告平定。

　　这一场旷日持久的反叛战争中，康熙运筹帷幄，消灭了危害极大的割据势力，为巩固清朝的统治、创造安定的社会环境创造了极为有利的条件。如果说，当年智擒鳌拜威慑了朝廷官员，那么平定三藩之乱，则让他威慑了天下。

统一台湾

　　平定三藩之乱后，康熙再次将台湾问题提上了日程，说起台湾问题，还要往前再推十年，当初顺治帝刚刚去世，受封为南明延平郡王的明末将领郑芝龙之子郑成功，率明军退守金门、厦门一带，在东南沿海坚持抗清斗争。同时，为了建立稳固的抗清根据地，他趁着清廷国丧暂停用兵的机会，经过 8 个多月的战斗，赶走了盘踞在台湾作威作福、鱼肉中国百姓俗称"红毛鬼子"的荷兰侵略者，被强占了 30 多年的台湾重归祖国，郑成功由此名垂青史，成为民族英雄。

　　话说郑成功带军进驻台湾之后，开始按照大陆典制设置府县，任命官吏，又大力提倡垦荒，安抚百姓，发展经济，等等。不久，郑成功积劳成疾，入台湾不到一年就一病不起。虽说病得不轻，看当时情形，一时半刻却也不致有生命危险，可是为什么很快就病逝了呢？因为有一个人，做了一件丑事，使郑成功十分气愤，由此病上加病，遂不久于人世。

　　这个人就是郑成功常年被外派在厦门和金门的大儿子郑经，他做了什么丑事呢？他勾搭上了自己的奶妈，两人居然还生了个儿子，郑经彻底冷落了自己的原配兵部尚书唐显悦的孙女，唐显悦气不过，给郑成功写了一封气势汹汹的信："人有八母（中国古代的父母子女关系认为人可能有八母，即嫡母、继母、养母、慈母、嫁母、出母、庶母、乳母），乳母亦居其一，令郎狎母生子，却没听说你给什么惩罚，如此治家不严，你怎么复明？"

郑成功读了信，怒火攻心，险些没晕过去，如此丑闻，令自己名誉扫地，虽然唐显悦用词夸张了些，你能说人家说得不对吗？于是马上派人打算去把郑经和他的奶妈，连同郑经的生母董氏全部杀掉。不过郑经的部属听说王爷被气得病上加病，怕是不能好转了，便抗命不从，扣押了来人，想在郑经继任王位后得些好处。

果然没过几天，郑成功就连病带气地离开了人世。郑成功的弟弟郑世袭，想继任兄位，便宣布由他主持台湾军政事务。郑经闻讯，立即在厦门举行了袭任父职——延平郡王的典礼，同时下令整顿兵马，并以延平郡王的身份，巡视澎湖等各岛，撤换郑世袭的人。然后带着精兵开赴台湾，软硬兼施，迫使郑世袭还政，至清康熙二年（1663）夏，基本上巩固了自己的地位。

郑成功死后，全国大规模的抗清斗争渐趋平息，人心思定，郑氏政权也逐渐丧失了原有的朝气。清政府碍于当时政局不稳，三藩未平，并无意诉诸武力解决这个问题，屡次派人去台湾和谈，许以各种优待条件，非常诚恳地希望招抚郑经。郑经也提出了条件，他想让台湾像朝鲜那样成为清朝的属国，要求按朝鲜例，不登岸、不剃发，岛上居民仍着大明服饰。

清廷虽然不希望用武力解决台湾问题，但也一直坚持着原则：台湾不能跟朝鲜比。

　　清康熙五年（1666）四月，清廷首次以武力进攻台湾。清军水师自铜山出发，不料至清水洋面时遇上了台风，众多船只倾覆，只好调棹退回。郑经得知清军出师未果，且清朝水师力量十分薄弱，更加得意起来，态度也非常强硬，在以后的谈判中，更加明白无误地提出："台湾远在海外……除非如先前所议，许照朝鲜例，以外国之礼见待，互市通好，各不相犯。"双方谈判随即陷入僵局。

　　两年后，康熙帝清除了权臣鳌拜，亲自主持朝政，依然非常重视台湾问题，派刑部尚书明珠、兵部侍郎蔡毓荣到福州，与福建军政长官一起商议招抚郑经的办法，并批准擅长辞令的兴化知府慕天颜到台湾。慕天颜肩负重要使命，携皇帝诏书及明珠给郑经的信件到达台湾延平郡王府，郑经表面上很客气，但当慕天颜要他接诏书时，他就把脸拉长了："台湾可不在清廷本土之内，本王也不是清廷臣下，恕我不能接旨。"明珠的信，他倒是看了，不过对那些劝告的话很是不屑一顾，慕天颜柔中有刚地敲打了他几句之后，郑经反而更加振振有词："两岸已经三四年没有打仗了，如果一直相安无事，这样下去不是很好吗？本王已经说过，招抚也不是不可以，但仿效朝鲜的条件绝对不能变。慕大人也不要吓唬本王，据我所知，大清的水师实在是……"也不说完，只是诡异一笑。

　　就这样持续了十天，双方谁也不肯让步，谈判只好再一次宣告破裂。就当时实力而论，清王朝占有绝对的优势，台湾当时已经构不成威胁，只是彼时康熙忙着平定三藩，顾不上郑经这边。

清康熙十二年（1673），三藩之乱爆发了，郑经势力虽弱，却是非常受欢迎的一股势力。吴三桂、耿精忠纷纷联合郑经，约他响应。郑经连犹豫都没犹豫，就答应了，还口出狂言："我师枕戈待旦，欲向中原而共逐鹿，光复旧业！"

次年，郑经亲率大将冯锡范等渡海西征，直取福建。其时，耿精忠正在闽北与清军摆开战场厮杀，听闻郑经出兵，正高兴不已时，郑经却乘虚而入，夺了自己的地盘，耿精忠没想到搬起石头砸了自己的脚，赶紧派人前去交涉要求归还，郑经当然不会放弃到口的肥肉，于是双方反目成仇了。

耿精忠前有清军进攻，后方又为郑经所占，进退无门，在清军的包围下投降了。康熙马上命他与康亲王杰书合兵一处，攻打郑经，郑经抵挡不住，高兴没几天，又退回了金门和厦门。

这时，清军为求东南沿海安宁，以便集中力量对付吴三桂，杰书在未奏请皇帝的情况下，不提削发、登岸，只要求郑经退出金门、厦门，撤回台湾，双方停战。谁知郑经看天下大乱，说什么也想再得点好处，居然要清廷让出漳州、泉州、惠州、潮州四个府，以及福建沿海诸岛，还得提供军饷才能罢兵。杰书看了这些条件，哭笑不得，这下他可做不了主了，只有向上级汇报，康熙给杰书的回复倒是很简单，总结起来就四个字：别搭理他。

康熙是单纯地生气才这么说吗？当然不是，跟郑经打了这么长时间的交道，他也知道对手是什么人了，这个人拥兵自重，得寸进尺，以为大清的水兵永远攻不到台湾，以为台湾是最安全的地方，好，那就让他先得意几天，看他能逍遥到什么时候。

康熙帝遂于三藩战争打得如火如荼的百忙之中，亲自遴选人才，擢升姚启圣为福建总督，吴兴祚为福建巡抚，杨捷为福建水陆提督总兵官，命令他们采取各种措施分化招抚郑经的部属，削弱其力量，为最终统一台湾奠定基础。

姚启圣等人领旨后，马上展开了大规模的招降活动，条件优厚，郑氏集团本就有许多人家乡在大陆，思乡情切，早就厌倦了这种对峙，又见清政府待遇如此优厚，纷纷归降，郑经的势力就此受到严重削弱。清军趁机进攻盘踞在厦门等地的郑军，郑经只得带人逃回台湾。这郑经接连被清军打败，锐气受挫，开始忧郁起来，整日借酒消愁，同时酒色两不误，酒能伐性，色足戕身，乃警世名言。果然才一两年，郑经渐渐体力不支，终日头晕目眩，一天比一天严重。

清康熙二十年（1681）年初，郑经病逝，大将冯锡范拥其次子郑克塽当了延平郡王，自己掌握了大权。是年，三藩之乱平息，清政府后顾无忧，康熙也想赶紧结束跟郑氏的拉锯战，福建总督姚启圣和内阁大学士李光地力荐施琅为主帅，统一台湾。这个提议遭到了绝大多数朝臣的强烈反对，包括康熙也认为非常荒谬。施琅是何许人也？为什么这么不受待见呢？说到这里，一定要详细地介绍一下施琅，因为在统一台湾的过程中，施琅是一个至关重要的人物。

施琅，字尊侯，号琢公，福建省晋江市龙湖镇衙口村人，祖籍河南省固始县方集镇。施琅出身于农民家庭，小时候，家里穷，长大了（17岁）以后，希望改善生活，就开始做贼，后来追随黄道周（南明礼部尚书）跟清兵打过仗。再往后，跟随郑成功征战，本来两人处得还不错，谁知有一次，施琅的一个亲兵犯了法，本不致死，施琅却一怒之下杀了这个亲兵。郑成功认为施琅随意杀人，目无王法，便起了杀心，施琅预先得到消息，就溜了，谁知郑成功一点也不念旧情，马上就杀了施琅的父亲和弟弟。

施琅发誓为家人报仇，于是投降了清朝，与郑成功对抗，并得到重用，由于善于海上作战，于1662年升任福建水师提督。他上任后，极力主张迅速出兵台湾，以免"养痈为患"。不想以鳌拜为首的中央保守势力认为"海洋险远，风涛莫测，驰驱制胜，计难万全"，不理会施琅的建议，还撤了他的职。

这一次，李光地等人再次举荐施琅，就是因为了解他的才能也知道他的决心，但是其他人不了解，他们认为，施琅虽然跟郑成功有杀父之仇，但他毕竟是郑的部属，何况郑成功现在已经死了，他的儿子也死了，而施琅与郑氏内部的一些重要人物渊源甚深，万一让他带兵出征，真的要什么花招，大清的水师在海上有什么意外，可能会有去无回。

双方各说各的理，康熙迟迟不能下决心，这个时候，李光地起了关键作用，他想到了一个十分特别的办法，不仅特别，还非常危险，那就是用性命担保，用谁的性命呢？用他自己的，这是可以理解的，可是他不但用了自己的，还拉上了他老家福建安溪的李氏全族。他先去了信通知，觉得太耽误时间，没有跟族长商议，就跟康熙说了。这可不是闹着玩儿的，君无戏言，你对君也不能有戏言，施琅打不下台湾，李氏全族就要陪葬。康熙被震撼了，下诏派施琅复任福建水师提督，领兵去平台湾，并叮嘱他："李爱卿以全族性命保你出师必捷，朕不怀疑你对大清的忠心。但朕也知道郑氏与你有杀父之仇，但此战关系重大，将军切不可意气用事、冲动行事、负朕所托。"

施琅受命后到了福建，"日以继夜，废寐忘食，一面整船，一面练兵，兼工制造器械，躬亲挑选整搠"，历时数月，使原来"全无头绪"的水师"船坚兵练，事事全备"。正当施琅紧锣密鼓地备战时，朝中又生枝节，一天夜里，彗星出现了，彗星本是个好听的名字，可是它在民间还有个俗称，叫"扫帚星"，在天文知识远远没有普及的当时，人们认为这颗星星的出现意味着灾难即将来临，本就不赞成进攻台湾的大臣们趁机发难，上书称"彗星出现，宜暂停进剿台湾"，认为施琅一定会顾念旧主，叛离大清。

面对这种诽谤，施琅顶风而上，他也上书，不过不是请辞，而是要求皇上给予他全权指挥的权力，以便相机行事，确保胜利。他的奏折写得很是恳切，他说，老臣今年60多岁了，但是血气未衰，还能为朝廷效力，多年以来一直对大清忠心耿耿，对皇上也绝无二心，请圣上明断，则是万民之幸了。康熙不愧为一代明君，胸怀宽广，他用人不疑，力排众议，支持施琅对其信任有加。施琅安下心来，准备放手一搏。

大战在即，康熙还是保留一丝和平统一的希望，派人招抚郑克塽，然而，在这种情况下，郑克塽还是像他父亲一样执迷不悟，坚持要像朝鲜一样作为清廷的属国存在。当初，三藩未平，国内动荡的情况下，康熙都没有答应这个要求，如今更不会答应。谈不拢，那就打吧。

清康熙二十二年（1683）五月，施琅做好了跨海东征的一切准备，决定在澎湖与郑军决战，力求全歼其主力。六月二十二日清晨，澎湖决战展开，施琅亲率56只船冲锋在前，郑军主将刘国轩令各船出港迎战。

施琅先发制人，突发火箭，又将火船放出，郑军船只接连起火，士卒纷纷跳水逃生。清军趁势杀入郑军阵，由于清军船只特别高大，而郑军船只体小，又年久失修，故被撞翻、撞坏大半。

激战至午后，郑军渐渐不支，刘国轩见大势已去，带着仅存的30条船逃回台湾。二十六日，康熙帝降旨嘉奖，有大臣奏请宜将剩勇追穷寇，一鼓作气杀入台湾岛。康熙说："此举不妥，澎湖一战，郑军精锐已失，已经没有再战的实力，再作招抚，郑氏一定不会拒绝。若以武力攻取，徒伤生灵。"

果然，郑氏集团顺应大势，接受清廷的招抚条件，派人至施琅军中，递交降表及台湾地图、户籍册。而施琅不只英勇善战，也遵守了对康熙的承诺，始终没有徇私，对郑克塽等人礼遇有加，经过几个月的交接、沟通，清政府彻底统一了台湾。

台湾和平统一的喜讯奏报北京，正值中秋佳节，康熙喜不自胜，提笔作《中秋日闻海上捷音》七律一首，以记此极富历史意义的盛事：

万里扶桑早挂弓，

水犀军指岛门空。

来庭岂为修文德，

柔远初非黩武功。

牙帐受降秋色外，

羽林奏捷月明中。

海隅久念苍生困，

耕凿从今九壤同。

鉴于台湾是江、浙、闽、粤四省之佐护、东南之保障，战略位置十分重要，康熙根据施琅的奏请，在台湾设一府三县，隶属福建，驻扎总兵官一员，副将二员，兵八千，分作水陆八营。此后，台湾处于全国政权的统辖下，对清政府政权的巩固和发展有十分积极重要的作用。

雅克萨之战与《尼布楚条约》

　　平定三藩和统一台湾，对清政府来说是巨大的胜利和收获，但是康熙帝并没有因此高枕无忧。为什么呢？因为还有外患——北方边界不时有狼群来回转悠，不仅转悠，还多次攻击那里的居民，弄得百姓不得安宁，地方官频频向皇帝求救。这群狼，就是当时的沙皇俄国。

　　沙俄的前身是位于东欧平原上的一块弹丸之地——莫斯科公国，历史上曾被蒙古人征服并统治达 200 年，直至 15 世纪才独立。拜占庭帝国土崩瓦解后，莫斯科成为东正教的继承者，这群莫斯科大公们学会了对内专制和对外扩张，"莫斯科——第三罗马"的观点在很长一段时间里甚嚣尘上。建立像蒙古帝国那样横跨欧亚的帝国，让整个世界都处在莫斯科教堂金顶的照耀下，成了历代沙皇追求的目标。为了实现这个目标，他们一般都用很直接的手段——抢。

　　17 世纪初，俄国人盯上了先后被明王朝和清朝统治的中国，沙俄扩张至西伯利亚东部的勒拿河流域，并建立雅库次克城，作为南下侵略中国的主要基地。从此，它便不断地派遣武装人员入侵中国黑龙江流域，像一切侵略者都做的那样，这群披着人皮的狼烧杀抢掠、无恶不作，居住在边境的人民苦不堪言，但当时正值明朝末期，腐朽的明王朝正被强悍的后金政权和农民起义军逼得节节败退，政府又怎么顾得了边界上的骚动呢。

明崇祯十六年（1643）夏，沙俄驻雅库次克城的头子戈洛文派他的爪牙波雅科夫带着100多人，沿勒拿河下行，又准备烧杀掳掠。他们越过外兴安岭，侵入中国领土，到达精奇哩江（今吉雅河）中游达斡尔头人多普蒂乌尔的辖地后，不仅抢劫，还灭绝人性地杀人、吃人，黑龙江地区的百姓满怀恐惧地称它们为"吃人恶魔"。

次年夏初，精奇哩江解冻后，这伙强盗又闯到了我国东北部最大的内河黑龙江，沿途遭到中国各族人民的阻击，波雅科夫带着剩下的几个"吃人恶魔"逃回了雅库次克。由于回去时的狼狈让他很没面子，所以他只好厚着脸皮地向他的主子们吹牛："只要派给我300人，修上3个堡寨，我就能征服黑龙江。"沙俄当局对波雅科夫的计划非常重视，不过大概是碍于他被打退的前科，没有给他发挥的机会。

清顺治六年（1649），雅库次克的头子又派他的喽啰哈巴罗夫领着70个强盗从雅库次克出发，年底入侵黑龙江，强占我国达斡尔头人拉夫凯的辖区，其中包括达斡尔头人阿尔巴亚的驻地雅克萨城寨（今黑龙江左岸阿尔巴金诺），遭到当地人民的奋力抵抗，抢劫进行得非常不顺利，哈巴罗夫将抢劫指挥权交给他的副手，自己回雅库次克求援。并于次年夏末，带来了138个亡命之徒，携3门火炮和一些枪支弹药，再次侵入黑龙江，强占雅克萨城，掳掠妇女，杀人放火。顺治帝几次派兵围剿，也取得过不同程度的胜利，却始终没有办法彻底赶走这些洋鬼子。自此，这些强盗以雅克萨城为据点，使黑龙江沿岸的老百姓再无宁日。

俄国人难以被彻底赶出去，主要是因为他们占据了雅克萨这个战略地位非常重要的城池。雅克萨，满族语为河湾之意，位于黑龙江上游与讷穆尔河汇流的弯曲之处。俄国强盗从此地向东可以通向黑龙江下游，便于抢劫，向西则可以渡过石勒喀河，逃到尼布楚（今俄国涅尔琴斯克），向北穿过外兴安岭可以窜回他们的老巢雅库次克，向南一可通额尔古纳河，一可通嫩江，可谓四通八达，交通便利，进可以打劫、退可以逃窜，所以这些俄国人牢牢占据着雅克萨，像叼着一块到口的骨头，打死也不松口。

俄国人强占了这块地方之后，同时进行三件事，第一就是做他们的老本行——抢劫；第二，假惺惺地派人跟清政府谈判，为各种丑恶行为赢得时间；第三，他们以雅克萨城为据点，又建立了结雅斯克堡、西林穆宾斯克堡、多伦斯克堡以及额尔古纳堡。

强盗们做这些事的时候，清政府也着急，康熙更忧虑，可是当时实在没有时间理会他们。清康熙十九年（1680），沙俄公然将尼布楚变为西伯利亚一个督军区，三年以后又在雅克萨成立了督军区，并加固工事，派兵驻守，还成立农庄。

康熙平定三藩之乱以后，便派理藩院侍郎明爱等向占据雅克萨的俄国军官提出退还侵略所占的地方，同时，多方派人调查雅克萨的俄军防务。

清康熙二十一年（1682）二月到五月，康熙帝进行第二次东巡，

"巡视边疆，远览形胜"，一直到了宁古塔将军所在地大乌喇（今吉林永吉），康熙兴之所至，与亲随泛舟松花江，并检阅当地驻军。回到北京后，康熙于当年秋天下令派副都统郎坦、公彭春率兵以捕鹿为名，到雅克萨城下，侦察地形，同时详细考察黑龙江城（瑷珲）至额苏里舟行水路及额苏里通宁古塔的陆路。

郎坦等人非常尽责，侦察得非常仔细，回北京以后跟康熙报告说，雅克萨城没什么了不起的，只要发兵三千一定会攻下来，建议立即出兵。这些话是有道理的，根据后来的情况来看，雅克萨并不难攻，但是康熙否决了这个提议，为什么呢？因为他是个聪明的皇帝，更加能够总揽全局，赶走俄国人顺治帝也做过，问题是赶走了以后，那些人过一段时间又回来了。强盗们驻在雅克萨，打了败仗之后，无论向西、向南还是向北都能逃得出去，找个地方窝几天就能再杀回来。清军不一样，当时清军在黑龙江的守军十分薄弱，朝廷派兵过去剿俄国人，打胜了就返回到他们原来的位置去了，近一点的回吉林，远一点的可能还回北京。这样的情况下，强盗们再横行的话，清政府不能不管吧，就还得重新调兵、重新攻打，这一切非常地折腾。

康熙正是看到了这一点，深知"我进则彼退，我退则彼进，用兵无已，边民不安"，所以准备一劳永逸，将俄国人永远地赶出去，随后，他继续调兵、运粮、设驿站等，再三强调大清朝要"永戍黑龙江"，就这样经过了几年的准备，清康熙二十四年（1685）五月，清军打响了雅克萨之战。清朝领兵大将都统公彭春率3000名清军分水陆两路夹营而立，并准备了神威大将军炮等火器。不到一天的时间，雅克萨城里的俄国人就被打得呼天抢地、狼嚎鬼哭，守城的强盗头子很快就出城投降了。

第一次雅克萨之战以清军的绝对性胜利而告终，但可能是因为当时清军兵力不足，无力守雅克萨，所以他们只能将雅克萨城付之一炬，然后撤到瑷珲。事情还没完，沙俄漫长的抢劫史告诉我们，强盗不可能因为一次失败就不当强盗了。果然，第二年俄军又在布尔巴津率领下返回到雅克萨，重新筑城，并备足了两年的粮食，看来是准备死扛到底了。

康熙帝命清军将领萨布素统领乌喇宁古塔守兵 2400 余人飞速赶往雅克萨，并调熟悉地形的副都统郎坦及班达尔善、马喇参赞军务。清军采取"凿壕筑垒，四面包围"的战略战术。城里的 800 多个俄军负隅顽抗，屡次突围，都不能成功，连头子布尔巴津都被毙了。不过余下的还是不肯投降——粮食多嘛。俄国人就这样被清军围了五个多月，只剩下六十几个人，这时候他们的大头目沙皇扛不住了。于是派使者星夜兼程赶到北京向康熙"乞撤雅克萨之围"，并愿意详谈边界问题。康熙于是传令萨布素等人撤围，并允许剩下的侵略者撤往尼布楚，这就是第二次雅克萨之战。

雅克萨反击战结束后，双方开始将谈判提上日程。清康熙二十五年（1686）一月，沙皇任命戈洛文为对清谈判大师团全权大使，率使团来华，并于第二年八月到达贝加尔湖东岸，从时间上看起来，这个速度有点慢，为什么呢？因为戈洛文看反正清廷已经从雅克萨撤兵了，就不着急谈判了。当然他也没闲着抓时间搞了点儿小动作，想为他的上级争取点儿利益。他煽动喀尔喀蒙古首领土谢图汗和哲布尊丹巴脱离清朝，臣服于俄国。土谢图汗等人坚决拒绝，戈洛文于是派俄军去喀尔喀蒙古抢劫，俄军被打得落花流水，戈洛文的阴谋未能得逞。

清康熙二十七年（1688）五月，康熙派内阁大臣索额图、都统公佟国纲等人组成谈判使团取道蒙古与俄国使团进行谈判，六月，索额图一行行至蒙古，不料漠西蒙古准噶尔部首领噶尔丹在俄国人的唆使下，大举入侵喀尔喀蒙古，迫使土谢图汗等首领归顺俄国，土谢图汗力不能敌却也不愿意顺从，于是和哲布尊丹巴率10万蒙古族人南归，要求清政府给予保护。清使团道路受阻，只得返回北京。第二年四月，索额图等人再次起程，谈判地点定在了尼布楚。

六月中旬，中国使团到达尼布楚，等了半个多月，戈洛文也没有来，俄国方面还反咬一口，强烈指责中国使团，内容千奇百怪。举几个例子，先说中国使团带了军队来谈判，违反了国际法，又信口雌黄，说中国人途经雅克萨时杀了两个俄国人，最后没什么好说的了，只好提出中国使团的驻地不能离尼布楚城太近，应该退往额尔古纳河河口。大概他们也觉得自己没什么道理，所以被索额图以理驳斥之后，就不出声了。

七月，戈洛文终于带使团到了尼布楚城，双方举行第一轮会谈，态度都很强硬，尤其是索额图，他几次站起来拍桌子，意思你愿意谈就谈不愿意谈拉倒。为什么这么火大呢，问题当然在戈洛文身上，他一开始就很厚颜无耻地说，黑龙江流域"自古以来"就是俄国的领土，中国军队突然派兵"侵犯""俄国领土"，制造了不少流血事件，影响十分恶劣，所以清政府为了表示谈判诚意，必须答应赔偿俄国的"一切损失"，并严惩相关人员！

索额图对此很生气，但尽管如此，他还是压住了自己的怒气，一条一条地批判戈洛文的无稽之谈，最关键的是，他拿出了证据。之后，他耐着性子告诉了俄国人最基本的道理：中国使团是为争取和平才来的，只谈边界划分。我们死了那么多百姓，那么多无辜的人，都是你们挑起来的，但是事到如今，和平最重要，过去的事就不谈了，也不要求你们赔偿，但是你们得有谈判的诚意。在无可争辩的事实面前，戈洛文等人也已经理屈词穷、无话可说了，不像刚开始那么不可一世了。

在以后的几天里，双方开始据边界问题进行谈判，戈洛文提出第一个方案："以阿穆尔河（即黑龙江）一直到海为两国边界。阿穆尔河左岸属俄国，右岸属大清帝国。"索额图断然拒绝了这个荒谬的方案，指出：里雅那河（即勒拿河）原系中国疆界，黑龙江流域的贝加尔湖以东从来就是中国的领土。因而提出以勒拿河和贝加尔湖作为中俄国界。

双方陷入僵局，正当中国使团担心谈判落空、徒劳无功的时候，尼布楚当地的各族人民掀起了大规模的抗俄斗争。形势的突变，戈洛文不得不改变策略，提出俄军撤出雅克萨的划界方案，谈判才得以继续。

七月二十四日，中俄两国正式签订《尼布楚条约》，内容为：

1.从黑龙江支流格尔必齐河到外兴安岭直到海，岭南属于中国，岭北属于俄国。西以额尔古纳河为界，南属中国，北属俄国，额尔古纳河南岸之黑里勒克河口诸房舍，应悉迁移于北岸。

2.雅克萨地方属于中国，拆毁雅克萨城，俄国人迁回俄境。两国猎户人等不得擅自越境，否则捕拿问罪。十数人以上集体越境须报闻两国皇帝，依罪处以死刑。

3.此约定以前所有一切事情，永作罢论。自两国永好已定之日起，嗣后有逃亡者，各不收纳，并应械系遣还。

4.双方在对方国家的侨民"悉听如旧"。

5.两国人带有往来文票（护照）的，允许其边境贸易。

6.和好已定，两国永敦睦谊，自来边境一切争执永予废除，倘各严守约章，争端无自而起。

索额图对此条约的订立发挥了重要作用，他是中国外交史上一个值得纪念的人。在中俄谈判中担任译员的耶稣传教士葡萄牙人徐日升在日记中记载，谈判前，他曾跟索额图打赌，如果谈判成功，索额图愿意输一匹骏马；如果谈判破裂，徐日升输给索额图一台座钟。打赌当然只是个玩笑，不过大家谈兴正浓的时候，索额图却陷入了沉思，许久才说："我倒是很乐意输，因为不过是输掉一匹马，所赢得的却是一个有重大意义的和平条约。"

中俄《尼布楚条约》肯定了黑龙江和乌苏里江流域包括库页岛在内的广大地区都是中国的领土，它遏止了俄国向东方的侵略扩张，为我国东北边疆赢得了一个半世纪的安宁。康熙当时对此谈判结果也非常满意，至此，清政府解决了长期以来的外患，向盛世又迈进了一大步。

平噶尔丹叛乱

中俄《尼布楚条约》的签订换取了中俄边界 100 多年的安定，两国能够顺利签约，很大一部分原因就是清政府在领土上做了很大让步，把尼布楚周围及其以西原属中国的领土让给了俄国，这也是康熙受到后人指责的原因。两次雅克萨之战中，俄国明明居于下风，为什么康熙还要让给他们土地呢？因为当时清政府不只有俄国这一外患，还有很严重的内忧，这个内忧，就是漠西厄鲁特蒙古的准噶尔部。

明朝末年，我国北方的蒙古族分为 3 大部，即漠南蒙古、漠北喀尔喀蒙古和游牧于天山以北一带的漠西厄鲁特蒙古。厄鲁特又称卫拉特，又分为 4 部，即和硕特（游牧于今新疆乌鲁木齐地区）、准噶尔（游牧于今伊犁河流域）、土尔扈特（游牧于今新疆塔城地区）、杜尔伯特（游牧于今额尔齐斯河流域）。

清朝入关以后，漠南蒙古诸部均归于清朝统治。漠北喀尔喀诸部和天山以北的厄鲁特蒙古向清朝进贡，均被称为"朝贡之国"。后来，准噶尔部在伊犁地区兴起，势力逐渐增强，成为厄鲁特蒙古的霸主，先后兼并了和硕部及土尔扈特部的牧地，迫使和硕特人迁居青海、土尔扈特人转牧于额济勒河（今伏尔加河）流域。杜尔伯特部则依附于准噶尔部，随后，准噶尔部又向北扩张。

上文曾提到，在第二次雅克萨战之后和《尼布楚条约》签订之前，发生过一个小插曲，就是俄国使团全权大使戈洛文不想谈判，怂恿喀尔喀诸部归顺沙俄。结果，喀尔喀蒙古土谢图汗等人坚决拒绝了戈洛文，戈洛文恼羞成怒，派俄军进攻喀尔喀蒙古，喀尔喀蒙古军民义愤填膺，奋力回击，打得戈洛文像缩头乌龟一样不敢出城。但他并不甘心，于是与准噶尔部首领噶尔丹暗通款曲，阴谋策动噶尔丹叛乱，支持他进攻喀尔喀蒙古。

噶尔丹早就想征服中原，彪炳史册。此时，他见时机成熟，终于在戈洛文等人的唆使下，率兵进攻喀尔喀蒙古，与土谢图汗等喀尔喀 4 部大战三天，结果喀尔喀蒙古大败，"溃卒步满山谷，行五昼夜不绝"。中国使团索额图等人就是因为这次大战道路阻塞，才无法取道与戈洛文谈判，只得返回京师，第二年出发。

深谋远虑的康熙看到了噶尔丹的威胁，在内外不能兼顾的情况下，只能在《尼布楚条约》中让给俄国一大片土地，使其放弃对噶尔丹的支持。

话说喀尔喀蒙古大败之下，逃往内地，向康熙请求支援。康熙派尚书阿尔尼带兵接应喀尔喀蒙古，重点监视噶尔丹的动向，不到万不得已的情况下坚决不能开战。这阿尔尼也是个好大喜功之人，他与喀尔喀蒙古兵合一处后，尾随噶尔丹至乌尔会河时，将康熙的命令置诸脑后，不顾部将的极力劝阻，执意向噶尔丹开战。

阿尔尼只考虑到清军人多势众，却没有想到另一个问题：战争不是打群架，人多就赢。

果然，没有任何悬念，清兵被打得落花流水。噶尔丹看到清军不堪一击，继续南下。康熙派裕亲王福全为左路军，恭亲王常宁为右路军，征讨噶尔丹。右路军与噶尔丹在乌珠穆沁相遇，清兵再次惨败，噶尔丹乘胜长驱直入，南下直捣离北京仅有350千米的乌兰布统草原，中外震动，京师戒严。

康熙积极调整战略部署，命康亲王杰书在归化（今呼和浩特）设防，截断噶尔丹返回新疆的退路；命福全、常宁等部迅速向乌兰布统集结，同时令盛京（今辽宁沈阳）将军、吉林（今吉林市）将军各率所部兵力，西出西辽河、洮儿河，与科尔沁蒙古兵会合，协同清军主力作战。清康熙二十九年（1690）七月二十日，康熙抵达波罗和屯（今河北隆化县），坐镇指挥，福全挥师10万，向吐力根河（滦河的上源）进军。

随后，福全带兵在吐力根河南岸扎营，准备与噶尔丹决一死战。噶尔丹也早已摆好了"驼城"迎战，什么是"驼城"呢，顾名思义，就是用骆驼筑成的城堡。噶尔丹抢先选择依山临水又靠近树林的地方，接着把担负运输任务的一万多峰骆驼环列于阵前，让它们就地卧倒，将其四蹄捆绑在一起，动弹不得，由此构成一道以骆驼组成的东西长数十里的围栏。为了使这道围栏更坚固，噶尔丹命令把一切木箱和车马鞍具，统统绑到骆驼背上，再把所有的毛毡、毛毯、羊皮之类的东西用水浸透，一层一层地蒙在骆驼身上，构成一道坚固而奇特的驼阵工事。然后派火枪手和弓箭手，隐蔽在骆驼身后。

"驼城"又称"骆驼阵"，很是坚固，难以攻克，当年蒙古人攻打宋朝时候，曾通过这个办法取胜。噶尔丹在这次乌兰布统会战中失败的原因在于，没有意识到战场上的火器时代已经来临。游牧骑兵由于缺乏农耕文明那样制造研究火器的能力，优势迅速丧失。在火炮面前发动冲锋的蒙古骑兵和他们自以为坚固无比的"骆驼阵"，注定要以悲剧收场。而清军取得乌兰布统之战的胜利，火器起了关键性作用。

战争中，蒙古人伏在骆驼工事里面发铳放箭，又备下大量钩钜之类的兵器，准备等清军逼近时，斩断他们的马腿。清军采用重点突破的战术，把所有火器调集阵前，架起大炮猛轰"驼城"的中部，从下午打到黄昏，终于轰出一个缺口，"驼城"血肉横飞，被炸为两段，首尾不能相顾，全线崩溃。紧接着清军的骑兵和步兵就冲了上来，噶尔丹的军队大败。清军也是死伤枕藉，连康熙的舅舅大将军佟国纲也战死了。

噶尔丹被火炮的威力震惊得久久不能回神，溃败之后，噶尔丹马上意识到，乌兰布统尚未被清军包围，后退逃遁是可能的，但他担心一旦离开阵地就会遭到清军的围追堵截。逃跑很危险，而自古以来，战败一方如果不能逃跑，要么宁死不屈，要么议和，直接点说，就是投降。噶尔丹还没有完全绝望，他不想死，所以派使者前去讲和。他的讲和却不是为了投降，是一个缓兵之计，冀图用讲和稳住清军，以便乘机逃脱。

按理说，清军统帅福全等人虽然没有跟噶尔丹打过几次交道，但从他一路东征，杀敌无数的战果中也可以看出他的野心，这样一个人，怎么会轻易就讲和了呢？明摆着是缓兵之计嘛！可是这些人却非常痛快地答应了噶尔丹的撤军要求，并令诸军停止进攻。福全也意欲借和谈之名，尽力延缓噶尔丹的撤军，以便给盛京、乌喇、科尔沁诸援军的到来争取时间。可是，他过于把延缓噶尔丹撤退的希望寄托于和谈，而没有做好防范噶尔丹突围的军事部署，没有严令各军沿途随时准备拦截准噶尔军，导致噶尔丹在谈判当夜，便率部迅速撤离乌兰布统，成功地甩开了清军。

当时，康熙对战局的认识无疑是正确的，他发出命令，不给噶尔丹喘息的时间，急速追杀，只是当这道命令到达福全大营时，噶尔丹已经远走高飞。福全为了挽回失误，便派侍卫吴丹、护军参领色尔济等人前往噶尔丹处，想说服噶尔丹在近处停留，"以定礼好"。噶尔丹只是嘴上答应得很好，行动上却非但没有停留片刻，反而越走越远。噶尔丹逃走，福全等将领是难辞其咎的。

乌兰布统战役后，康熙与喀尔喀蒙古会盟于闪电河畔的多伦草原，把喀尔喀蒙古三分为四：土谢图汗、车臣汗、扎萨克图汗和三音诺颜汗，让他们归故地牧马，并准备在战端再起时派骑兵参战。应该说这是一次不小的胜利，但是康熙知道噶尔丹一定不会就这么算了，肯定会卷土重来，所谓斩草须除根，噶尔丹不死，他是不能高枕无忧的。

清康熙三十四年（1695）五月，康熙先发制人，命土谢图汗向噶尔丹进兵。而噶尔丹在乌兰布统战败后，无法返回伊犁大本营，进退不得，进不得不难理解，为什么也退不得呢？这就要从头说起了，噶尔丹他并不是准噶尔汗位的继承人，按照厄鲁特蒙古的传统，准噶尔的汗位应该由嫡系僧格即噶尔丹的兄长的长子策旺阿拉布坦继承。所以噶尔丹在清康熙二十八年（1689）夺位后，就准备杀掉策旺阿拉布坦，策旺阿拉布坦得到消息后带兵连夜逃走。此后，招降纳叛，积聚实力，一心想干掉噶尔丹，两年后，他趁噶尔丹出兵喀尔喀的时候，反攻伊犁。而噶尔丹在乌兰布统战败，自然无法返回伊犁，只能留在科布多（位于阿尔泰山以东）地区，经过几年筹备，重整旗鼓，已经恢复元气，早就心痒痒想发动战争，改变这不尴不尬、进退两难的状况，只是以前吃过亏，九死一生，还心有余悸。他得知土谢图汗主动发动进攻后，大喜过望，立刻率兵2万余深入喀尔喀腹地，直接威胁漠南蒙古各部和京师。

第二年二月，康熙宣布再次亲征，分三路征讨噶尔丹，东路由萨布素（雅克萨之战的大功臣）统率，西路由费扬古率领，自己则亲率中路。噶尔丹得知康熙亲征后，有些不相信，便亲自登上北孟纳兰山，见到黄帐龙旗，不能不信了。估计实在是被康熙的威力震怕了，只得脚底抹油——又溜了。

不久，清军探子探知噶尔丹的大部队到了在昭莫多北15千米的特勒尔济山口，而此时，西路军在费扬古、孙思克的带领下，长途跋涉，费扬古巧妙地制定了以逸待劳、诱敌深入的战略。五月，费扬古先派前锋都统硕岱、副都统阿南达带领400满族骑兵，到特勒尔济挑战，并再三交代他们，此去只许败不许胜，而且要节节抵抗，且战且退，务必将噶尔丹大军引入既设战场昭莫多。噶尔丹果然中计，带1万多骑兵追至昭莫多。此时，噶尔丹的士兵已经苦战一日，疲惫不堪，无法抵挡以逸待劳的清军精骑兵的冲锋，两军交战后不久即土崩瓦解，噶尔丹带数骑逃走。

噶尔丹逃回科布多地区，受到策旺阿拉布坦和清军的夹攻，身边只剩不足千人，并且是老弱病残。康熙多次提出优惠的条件招降他，但他不肯答应，看到自己已经日薄西山，没什么指望了，不久就服毒自尽。

清政府平定噶尔丹分裂叛乱战争的胜利，不仅维护、巩固了西北边陲，消灭了准噶尔部分裂势力，也打击了沙皇俄国侵略中国准噶尔的野心，捍卫了西北边疆。从此，准噶尔部只在漠北活动。康熙帝经过平三藩、统台湾、抵制沙俄的扩张以及平定噶尔丹叛乱，终于在相当长的一段时间里免除了内忧外患，为治理国家开创盛世基业奠定了良好的基础。

匡扶大清的兴国太后

　　康熙皇帝8岁登基，14岁亲政，二十几岁的时候就除掉三藩、统一台湾，而他也在这个过程中，渐渐成长为一个成熟的政治家、军事家，懂得了运用权术，懂得了权力制衡，并且得心应手。这些固然与他天生的资质有关，却也离不开另一个人的引导和支持，可以毫不夸张地说，没有这个人，就没有千古一帝康熙；没有这个人，就没有康雍乾三朝的盛世基业，这个伟大的人，就是顺治皇帝的母亲、康熙皇帝的祖母孝庄文皇后。

　　清太宗皇太极的孝庄文皇后是中国历史上勘与武则天比肩的传奇女性，一生"身历四朝，辅佐三帝"，经历了大清由乱到治最关键的历史时期。作为处于特殊历史时期、特殊政治地位的女性，孝庄文皇后具有雄才大略、挽狂澜于既倒的政治家气魄，又淡泊名利、仁慈护下、崇尚节俭，她的名字与清初许多重大的事件紧密地联系在一起，她对调和清宫内部矛盾和斗争、稳定清初社会秩序、促进国家的统一做出了重大贡献，是中国历史上最杰出的女性之一，被誉为"清初兴国太后"。

"孝庄文"是孝庄皇后的谥号，今人多称其为"孝庄"。孝庄文皇后姓博尔济吉特，名布木布泰，明万历四十一年（1613）生于蒙古科尔沁部，13岁时嫁给了清太祖努尔哈赤的四子皇太极，后被封为永福宫"庄妃"。她的姑姑早在十一年前就嫁给了皇太极，即孝端文皇后，孝庄出嫁后的第九年，已继承汗位的皇太极又娶了她的姐姐海兰珠，于是姑侄三人同侍一夫，这在满族中是常见的事，不足为怪。孝庄文皇后一生为皇太极生了三女（即固伦雍穆公主、固伦淑慧公主、固伦淑哲公主）一男（清世祖顺治），因为儿子和孙子（清圣祖康熙）都做了皇帝，因此她又先后被尊为"皇太后"和"太皇太后"。

　　孝庄皇后美丽优雅，出嫁之前就有"满蒙第一美人"之誉，人们都说红颜祸水，可孝庄不仅不是祸水，还是大清的福祉。她颇具政治头脑，才智非凡，能够出谋划策，且见解独到，曾被皇太极赞为"贤内助"。皇太极暴卒后，由于生前没有指定继承人，所以引起了一场争夺皇位继承权的斗争，当时主要分为两派，一派以皇太极的长子豪格（镶白旗旗主肃亲王）为首；另一派以皇太极的九弟多尔衮（正白旗旗主睿亲王）为首，起初双方实力相当且互不相让，如果真打起来，清朝非亡国不可，也正因为豪格和多尔衮都明白这一点，所以最终相互妥协——谁也不当皇帝，让皇太极的幼子福临即位，多尔衮和济尔哈朗辅政。

　　虽说母以子贵，当上了太后的孝庄内心却并不轻松，表面上她和福临一个是太后、一个是皇帝，实际上他们也是势单力薄的孤儿寡母。大权都掌握在多尔衮手里，特别是在1644年夏天，多尔衮率领清军进入北京后，接受明朝旧臣的朝拜，更加不可一世。孝庄看到多尔衮大权独揽、飞扬跋扈，对儿子的皇位构成威胁，便决定按照满族"兄死弟可妻其嫂"的风俗，下嫁多尔衮。"太后下嫁"是清初三大疑案之一（另外两个为顺治之死和雍正夺位），孝庄是否下嫁多尔衮，史学界至今未有定论，本文持肯定观点，因为"兄死弟可妻其嫂"是满族人的风俗，后来他们渐渐与汉族融合，意识到此举恐被人耻笑，所以清朝官修史书上未有记载，这是有可能的，最有力的证据是明末清初张煌言所作的《建夷宫词》："上寿筋为合卺尊，慈宁宫里烂盈门。春官昨进新仪注，大礼恭逢太后婚。"

此后，孝庄忍辱负重，终于抚平了多尔衮欲登帝位的野心，清顺治七年（1650），39 岁的"无冕之王"多尔衮死去，顺治终于不受挟持，开始亲政，当时他只有 13 岁，处理国家大事不可能面面俱到，于是，孝庄开始帮助儿子福临理政。在她的辅助下，清朝统治者很快镇压了南明残余势力和明末农民起义军主力，基本奠定了统一中国的大业。

福临长大成人之后，孝庄太后基本不再干预政事，但在一些重要关头她却可以凭借母后的权威改变皇帝的不正确决定。比如有一年，福临不知道突然想起什么了，非要回盛京（今沈阳）祭祀太祖太宗陵寝，当时的亲王大臣都不同意，其时国家财力紧张，南征大军还没有回京，皇帝远行既浪费财力又没有安全保障，万一出事了谁担这个责任？但是福临也是个有个性的倔强皇帝，说什么都没用，就要去祭祖，最后还是大臣去请孝庄出面才阻止了他。

身为清初三大疑案的主角之一，福临的荒唐事不只这一件。清顺治十六年（1659），郑成功抗清大军攻克了江南一些州府，围住了南京，他惊慌失措，竟然产生了放弃中原退回关外的念头，孝庄及时制止了他：大清几代的基业怎么能毁在你手里？何况现在又没到千钧一发的时候。顺治一想也是，于是一扫先前的胆怯之状，无比神勇地决定要御驾亲征。孝庄哭笑不得，只好再次制止他，说你亲征的话太鲁莽了，你只要不逃回关外，稳住军心，再做谋划就可以了。顺治也是不痛快，这也不行那也不行，合着我一个皇帝什么自由也没了。生气归生气，事情的发展都在母后的预料之中，他也不得不服气。清顺治十八年（1661），24岁的顺治患了天花，命不久矣，开始正式考虑皇位继承人的问题，这时孝庄再次发挥了重要作用，她极力主张立顺治8岁的三子玄烨，因为玄烨聪慧异常，并且出过天花，对这一当时令人谈之色变的恶性传染病具有终生的免疫力，顺治答应了，不久死去（一说出家当了和尚）。

顺治英年早逝，孝庄痛失爱子，即位的玄烨只有8岁，比当年的福临还小，她只好强忍悲痛，又尽力辅佐孙儿玄烨。孝庄不仅有卓越的政治才能，更令人称赞的是，她对权力看得很淡，太后垂帘听政在中国历史上屡见不鲜，福临6岁即位，玄烨8岁即位，孝庄身为太后、皇太后，又一向德高望重、一言九鼎，垂帘听政是顺理成章的事，谁也不会提出异议，但是她从来没有动过这个心思，不想出头露面执掌大权，只想尽心辅佐儿孙以成大业，在一些重要关头为皇帝把关。

无论是顺治还是康熙，在治国为君之道上，孝庄都曾教诲、告诫他们，祖宗借以开基创业的骑射武备不可废弛，用人要秉公裁决，要勤政爱民，时刻想到君王一生关系天下苍生……同时，孝庄文皇后"独嗜图史"，有很深的文化修养。她深知，作为一代帝王，必须有扎实的文化功底，能够博古通今，深悉历代兴衰之要，才能治国平天下。

所以对福临、玄烨父子的文化学习非常重视，福临即位后，孝庄为他"择满汉词臣，充经筵日讲官，于景运门内建值房，令翰林官直宿备顾问，经书史策，手不释卷"。而玄烨在祖母的教导下，幼年"即知黾勉学问，好读书，嗜书法，留心典籍。竟至过劳，痰中带血，亦未少辍"。康熙后来回忆，他"自幼龄学步能言时即奉圣祖母慈训"，在饮食、言语、行止各方面都受到严格的礼仪规范训练，稍有松懈祖母便加以督促，由于孝庄的督导，福临和玄烨的文化功底都非常扎实，尤其是康熙，精通满、蒙、汉三种语言文字，并通晓汉族文字，为后来处理国家大事奠定了坚实的基础。

康熙朝，有索尼、苏克萨哈、遏必隆、鳌拜等四大辅臣辅政，孝庄仍然不公开干预朝政，但她一直冷眼旁观，关键时刻出手。康熙亲政后做的一件最重要的事，莫过于"诛鳌拜"。孝庄是否参与了诛鳌拜？史书中没有明确记载，但是从她为康熙选皇后和嫔妃中可见端倪。满族和蒙古族联姻，强强联合，一直是历朝都执行的不变准则，当时孝庄姑侄三人同侍皇太极，就是因为姑姑孝端皇后一直没有孩子，科尔沁为了稳定满蒙关系，又接连将海兰珠、孝庄姐妹俩嫁给了皇太极。而此时，孝庄却一改满蒙联姻的传统，将首辅索尼的孙女赫舍里氏选为皇后，其余的妃子中既有遏必隆的女儿钮祜禄氏，又有号称"佟半朝"家族的佟佳氏，甚至还有不少出身一般的女子，独独没有跟鳌拜扯上关系的，其时他的女儿正当进宫选秀的年纪。当然，聪明的孝庄也没有完全孤立鳌拜——现在还不是时候，她随后将鳌拜的女儿指给了皇族远系的一个郡王为福晋，又将顺治的女儿嫁给了鳌拜的侄子，这样一来，既可以安抚鳌拜愤愤不平的心，又起到了分化他的党羽的作用。

此后，康熙后妃们的家人亲眷纷纷入朝为官，被加官晋爵——皇亲国戚嘛，这些当然是顺理成章的，此举又为康熙建立自己的关系奠定了基础。索尼也正因为如此，不总是装糊涂了，临死前还上了希望皇帝依顺治之例亲政的奏章，给康熙亲政找了个台阶，否则当时谁敢上这样的奏章？而软弱的遏必隆自女儿入宫后，也不再一味依附鳌拜，开始为小皇帝笼络人心。事实上，后来康熙最终用布库戏擒拿鳌拜时，外戚们起到了相当重要的作用，正是鳌拜非常信的遏必隆将鳌拜诱入武英殿，更是皇后的叔父索额图亲率众侍卫围攻鳌拜的。如此看来，说孝庄深谋远虑，并不是溢美之词。

平定三藩叛乱的战争中，孝庄也起到了举足轻重的作用，平三藩之乱的末期，察哈尔蒙古首领布尔尼乘清朝大军南征之机兴兵作乱，康熙苦无精兵强将去平定，孝庄向康熙力荐顺治时期曾犯错被免职的大学士图海领兵。当时朝中无兵可用，图海选取数万八旗家奴，在辽西夜袭连营，大破叛军，杀死布尔尼，迅速平定叛乱，得胜回朝，康熙大喜过望，对祖母的知人善任衷心敬佩。群臣上奏要给她加上徽号（尊号的别名，也就是在皇帝和后妃生前所加的表示崇敬褒美的称号），孝庄文皇后谦逊地推辞了，她说：从三藩叛乱开始已经八年了，皇帝劳心劳力、运筹帷幄，才使叛贼被剿，天下太平，皇帝应受尊号，以答臣民之望。我一个老婆子，在深宫之中，不参与外面的事，受了尊号，心里也不舒服，此事就算了吧。一席话，将平叛的所有功劳归到了皇帝身上，一心只想为孙儿树立威望。

孝庄一向提倡节俭，反对奢侈浪费。她宫中的器物坏了，能补的补、能修的修，能用旧的就不换新的，孝庄的节俭美德影响了整个宫廷，皇宫上下厉行节俭，宫中开支之少为前代所未有。清顺治十年（1653）七月，孝庄将宫中节省出来的8万两银子拿出来救济百姓。次年拿出4万两，清顺治十三年（1656）又拿出3万两用于救灾。清康熙十三年（1674）二月，孝庄文皇后又将宫中节省的银两拿出来，奖赏给平定三藩叛乱的出征兵丁。这些举动不仅使宫廷奢靡风气为之一变，同时也为朝廷树立了威信，赢得了人心。

为了赢得汉族上层的支持，孝庄冲破满、汉之间的樊篱，把平南明政权中战死的汉将孔有德的女儿孔四贞认作养女，"育之宫中"，于是孔四贞就成了当时绝无仅有的住在后宫中的汉人，后来又被封为和硕格格，成为清王朝唯一一个汉人格格。为了拉拢汉军将领，孝庄还大胆打破了满汉不通婚的先例，将皇太极第十四女和硕公主嫁给吴三桂的儿子吴应熊。纵观清初历史，孝庄虽然身居幕后，但种种大事，无不渗透着她的影响。尤其是在她的辅导下，康熙逐渐成熟起来，完成了一系列巩固政权、开基建业的大事。据史书记载，孝庄不过多出面参政，但康熙处理国家大事、做重要的决断之前，必先征求她的意见。

康熙帝8岁丧父、10岁丧母，完全由祖母孝庄太皇太后培育、教养、呵护。孝庄太后是他的政治顾问和导师，教给了康熙许多治国安邦的策略和方法，康熙成为中国历史上大有作为的帝王，孝庄太后功不可没。所以康熙说"太皇太后三十年深恩，毕生难报"。祖孙俩情意深厚，康熙对祖母更是充满了感激之情，十分孝顺，他曾动情地对皇子们说："朕自幼龄学步能言时，即奉圣祖母慈训，凡饮食、动履、言语，皆有矩度，虽平居独处，亦教以罔敢越轶，少不然即加督过，赖是以克有成。"还对大臣们说:"朕自八龄皇考世祖皇帝宾天,十一岁又遭皇妣章皇后崩逝。二十余年以来,全赖圣祖母太皇太后抚育教训。今遽遭捐弃,五内摧迷。顾念慈恩,罔极难报。"

康熙即位后,无论政务多忙,孝庄文皇后外出,他都亲自奉陪,每次都外出数十天,尤其是去汤泉沐浴治病,先后达六次之多,说不陪着不放心。出发之前,康熙都会提前到慈宁宫,服侍祖母上辇,然后自己步行送出神武门后,才上马随行。过山岭时,如果遇到崎岖陡峻的道路,康熙会下马,亲自扶着太皇太后的辇步行,一直到路平坦时才上马而行。清康熙十一年(1672)二月,玄烨陪祖母在赤城汤泉疗养,忽然得到了4岁的皇子承祜夭亡的消息。承祜是孝诚皇后生的第一个皇子,天性聪颖,深受玄烨疼爱,闻此讯,玄烨悲痛异常,他将侍臣古尔代叫到僻静处"垂泪面谕安葬事宜"。给祖母问安时,依然"笑语如常"。并叮嘱身边的侍臣不要走漏这个消息,以免太皇太后伤心,所以在回京前的50多天里,孝庄一直不知道这个不幸的消息。

清康熙二十四年(1685)八月,孝庄太后突然右侧身瘫痪,右手伸不直,言语不清,被御医确定为中风,这时康熙正在外地巡视,得知祖母患病,心急如焚,昼夜兼程赶回宫中。

清康熙二十六年(1687)十一月,孝庄皇后再一次病倒,病情来势凶猛,恐将不治。康熙昼夜守候在祖母的病榻旁,衣不解带,"隔幔静候,席地危坐。一闻太皇太后声息,即趋至榻前。凡有所需,手奉以进"。并传谕内阁:"非紧要事勿得奏闻。"每次祖母吃药前,他都先"亲尝汤药"。一连熬了35个昼夜,并且亲自去天坛为祖母祈福,为了表示自己的虔诚,他不骑马,不乘轿,步行到天坛。跪在地上,面对上苍，虔诚地请求减自己的寿命来增加祖母的寿命。

康熙的至孝，没能挽救孝庄文皇后的性命，当年十二月二十五日，孝庄文皇后永远闭上了眼睛，结束了传奇的一生，享年 75 岁。康熙悲痛欲绝，出于对祖母的敬爱与思念，违背多年的节俭之风，大办丧事，并真诚地评价、总结了祖母的一生："昔奉我皇祖太宗文皇帝赞宣内政，诞我皇考世祖章皇帝，顾复劬劳，受无疆休，大一统业。暨朕践祚在冲龄，仰荷我圣祖母训诲恩勤，以至成立……设无祖母太皇太后，断不能敦有今日成立。"康熙的总结道出了一位对清朝历史有重大影响的女性，他并不仅仅是作为一个孙儿怀念自己的祖母，也是作为一个皇帝来感谢对清朝政权的巩固做出巨大贡献的伟大女性，而无疑，孝庄皇后是值得如此厚重的评价的。

第二章

百业待兴百姓疾苦
盛世之初朝纲重振

康熙在繁荣经济、改革税制的同时，还着力惩罚贪官污吏，并且从严治税，对税收征管中贪污舞弊的官员处罚极严，从不手软。山西太原知府赵凤诏，私自设立税种名目，强行征收并私吞白银 1.8 万两，被处死。

　　除了对官员的贪污行为绝不饶恕之外，康熙也严厉惩治漏税行为，有一段时期，苏州一带士绅逃税之风甚烈，严查之下，涉及万余人。康熙帝下令将这些士绅的功名一律取消，其中 3000 人交刑部处置。顺治年间的探花昆山名士叶子蔼，欠了一两银子的税，他觉得数目比较少，就给康熙写信为自己求情。但是康熙为了以儆效尤，没有留情，还是照样除了叶子蔼的功名。

大力恢复经济

从明朝末年到清朝入关，天灾人祸不断，社会经济遭受极大的破坏，百姓困苦不堪。顺治帝统治期间，一边采取一些恢复经济的举措，一边又不断用兵彻底清除反清复明的势力，在这种情况下，经济很难得到彻底的恢复和发展。康熙亲政后的最初几年里，经济情况已经有了好转，不料又爆发了三藩之乱，不仅经济发展中断，更重要的是，全国人民再一次被卷入了战火，战后民生凋敝，荒凉景象令人触目惊心。

自古以来，每个政府要巩固自己的统治，都必须解决人民的生计问题。康熙也深知这一点，他曾不止一次对大臣说过类似"从来致治之道，裕民为先"的话。农业历来是封建社会的经济基础，"国之大计在农"。康熙也一再强调农业的重要性。毋庸置疑，农业之本，则在土地，所以他对土地制度的改革是相当用心的，首先就是下令永远禁止圈地。

满族贵族入关之初，为重建农奴制庄园，曾在北京周围方圆250平方公里内的各州县大规模地圈占土地。清顺治二年（1645），正式颁行圈地令，将所圈占的土地分给东来的八旗将士，开始了规模浩大的跑马圈地运动，什么是"跑马圈地"呢？说起来很简单，就是每个八旗将士都骑着马绕着圈地跑，在规定的时间内跑多远就给多少地。这样的暴行把原来属于汉族农民的土地都霸占了，汉族农民没有地种，失去土地的农民为维持生计，又反过来被迫为清朝八旗贵族当包衣（类似于农奴）耕种土地。

满族人不善稼穑，不懂农事，再加上包衣们受着压迫，生产积极性不高，肥田很快变成瘠地。贵族们不说自己不会种地，又开始强制性地以坏地换好地。这样一来，他们没有了后顾之忧——地不好随时换，所以对农事更加不用心；没被圈地的农民也不用心了，很简单，地种得越好，就越招"狼"，年年苦恨压金线，为他人作嫁衣裳，说什么也不甘心啊。谁也没心思种地，生产力还怎么发展，国内的阶级矛盾又开始加剧。

针对这种情况，清康熙三年（1664），清政府曾下令停止圈地，但大权在握的权臣鳌拜不执行，并于1666年再次掀起大规模圈换土地事件。康熙帝处置鳌拜后，再次下令禁止圈地，至此，大规模的圈地活动终于被禁止，但零星的圈地事件还时有发生，因此1685年，顺天府尹张吉午上书请求皇帝下令"永免圈占"民间地庙。许多大臣认为这不过是小事一桩，没必要管，但康熙"特旨允行"。此举照顾了汉族农民的利益，为缓和满汉矛盾、发展农业经济奠定了基础。

此时，广大农民面对的最严重的问题是负担过重，再加上横征暴敛，农民无法维持生活。康熙在三藩平定后，首先取消了1674年以后所加的一切杂税，并停止田赋预征，对纳赋限期也逐渐放松，然后开始整理田赋制度。

明末清初之时，荒地很多，清朝入关后虽曾着手进行垦荒，但推行了20多年也没什么成效。御史徐旭龄指出了农民垦荒积极性不高的问题所在，第一，国家过于急切地对垦荒的田地索取赋税，农民田多了反而负担加重；第二，垦荒需要一定资金购买农具、种子等，贫苦农民无力承担，国家号召垦荒，却不给他们资金助其垦荒，贫民田多了反而种不起；第三，政府没有严厉监督官员对垦荒的督促，他们就不以垦田作为当务之急。这三个原因，就是以往垦荒的"通病"。

康熙认为这番分析很对，就针对这三个问题解决垦荒的问题。他把垦荒起科年限从原定三年逐次放宽，先放宽到四年后交纳田赋，又到六年，清康熙十二年（1673），政府宣布："嗣后各省开垦荒地，俱再加宽限，通计十年，方行起科。"在十年之内，垦荒者自种自用，不向国家缴纳赋税，实在是再优厚不过的了。可惜，没等这项重要的政策在全国实行，三藩之乱就爆发了。到清康熙十八年（1679），清军平叛胜利在握，康熙便大力推行垦荒政策，将原定十年起科的年限改为六年，因战乱而流徙在荒远地区（如四川的一些偏远地区）的农民，如本人（家）愿意留在此地垦荒居住，则其所垦"地亩永给为业"，永远不用交田赋了。针对农民开了荒却种不起的问题，朝廷给予相应的资助。一般是由各级官府发放无息借贷，规定若干年后还本。对于官员，则赏罚分明，限以几年招复户口，几年修举水利，几年垦完荒地，有功的就提升，无垦荒功的就罢免，这种措施对官员督劝垦田起了重要作用。以上种种政策，大大提高了农民垦荒的积极性，促进了农业的发展。

在恢复农业生产的过程中，康熙在亲政后所处理的明藩土地也是一件大事情。在垦荒田中，有一部分是属于原明藩王的田产，以及皇庄与勋戚庄田，清初统称"废藩"庄田。据统计，这批田产约有 60 多万顷，分布在近十个省区内，多属肥沃之地。当时户部企图把这项土地变卖，作为一笔特别的收入，并且已经卖出了一部分。康熙则下令马上停止出卖，让原来耕种的农民继续耕种，交纳租粮即可，对无人耕种的剩余土地，则"召民开垦"，其所有权转入民户，"永为世业"，与民田"一例输粮"，此类田地称为"更名田"。这样一来，农民变成了这些土地的自耕农，既不再遭受像明朝时的"渔敛惨毒"、"多方掊克攘夺"的虐待，又把王府自置地"输粮之外，又纳租银"的负担也去掉了，生产的积极性大提高。

康熙对这项土地的处理，应该说是很大的一个进步。但是，他所以如此大方地来处理，并不是出于一种"恩赐"的初衷，主要目的还是为了迅速把农业发展起来，尽快国富民强。

农业生产的众多举措中，还有一项至关重要的，就是不定期的蠲免赋役，清朝蠲免赋税始于顺治皇帝，以后蠲免钱粮逐渐成为清朝一贯的政策。康熙皇帝即位后，蠲免钱粮不仅成为一种经常性的行为，而且每一次都数量巨大。"有一年蠲及数省者"或"一省连蠲数年者"，甚至有全国性的蠲免。

蠲免钱粮的原因，首先是为了经济发展、社会稳定；其次是为了表示对百姓的关心，确实使百姓得到了很大的实惠，自是多多益善；第三个原因就是灾害，百姓受灾，没有收成，政府再强行索税的话，就要引起暴动和起义了，为了巩固统治，蠲免钱粮的措施是必需的。

据统计，1691 年、1703 年、1711 年、1716 年、1721 年，清政府免除天下赋税的数量都在白银 2800 万两左右。康熙皇帝在位的 61 年间，政府蠲免钱粮共计 545 次，免除天下钱粮总计 1.5 亿万两，康熙说得好，"欲使民被实惠，莫如蠲免钱粮"，"欲使群生乐利，比户丰盈，惟频减赋蠲租……庶万姓得沾实惠"，这种蠲免的措施对经济的发展起到了相当大的作用。

康熙在繁荣经济、改革税制的同时，还着力惩罚贪官污吏，并且从严治税，对税收征管中贪污舞弊的官员处罚极严，从不手软。四川官员卡永式在征收国家税收时，每征收 200 两白银自己私自加收 12 两，除贿赂给四川巡抚能泰等官员 2 万两白银外，自己共贪污白银 1.7 万两，按律法本应处死，但因其不久病死故未追究，能泰则因受贿被处死。山西太原知府赵凤诏，私自设立税种名目，强行征收并私吞白银 1.8 万两，也被处死。

除了对官员的贪污行为绝不饶恕之外，康熙也严厉惩治漏税行为，有一段时期，苏州一带士绅逃税之风甚烈，严查之下，涉及万余人。康熙帝下令将这些士绅的功名一律取消，其中 3000 人交刑部处置。顺治年间的探花昆山名士叶子蔼，欠了一两银子的税，他觉得数目比较少，就给康熙写信为自己求情。但是康熙为了以儆效尤，没有留情，还是照样除了叶子蔼的功名。这件事在江南一带成了一首民谣：

康熙查税情，探花慌了神；

一厘还一文，照样丢功名；

民谣警后人，看你值几文？

种种私设税种的行为，加重了老百姓的负担，漏税之风盛行，也影响了国库的积蓄，康熙从严治税，杀鸡儆猴，为减轻百姓负担、增加国库收入做出了巨大的贡献。

清康熙五十一年（1712）二月，康熙又颁发了谕旨："今海宇承平已久，户口日繁，若按见（现）在人丁加征钱粮，实有不可。人丁虽增，地亩并未加广，应令直省督抚，将见（现）今钱粮册内有名丁数，勿增勿减，永为定额。其自后所生人丁，不必征收钱粮，编审时止将增出实数察明，另造清册题报……朕故欲知人丁之实数，不在加征钱粮也。今国帑充裕，屡岁蠲免，辄至千万，而国用所需，并无遗误不足之虞。故将直隶各省见今征收钱粮册内、有名人丁，永为定数……"

这就是所谓"盛世滋生人丁永不加赋"谕，意思是将清康熙五十年（1711）政府所掌握的全国人丁应征的 235 万两白银的丁钱，作为今后每年征收的丁钱的常额依据，以后新增人丁被称为"盛世滋生人丁"，永不再征税。"滋生人丁，永不加赋"的制度，推动了经济的增长。

随着社会经济的恢复，全国许多城、镇开始热闹起来了，呈现出了一片盛世景象，著名的工商业城市苏州"郡城之户，十万烟火……阊门内外，居货山积，行人水流"，大的市镇如汉口是"舟车辐辏，百货所聚，商贾云屯"。三藩之乱中被破坏的最严重的景德镇，这时也恢复成为"人居之稠密，商贾之喧阗，市井之错综，物类之荟萃，几与通都大邑等"。北方的城市中，不仅北京"民舍市廛，日以增多，略无空隙"，进京孔道涿州也是"往来者林林总总，阛阓喧阗"。

靳辅治黄河

在发展经济的各项举措中，治河也是重要的一项。历史上黄河经常泛滥，仅 1662~1677 年，黄河大规模的决口就有 67 次，河南、苏北广大地区的百姓深受水患之苦。清初，运河一直是南北经济运输的大动脉。水患使生灵涂炭，也影响到运河的航行，漕粮北运受到阻滞。由于运河河床狭窄，加之长期淤积，容水量有限，黄河发大水时，往往倒灌入运河中，连淮河也都跟着同时受害。所以，治理黄河，不能不治运河、淮河，而运河北段水浅，常出现干涸，更影响至关重要的漕运。如何治理黄、淮、运河，成了清政府长期面临的一大难题。所以，康熙对治河非常重视，他亲政以后，把"三藩"、河工和漕运列为首先要解决的三件大事，"书而悬之宫中柱上"，以备日夜观看思考。清康熙十六年（1677），水利专家靳辅被任命为河道总督，总管修河事宜。

靳辅，字紫垣，辽阳人，隶属汉军镶黄旗。历任国史编修、内阁学士、安徽巡抚。靳辅任河道总督后，与其幕僚陈潢周密考察，广泛听取意见，不久向朝廷上了《经理河工八疏》，提出治理河工的方案，但当时正值三藩之乱，国库空虚，朝廷经讨论，认为此方案所需经费过多，便将其否决，康熙下令让他尽快拿出一个可行性高的方案。靳辅等人反复修改了原计划，次年又上《敬陈经理河工八疏》，提出了减少人工、经费少的方案。得到批准后，朝廷每年给他白银250万两作为资金。此后，靳辅开始和他的幕僚陈潢大规模治水。在靳辅的治水生涯中，陈潢是一个被反复提及的名字，他虽然没有官职，但绝对不能小看。

陈潢，字天一，号省斋，浙江钱塘（一说嘉兴）人，自幼聪颖过人，长大后博学多才，尤其精通地理方舆，但屡试不第，才华没有施展的地方，如果没有遇到"伯乐"，也许这样一个人才就永远被湮没了。清康熙三十年（1691），靳辅在赴安徽就任巡抚途中，路经河北邯郸，见吕祖庵壁上题有陈潢发牢骚的诗句："四十年中公与侯，虽然是梦也风流。我今落魄邯郸道，要替先生借枕头。"靳辅见诗大惊，打听到是留居庵中的一个书生写的，便跟陈潢见了面，也是因缘际会，两人一见，特别谈得来。靳辅说：先生如此有才，不如当我的幕僚吧，以后也给我出出主意，别平白无故地浪费了你这个人才。陈潢心想：我与他也算投契，考了这么些年也没考个什么功名，不如就答应了吧。两人一拍即合。

对陈潢来说，这是个好事，荣华富贵不敢想，最起码不用借枕头了。对靳辅来说，这一偶遇则使他受益匪浅，当时他只是安徽巡抚，谁想到过几年，就做了河道总督，而陈潢最善治水，这下英雄有了用武之地，靳辅关于河工的一应事宜都跟陈潢请教、商量。事实证明，陈潢是一位优秀的水利技术专家，对黄河的特性和治理方法深有研究，认为："善治水者，先须曲体其性情，而或疏或蓄，或束或泄，或分或合，而俱得其自然之宜。"提出不仅要注意治理下游，还应当注意治理黄河的上游。他抱着治河的宏大志愿，协助靳辅治河，不辞劳苦，全力以赴，着实帮了大忙。

康熙对治河的要求是，不仅要防止黄河的泛滥溃决，还要维持运河航行通畅。针对这些要求，靳辅的治河方略大致有四点：一、黄河下游与运河、淮河靠近，所以黄河水流不畅时，河水往往冲决河堤，夺取运河、淮河河道，因此应将三河通盘治理；二、巩固河堤，束水攻沙，将河床逼紧，使水流加速，增大河底淤沙的力量；三、在适当地段开凿引河和修筑减水坝，使河水暴涨时有宣泄的地方而不至于冲决堤防；四、在堤防的迎水面修筑坦坡，缓解洪水对堤岸的冲击。

由于方略得当，几年下来，水患大大地减少了，漕运也比以往畅通了不少，康熙多次奖励他，让他放手去干。同时，无论是施工的民工还是两岸的百姓，都对靳辅赞誉有加，为什么呢？群众的眼睛是雪亮的，历任的河工总督，极少有把黄河治理好的，众所周知，河督有钱，政府拨那么多钱让他们治河，谁知那些人不管百姓的死活，一点功绩也没有，却大肆贪污，一个个富得流油，靳辅的前任就是因为这样才被撤职的。反观靳辅，他不仅工作出色，而且，他一分钱也不贪，两袖清风，能治水而不贪财，老百姓十分佩服，都说他是龙王转世。

靳辅治河有个中心观点，即欲使下游得治，必先治好上游。而黄河下游水患的根本原因在于河道变宽、流速变慢造成泥土淤积加快，所以应该在下游筑高堤，束窄河道，可以减少沉积，利用自然的力量清淤。以今天的观点来看，这种方法仍然是非常先进和科学的，这和古代的治水方法以及一般人的思路不同，一般人都认为加宽河道才可以减少淤积和决口。康熙觉得靳辅说得有理，表示支持这个想法。

靳辅得到肯定后，针对黄河洪水流量年度变化非常大的特点，在上游地区萧、砀、宿迁、桃源、清河等县河南北两岸，共建筑了13座减水坝，以备遇到洪水流量大的年份时，利用减水坝提供缓冲。又根据康熙解决防止减水淹民的指示，在宿迁、桃源、清河三县黄河北岸堤内开了一条新河，称为"中河"。中河修成后，使漕运船只免走黄河90千米的险路。靳辅开中河建立了不朽的功绩，史载："中河既成，杀黄河之势，洒七邑之灾，漕艘扬帆若过枕席，说者谓中河之役，为国家百世之利，功不在宋礼开会通，陈瑄凿清江浦下。"

清康熙二十七年（1688）夏，黄河再度决堤，康熙召见满汉大学士、九卿诸官，说江淮又受水患，百姓正在受苦，你们有什么治河良策。俗话说木秀于林，风必摧之，许多大臣忌妒靳辅治河的成就，根本不懂河工却只知推翻靳辅的方案。几经讨论，康熙依直隶总督于成龙的意见宣布了自己治河的两项措施，一是开浚下河入海口，将下河河底凿深，使上游的河水顺畅入海；二是必须控制减水坝。

靳辅知道后，焦急万分，只得据理力争，他说如果深凿入海河道，海水将倒灌入河，后果不堪设想，并提出了与康熙的措施完全相反的方案：先在下河筑高堤岸，蓄满河水，顶住海水倒灌，将上游的水引到海里。同时，他一再强调想要治好下游，必须治好上游。

这时支持靳辅的就更少了，当初他是被内阁大学士明珠强烈推荐给康熙参与河工事宜的，为了保住自己的面子，他必须表示支持靳辅，可是他又不懂河工，也说不出个所以然来。其余的大臣就更不用说了，虽然靳辅的后台是明珠，可于成龙的后台是康熙，帮着大学士支持正在走红的靳辅，还是帮着同样走红的于成龙支持皇帝呢？这个账他们还是算得过来的。

康熙毕竟是一代明君，深知独断独行的危害，于是命靳辅和于成龙当庭辩论。说到这里，不得不介绍一下于成龙了。于成龙是个大大的清官。刚才为什么说他走红呢，因为他曾为了救济受灾的百姓，私自羁押不肯开仓放粮的上司，由此受到弹劾，但百姓联名为其请命，康熙不但不治他的罪，反而升他的官，对他大加重用，称其为"天下第一廉吏"。

于成龙，山西永宁（今离石）人（康熙时还有一位于成龙，汉军镶黄旗人），起初任广西罗城县知县，罗城位于万山之中，历经战乱，居民仅余6户，县衙只是3间茅屋，于成龙到任后，召集流民，鼓励耕耘，设养济院，宽免徭役，兴建学宫，县境大治。史书说他"居罗七年，与民相爱，如家人父子"。后来于成龙升任四川合州知州，赴任前，百姓倾城出动，痛哭号泣相送。罗城有个乞丐，在于成龙赴任途中，一路不紧不慢地跟着他，于成龙深感奇怪，就问他原因，这个乞丐说：大人您两袖清风，我生怕您没到合州路费就没了，我虽是个乞丐，却有一技之长——会要饭，可以帮您支撑着到任上。他没料错，途中，于成龙果然花光了钱，靠着这个乞丐的"接济"才到了合州。

此后于成龙因为政绩颇高，一路官运亨通，清康熙十九年（1680）升至直隶总督，虽然做了这么大的官，他仍然非常节俭，从来不带家眷上任，每天就是糙米、青菜，终年不知肉味，江南人称呼他为"于青菜"。他死后，将军、都统、官吏、友人到他家中一看，只有竹筐里粗糙纺织品制作的一身袍子和床头几罐食盐、豆豉。为追悼于成龙，市民罢市，一起痛哭致哀，并在家中挂他的画像祭祀。

治黄河乃是天大的好事，靳辅的成就也是有目共睹的，为什么于成龙非要唱反调呢？

首先于成龙不了解靳辅和陈潢治河的思路，人家治河都是将河道拓宽，减少泥沙的淤积和决口，而这两人却把河道束窄，这哪是治水，分明是纵水嘛！简直是拿老百姓的性命开玩笑。自古以来也没见书上记载有这么治水的。更重要的是，靳辅治河花的那些钱让他心疼，250万两白银啊，那可是一笔巨款，清政府一年的收入，也就两三千万两。于成龙是当地官员，为当地的百姓想得多一些，总想着老百姓没钱买粮啃树皮，自己想接济都没钱，你靳辅一年花250万两白银还哭穷。

就是因为这种固有的成见，于成龙一直敌视靳辅，有时候还跑到工地上跟靳辅找碴儿，说话带刺不说还特没礼貌。好几次靳辅忍不住想发火，都被手下人劝住了，说大人还是算了吧，这于成龙好歹是个清官，靳辅一听这话就火了：他是清官，我是赃官吗？自从治河以来，我睡过一天好觉吗？费心费力还倒搭钱，我容易吗？他还跑到这儿来说风凉话，怎么说我也是朝廷一品大员，就让他这么数落？手下人接着劝：大人您息怒，是，你们都是清官，可是说句不中听的话，表面上看起来他可比您清，首先大人出身豪门，再者您治河管着那么多钱，说你穷谁信啊！于成龙不一样啊，他出身没您好，并且出了名的简朴，连他的公子买了一只整鸭他都要棍棒伺候，这样的人，百姓更喜欢，你越参他，他越升官。

靳辅也不是不讲理的人，只是觉着委屈就发了几句牢骚，听属下说得有理就不禁叹了口气，这好人办起坏事来，是更可怕啊。的确，于成龙终于逮着了机会，这次康熙看大臣们互相不能说服，就改派于成龙和靳辅当庭辩论，大学士、学士、九卿、詹事、科、道，两江总督董讷、巡抚于成龙，原任尚书佛伦、熊一潇，原给事中达奇纳、赵吉士等人旁听，主要讨论两个问题：一个是治河水退后出现的田地，是实行屯田 (中国历代封建王朝组织劳动者在官地上进行开垦耕作的农业生产组织形式) 还是由豪绅垦占？另一个是为了使河水通畅，顺流入海，是开浚海口还是修筑大堤？

关于屯田——于成龙说，屯田夺民产业，不能实行！靳辅则说屯田可以抵补河工所用钱粮，必须实行。关于修筑大堤，于成龙认为应该开浚海口，修筑大堤绝对不能实行，要是加高河堤，民居在其下面，一旦决口，百姓就要遭殃。靳辅则说，开浚海口绝对不能实行，虽然可以泄水，但一旦引起海水倒灌，后果不堪设想，最好的办法就是加高河堤。

两人你一言，我一语，互不相让，越说越难听，最激烈的时候于成龙说，江南百姓痛恨你靳辅，想吃你的肉，靳辅反驳说，我为朝廷效力，查出了不少富豪隐占的土地，受豪强怨恨是事实，关百姓什么事？董讷觉得在皇上面前这么说话，不成体统，便试图阻止，谁知两人越说越快，越辩越起劲，根本不理他的茬，最终谁也说服不了谁。

满朝大臣也左右不定，既顾忌靳辅有明珠支持，又畏惧于成龙有康熙撑腰。不久因明珠案发被罢，众官员终于无所顾忌，几乎全都倒向于成龙一边，说于成龙的办法对，靳辅的方案不对，那些错误的治河方案都是受了陈潢的鼓动。康熙也犯了糊涂，见没人支持靳辅了，自己又始终不能了解那个前无古人的方案，最终给靳辅革职处分，还派人到治河工地，把陈潢锁拿进京问罪，这个很有才华的水利工程专家，竟活活地气死在牢狱之中。

靳辅罢任后，康熙命闽浙总督王新命为河道总督。次年，康熙亲自南巡视阅堤工，此时，他已经对自己授命开发的中河工程产生了怀疑，认为黄河仍要横穿运河而过，运河依然有被冲灌的危险。尤其看到高邮、宝应等州县湖水泛滥，广大民田被淹，更认为减水坝有益于河工却无益于百姓，让王新命赶快移除减水坝，将这些地方泄出来的水引到海里。

王新命任河督三年，毫无建树。这时，康熙已经对靳辅的方案有了重新的认识，他深悔自己当年不能明辨是非，马上罢免了王新命，重新任命靳辅治河。这就是康熙的过人之处，一般当皇上的，自己犯了错冤枉了好人，心里知道也不好意思承认，没良心的觉得冤枉了就冤枉了，你就认倒霉吧；有点良心的，临死前留个遗诏，让自己的继任给平个反就算不错了。就这一点来说，康熙不愧为一代明君。可是此时陈潢早已含冤而逝，靳辅也已经60岁了，他以体衰多病为由多次推辞都不被康熙允许，只好单身赴任。不久，陕西西安、凤翔地区遭灾，康熙下令截留江北20万石漕粮从黄河运到山西蒲州（今山西永济县北），靳辅受命后，亲自督运，做得非常出色。但是毕竟岁月不饶人，他的病情也日益严重，在连连上疏，对如何继续修治黄河、淮河及运河提出宝贵的意见之后，因发烧不止，请求退休，被批准。同年十一月，靳辅逝世，终年60岁。三年后，清廷批准江南人民的请求，在黄河岸边为靳辅建祠。

靳辅病死后，康熙命于成龙督河。于成龙出任河道总督后，一反前此对靳辅的攻讦，全依靳辅的治河方案办理。清康熙三十三年（1694），于成龙进京，康熙帝问他："当年你不是说靳辅的方法不对，后患无穷吗？怎么你现在也用?"于成龙惭愧地说："当年臣是无知妄言，不该说那些浑话，到了工地，仔细考察一番才发现，靳辅的方法才是最有效、最安全的。"

此后，康熙仍旧把治河作为第一要务，经多年的治理，消除了黄河中下游各省多年的水患威胁，恢复了江淮被淹没地区的农田耕种，并且实现了南北水路交通干线运河的运输畅行，对社会经济的恢复和发展起了重要作用。康熙曾就南巡中所见到的情况指出："第一次到江南时，船在黄河两岸，人烟树木皆一一在望；第三次南巡则仅见河岸；第四次则岸去河基已低……听闻黄河下游连年丰收，真是前所未有。"由此可见，治河对恢复农业生产的影响。

清官与吏治（上）

封建帝王的治国策略，一般都是首重吏治，而吏治的好坏，又集中体现在朝廷的官吏是否廉洁奉公。可以说，一代政权之兴，一代政权之亡，都与吏治的清廉与否息息相关。大凡吏治清廉，国家就兴隆，社会就发展；反之，则造成政治黑暗，社会动乱，国家衰落也就不可避免。从中央到地方的各级官吏，分掌国家政权，这些人的所作所为，直接影响社会风气的形成、社会的安定和王朝的安危。

清顺治末年，吏治腐败，官场上贪贿成风，康熙亲政后，开始积极整顿吏治，倡导、逐步推行清官政治，大力整顿吏治，此举效果明显，贪贿之风受到了遏制，官场上呈现出了清官辈出的新气象。在清官辈出的良好从政环境里，非常有利于某一清官个体甚至是清官集体发挥作用。为什么这么说呢？因为在贪贿之风盛行的政治环境中，清官很难做。纵观中国古代历史，几乎每朝每代，都有几个典型的贪官，但是到了清代康熙这一朝，却出了个例外——清官比贪官多，甚至只有典型的清官、没有典型的贪官。

毋庸置疑，清官和贪官是天生对立的，清官觉得贪官都是国家的蛀虫和败类，而贪官也不买清官的账，认为清官都是些沽名钓誉之辈，康熙一朝的几乎所有公认的清官都不同程度地被参劾过——你越正直清廉，反对你的人就越多。《清史稿》中说："得君如圣祖（康熙），犹不克（能）善全，直道难行，不其然哉!"可见"清官难做"所言非虚，而康熙朝清官辈出与康熙的用心保全是分不开的。康熙曾说："清官不累民……朕不为保全，则读书数十年何益，而凡为清官者，亦何所恃以自安乎?"所以，清官能够生在康熙朝是非常幸运的。当时，比较有名的清官有于成龙、施世纶、李光地、汤斌、徐潮、彭鹏、郭琇、赵申乔、吴琠等人，不过，最有名的当属张伯行，康熙帝曾赞他：天下清官第一。

张伯行，河南仪封（今河南兰考）人，字孝先，号恕斋，晚年又改号敬庵。张伯行家资富有，这使他自幼就受到良好教育，他从 7 岁开始入私塾读书。13 岁时读完了四书五经。清康熙二十年（1681）以县学廪生的资格参加科举考试，中了举人。四年后，进京考试，获殿试三甲八十名，赐进士出身。经考核，被授予中书科中书的职位，中书科是直接为皇帝办文、宣谕的机关之一，张伯行的职责是缮写册文、诰敕等，就是一个小办事员，如果一直这样下去，他的才华也许就被埋没了，那么他是靠什么崭露头角的呢? 是治河，说白了，张伯行就是靠治河起家的。

河南仪封地处黄河南岸，经常发生水患，清康熙三十八年（1699）六月，连降暴雨，迅猛的洪水冲开了仪封城的北关堤坝，向着城内袭来。百姓惊慌失措，呼天抢地，当时张伯行正在家中为父丧守制。见情势危急，便挺身而出，招募百姓，找布袋装沙填塞决口，避免了一场即将发生的惨剧。这件事很快被前来巡视的河道总督张鹏翮知道了，他很赏识张伯行的才干和魄力，便上疏推荐他治黄。次年，康熙下谕旨，命张伯行督修黄河南岸堤200余里及马家巷、东坝、高家堰诸地的水利工程。

张伯行苦干三年，政绩显著，后来被授予山东济宁道，济宁地处运河要津，距黄河非常近，黄河一发大水，济宁地段的运河也会受灾。张伯行在任上以治河为要务，倾注了大量心血，治水的才能也得到了进一步的发挥。他细心体察河务，精心研究治河方法并颁行《济宁以南各闸放船之法》，制定山东四十八闸放船的具体规章制度，保证了他管辖的一段运河畅通无阻。后来康熙帝南巡，途经山东临清，召见张伯行，对他的治河才干表示了极大的肯定，并亲书"布泽安流"榜，作为对他治河成绩的奖励。张伯行治河的功绩使康熙记住了他，清康熙四十五年（1706），张伯行升任江苏按察使，这时他已经55岁了，可谓大器晚成。按察使是巡抚的属下。按照官场旧例，新任的官员要给巡抚、总督等上司送礼，表示尊敬和畏服，同时再说一些场面话。场面话自然要说，但重点是这4000两白银，4000两白银是个什么概念呢？可不是4000块人民币，白银在每个朝代的购买能力都是有差别的，康熙时，一个不贪污、受贿的一品京官每年的俸禄是白银180两，道员的俸禄是100两左右，一两白银大概折合现在的人民币200元，也就是说，一品京官的年薪是3.6万元人民币，张伯行之前的年薪是2万元左右，而他现在需要用8万人民币去贿赂他的上司，别说他性情耿直最讨厌这种腐败的风气，就是他想迎合上司，也未必能拿出这个钱来，他是有名的清官，从来没有敛财的不法行为，哪有那么多钱。

遇到如此"不识时务"的下属，总督和巡抚都很闹心，不送礼不说，还一来就这不对那不对地指手画脚，说什么应该"革除地方弊病，整顿吏治"。所谓道不同不相为谋，所以张伯行上任后一直受到排挤，郁郁不得志。幸好事情出现了转机，第二年的正月，康熙皇帝南巡到达江苏，在苏州命令总督和巡抚举荐有才能的官员。他依然没有忘记张伯行，严厉训斥了总督和巡抚："朕早就听说过张伯行居官清廉、才华横溢，任济宁道治河时就已经有所体现，你们放着这样一个国之栋梁不向朝廷举荐，是何居心！"随后当场破格升张伯行为福建巡抚。

张伯行在福建巡抚任上兢兢业业，为百姓做了很多好事，如上疏请求免去台湾、凤山、诸罗三县因灾荒而欠交的赋税；福建百姓祭祀瘟神，张伯行命令毁掉这些瘟神的偶像，改祠堂为义学。最主要的就是买粮抚民，福建人多地少，每年都要从他省购买粮食，但前几任巡抚收了贿赂，不以政府的名义买粮，致使奸商乘机囤积居奇，贱买贵卖，从中牟取暴利。百姓深受其害，叫苦不迭。张伯行上任后，很快决定由政府出面从江西等地买来粮食，再平价卖给百姓。一方面使百姓免去了被奸商盘剥的苦楚，也能赚一些钱，做一些有用的事。

清康熙四十八年（1709），张伯行奉旨调任江苏巡抚，福建的百姓痛哭相送。张伯行到江苏赴任后，立即发布《禁止馈送檄》文，文中写道："一丝一粒，尽民脂膏。宽一分，民即受一分之赐；要一文，身即受一文之污。虽曰交际之常，于礼不废。试思仪文之具，此物何来？本都院既冰蘖盟心，各司道亦激扬同志，务期苞苴永杜，庶几风化日隆。"此文主要是告诉下属官吏，百姓所得皆为民脂民膏，平常公务也要杜绝礼品，不应受一分一毫。他还果断地废除了许多苛捐杂税。

清康熙五十年（1711），江苏乡试发生了舞弊案，副考官赵晋与考官、句容县知县王曰俞、山阳县知县等人相互串通，行贿受贿，鬻卖"举人"，中举者除苏州十三人外，其余多为扬州盐商子弟。其中王曰俞推荐的吴泌、方名推荐的程光奎等人皆文理不通，一时间苏州士子大哗。苏州生员千余人到苏州最有名的道观玄妙观前集会，千余人将五路财神像抬入文庙明伦堂，意为乡试"唯财是举"，愤怒的考生还在贡院的大门上贴出一副对联："左丘明两眼无珠，赵子龙一身是胆"，以此讽刺主考官左必蕃和副考官赵晋。这件舞弊案影响很大，历史上称为"辛卯科场案"。

两江总督噶礼将丁尔戬等最活跃的生员拘禁，准备按诬告问罪，其余的生员不服，一再喊冤、集会，此事越闹越大。主考官左必蕃和巡抚张伯行分别奏报。康熙皇帝命令张伯行、噶礼同户部尚书张鹏翮、安徽巡抚梁世勋会审此案。由于牵涉噶礼受贿银 50 万两，主审官畏惧噶礼的权势，不敢得罪他，只有张伯行提出要深入调查，没想到噶礼严厉阻止他，还对证人用刑，这样，案子审理了一个多月仍然一团糟。

张伯行终于看不下去，向康熙上书弹劾噶礼。谁知噶礼买通了一些证人，又捏造事实反过来诬告张伯行。康熙无奈中只得下令张伯行与噶礼交印停职待审，命张鹏翮第二次审查此案。当地百姓听说张伯行被撤了之后，罢市抗议，哭声震动了扬州城，随后他们拥到会馆，以蔬菜水果相送——他们知道张伯行为官清廉，肯定不会接受其他礼物，谁知张伯行依然婉言拒绝，百姓们只好哭道："公在任，止饮江南一杯水；今将去，无却子民一点心！"意思是大人你在这里当官，只喝了江南一点水，什么也没得到，今天你走了，千万不要推辞我们的一点心意。张伯行只好收下一把青菜。

张鹏翮等人查完此案，向康熙汇报，赵晋等人行贿受贿属实，当以科场舞弊罪论处，噶礼受了诬陷，应官复原职，他弹劾张伯行的罪名属实，张伯行应该被撤职。这个事情很奇怪，张鹏翮算是康熙朝的清官，康熙曾高度评价过他，说"天下廉吏无出其左右"，并且当年张伯行正是受到他的赏识才被推荐给康熙的，他对张伯行有知遇之恩，两人也一向交好，这会儿怎么一点情面也不留呢？原来，张鹏翮也想秉公办事的，谁知他那个不争气的儿子，安徽怀宁县知县（归两江总督管辖）张懋诚摊上重案有求于噶礼，张鹏翮只好昧着良心倾向于噶礼。

康熙也看出他偏袒噶礼，便命尚书穆和伦、张廷枢等人第三次审查，这些人深知噶礼在官场上的关系盘根错节，也不敢得罪，只好得出了跟二审同样的结论。康熙无奈之下，只得再度干预，命人再审。由此可见，康熙是费了很大心思来保全张伯行的，审案的人连他"犯罪"的"证据"都拿出来了，他还说这样的结果不是真相，全凭的是一种无条件的信任。张伯行要不是碰上了这么个明君，肯定被冤枉到底了。

这一次，康熙亲自召见九卿、詹事、科道，希望他们秉公断案，使正直的人得到公正的判决，方能四海升平。

按说皇帝的话说得已经够明白了，可是结果仍然不尽如人意，九卿、詹事、科道四审结果是：噶礼与伯行都是封疆大臣，互相弹劾有失大臣之礼，都应该撤职。

康熙想这案子怎么就审不明白了，还是自己亲自出马吧，是为五审，最终张伯行官复原职，噶礼被撤职。这时已经是第二年的十月了，消息传出去，江苏官民拍手相庆，纷纷写下红幅贴在门旁："天子圣明，还我天下第一清官。"更有上万人进京到了畅春园，跪谢皇恩，上疏表示愿每人都减一岁，让圣上活到万岁。福建百姓也奔走相告，在供奉的张伯行像前焚香祈祷。可见张伯行受人民爱戴之深。张伯行毕竟不辜负康熙始终不渝的信任，他在被审期间，连噶礼的母亲都进京见皇上为张伯行求情，人心所向，可见一斑。

清康熙五十三年（1714），张伯行再次遭人弹劾，又是康熙力排众议，将他保了下来，随后又把张伯行召到京城，到南书房任职，兼代理仓场侍郎，并客串了一次顺天乡试的正考官。清康熙六十一年（1722）正月，张伯行有幸参加了康熙的"千叟宴"。同年十一月，康熙驾崩，雍正皇帝即位后，对张伯行也很敬重，并升张伯行为礼部尚书，许多事都征求他的意见。两年后，一代清官张伯行病逝，享年75岁。皇帝赐谥号"清恪"，意思是为官清廉、恪尽职守，很精确地概括了他的一生。

由于康熙能够识人用人，懂得人尽其才，所以在康熙朝，清官辈出与吏治清明形成了良性循环。清官更在乎名誉和肯定，当然也在乎官职，倒不是因为官职越高俸禄越多，而是因为升职本身就是对自己的一种肯定；其次，官职高了就能够为更多的百姓做事，尽量发挥自己的作用。康熙朝正是天下由乱到治的时候，对人才、清官的渴求自然更加强烈，所以康熙非常重视引导、培养、鼓励、嘉奖、使用清官，某些时候，还表示出了偏袒的倾向——因为他深知清官刚正不阿，易为奸佞残害，因而常常有意维护，这一点在对张伯行、噶礼事件的最终处理结果就能够体现出来。而张伯行当然并不是他用心保全的唯一一个，"治行为畿辅第一"的彭鹏因事多次受到革职处分，但康熙都改为降级留用，直到被降了十二级，仍奉旨留任原官。

清官与吏治（下）

康熙的确是非常用心在维护清官，甚至有"偏袒"的嫌疑，但是他对清官并不会没有原则地偏向。因为作为一个明君，康熙对"清正"有着深刻而清晰的认识，陈瑸调任福建巡抚之前，康熙曾问他福建有没有额外加税赋的，陈瑸回答说只台湾三县没有。康熙说，加税赋固然不对，但是，如果严令禁绝的话，州县办公就可能有困难，容易生出其他事端。可见，康熙对这种行为持默许态度，也在暗示陈瑸只要做得不是很过分，就不要穷追猛打了，做官是要有业绩的，但要能从实际出发，考虑得要长远一些。康熙的这种观点，在对施世纶的任用上，尤其体现得明显。

施世纶，字文贤，清靖海侯施琅之子，他秉公执法，清正廉洁，不畏权贵，勤于民事，是康熙朝著名的清官，在民间素有"施青天"之誉。民间有一部流传很广的侠义公案小说《施公案》，就是关于他的传说。《施公案》主要描写清康熙年间清官施世纶巧断奇案、惩恶扬善的故事，是一部在民间流传很广的侠义公案小说。作为侠义公案小说，《施公案》是"箭垛"以成的——人们通常会把一些不是施世纶做的（甚至虚构）的好事都"射"到他身上。不过，清道光、咸丰年间的文人陈康祺（浙江鄞县人，做过刑部员外郎、江苏昭文知县）在北京的街头听到艺人们仍然都在唱"施公"时，感到很奇怪，便在其《郎潜纪闻》中做了记录："盖二百年第檐妇孺之口，不尽无凭也。"意思是200多年间，官府民宅、妇孺之口一直在说唱施公的事迹，恐怕不是没有根据的瞎说吧。

施世纶在《施公案》中为"施仕纶"，他的另一个广为流传的名字据说是康熙御赐的，叫"施不全"。为什么有这个奇怪的名字呢？因为他长得实在太丑了。据说康熙某年，施世纶赴京参加殿试时，康熙见他"秃头、麻面、独目、歪腮、罗锅、鸡胸、端只胳膊、走路划圈"，颇为不悦，直接"质问"他，你长成这样，怎么好意思来参加殿试？施世纶不生气也不惭愧，不卑不亢地说：听闻皇上是以才取人，而非以貌取人，我长得丑不代表我没有才华，怎么就不能来参加殿试呢？康熙一想也是，可是堂堂天子又不好意思就这么算了，便作了一首特别损的诗继续挖苦他："脖子缩进耳藏肩，秃头斜眼腿划圈；前是鸡胸后罗锅，歪腮麻面身子弯；视君百年身后死，棺椁只需用犁辕。"施世纶一听也来劲了，随口接道："秃头明似月，麻面满星辰；独目观斜（邪）正，歪腮问事真；罗锅见真主，前胸藏诗文；只手扶社稷，单腿跳龙门。"康熙被他的才气折服，就没有再难为他，尤其是施世纶在殿试中表现优异，更令康熙刮目相看，连连夸赞"真是不可貌相"，立刻封他为"八府巡按"，命他考察地方官吏去。

这段充满喜剧色彩的传说自然是民间的戏说，百姓爱戴施世纶，所以喜欢经常善意地调侃他一下。历史上的施世纶没参加过殿试，也没有什么功名。《清史稿》载："（施世纶）康熙二十四年，以荫生授江南泰州知州。"在清代因上代系现任大官或遇庆典而被封官称"恩荫"，因上代殉难而被封官的称"难荫"，被封官的人通称"荫生"。荫生名义上是入监读书，实际只需经一次考试，即可给予一定官职。施世纶能做官，是因为他爹——施琅。施琅在统一台湾的水战中立了大功，康熙很是欣赏他，封他为靖海侯，给他的儿子们也封了官。就这样，施世纶走马上任，做了江南泰州的知州，年仅 26 岁。

　　施世纶上任后，勤政爱民，没过两年，就使得泰州大治，他也得到了百姓的一致爱戴。难能可贵的是，他还不畏强权，一心为百姓办事，清康熙二十八年（1689），江南大水，淮安告急。朝廷派两名钦差前往运河泰州段监督堤工。这两个钦差带了数十名随从，仅是穷摆谱也就算了，这些人还肆意扰民，甚至为非作歹，两个钦差也得了不少好处，自然睁一只眼闭一只眼。一向正直的施世纶可看不下去了，百姓遭水患已经够苦了，你们钦差还下来扰民，真是天灾没完又来了人祸，他一生气，管你什么钦差，什么先斩后奏，只要知道有人作恶，马上按律法办，绝不留情，这些人知道自己没理，告到皇上那里是给自己找不自在，所以就收敛了很多。

　　同年六月，绿营裁兵，湖广督标（相当于团长）夏逢龙不服气，干脆造了反，朝廷赶紧派兵进剿镇压，当时，百姓不仅怕土匪，也怕清军，因为清军经过的地方，百姓同样遭殃，简直没处说理去。清军抢上了瘾，却没想到在泰州碰了钉子。到了泰州后，他们马上就知道不能为所欲为了：知州施世纶等地方官员恭候相迎，人马的粮食饲料都准备充裕。同时，府吏们持棍棒在道路两旁夹道而立。意思很明白，不管你们是不是有军务在身，想作乱扰民的话，马上拿下。清军毕竟还不是土匪，抢了那么久，也心虚，见此情形，只好乖乖地补充完粮草，走人。施世纶真正保了一方平安。

清康熙三十二年（1693），施世纶任江宁知府，三年后，他的父亲施琅去世，按封建礼数施世纶应该"丁忧"，即辞官回家为父亲守丧三年。江宁百姓舍不得施世纶走，极力挽留他，两江总督范承勋以"舆情（就是民意）爱戴"上疏奏请施世纶在任守制，施琅有 10 个儿子，范承勋的意见是合乎情理的，但是施世纶思归心切，坚持回家守孝。百姓知道留不住他了，只好每人出一文钱在府衙前左右各建一个亭子作为纪念，是为"一文亭"。守孝完毕后，施世纶被任为江苏省淮徐道。

清康熙四十五年（1706）三月，施世纶被任命为顺天府尹，可谓责任重大，也可以看出康熙帝对他的欣赏。在天子脚下，京畿重地，施世纶没有"京官难当"的顾虑，也做了许多好事。今天北京崇文门外东晓市大街有一个金台书院，前身为"洪庄"——降清明将洪承畴的御赐庄园，洪家怎么舍得把这大好的庄园弄成书院呢？还是施世纶"使坏"达成了目的，他想把洪庄的一些空地买下来，建一个书院。当时洪承畴已经不在世了，他的孙子洪亦沔是洪庄的主人，洪亦沔坚持不肯卖这个庄园，施世纶百般央告也没有效果，灵机一动，向康熙上书，说洪亦沔真不愧为名人之后，觉悟就是高，自愿把御赐庄园献出来办书院，皇上真得好好奖赏他。康熙听说后非常高兴，对洪亦沔甚为嘉许，并御赐"广育群才"匾。洪亦沔开始不知道怎么回事，想了一下马上知道是施世纶搞的鬼，那厮求了自己好几次达不到目的，出了这么个损招。可事到如今，也没办法了，总不能上皇上那里辩解吧，只好领旨谢恩，私下里郁闷得不得了。

施世纶一边重教办学，一边力除流弊。当时京师有四大流弊，即司坊擅理词讼、奸徒包揽捐纳、牙行（一种中介组织）霸占货物、流娼歌舞宴饮。施世纶开始了大刀阔斧的整治，一时京畿大治。施世纶多次受到康熙的嘉奖。

清康熙四十九年（1710），施世纶调任户部侍郎，配合十三阿哥胤祥"清理国库积欠"。国库的拖欠大户多是太子阿哥、皇亲国戚——这是个难办的差事，施世纶知道这比顺天府尹还难干。他就向康熙上奏，说：救济安徽凤阳的 10 万石粮食只有 2 万石到了百姓手里，其余 8 万石悉数被各级官吏侵吞私分了，真是目无王法，遭殃的还是百姓，请皇上派臣去查这件事吧，臣一定把凤阳这件事处理好。康熙知道他是不想参与国库的清理，直接说，你先办好了清理国库的事吧，比治好几个凤阳都强。施世纶不甘心说：臣只有治理一郡一地的本事，国库清查一事非臣力所能及，还请皇上三思。康熙也跟他杠上了：知道难办才让你办，再啰唆就要治你罪了啊。施世纶没办法，只得硬着头皮做下去了，要做就做到最好，他和十三阿哥雷厉风行，无论是皇亲国戚还是当朝大臣，无论欠了成千上万还是十两八钱，一律限期归还，否则按律惩治。得罪了不少人，终于完成了任务。

此后，施世纶当官就全跟钱粮打交道了。清康熙五十四年（1715），拟任云南巡抚的施世纶被改任漕运总督，到江苏督办漕运。众所周知，漕运是一个肥缺，连负责押运的低级武官都能通过克扣漕米、藏货纳赃发大财，施世纶作为漕运总督，还不是想贪多少贪多少。可是他从来没想过要捞钱，他先是调查研究，了解了漕运内部管理混乱的痼疾。然后身体力行，亲自到基层解决问题。他每天带两三个文书坐上船，然后用一本小册子详细记下天气状况以及水流缓急深浅情况。时间长了，他可以依记录预测船只到达的时间，很少出差错。通常情况下，施世纶的船走在前面，遇到水浅滩急的地方，他就会想到某船货重人少，便下令先在此地准备好驳船（一般为非机动船，与拖船或顶推船组成驳船船队，可航行于狭窄水道和浅水航道）。押运的官员以为他能未卜先知，把他视为神明。

当时漕运船只往往不能按期到达，驾船的兵丁们非常辛苦，当官的还经常克扣漕米、敲诈船丁。施世纶经常亲自上船开舱检视米色好坏、分量足不足，检查完了就命令船只赶快开走，不给当官的敲诈船丁的机会。与此同时，对于那些敲诈克扣、中饱私囊的官员，"立杖辕门，耳箭（旧时重犯示众时插在颈后耳旁的箭牌）示众"。这样仅三四年的时间，原先一团糟的漕运政务便被肃清。当官的不敢再做违法的勾当，安分守己起来，船丁不再受苦，沿岸百姓也不再被欺凌，多年后仍为施世纶焚香祝祷。

清康熙五十九年（1720），西北边境局势紧张，从河南到陕西，大军粮草调动运输频繁。康熙帝深知施世纶为人廉洁，管钱粮非常出色，就命他去陕西协助川陕总督鄂海督办军饷。施世纶受命后亲自坐船溯黄河西上，把运粮路线水流滩石勘测得一清二楚，并绘制了详尽的路线图，极大地方便了粮草的运输。

不久，陕西又逢大旱，灾情严重。施世纶在督办军饷的同时又奉命赈灾。他派部下分十二路去调查灾民，按人口分给粮食，不论远近全部分到。在查谷赈灾的过程中，施世纶发现陕西的积储多已虚耗，便要上书弹劾总督鄂海。鄂海心虚，知道皇上一得到奏疏必然罢自己的官，只好在施世纶身上下功夫。当时施世纶的儿子施廷祥正任甘肃会宁县知县。鄂海就跟施世纶表示，放过自己的话，就给施廷祥点好处，否则……谁知施世纶大怒，我是朝廷命官，为百姓谋福，从当官起连皇亲国戚也没怕过，连命都不顾了，还怕儿子丢个一官半职。马上弹劾鄂海，不久鄂海就被罢了官。

清康熙六十一年（1722）五月，施世纶病逝于任上，皇帝批准了他临终之前的奏疏——随父归葬故里，并亲笔写了诏书，褒奖他"清慎勤劳"。陈康祺在《郎潜纪闻》中总结道："公平生得力在'不侮鳏寡，不畏强御'二语。"尽管施世纶的官职一次比一次大，但是无论什么亲戚朋友来找他走后门，他一概严词拒绝。所以百姓中间流传一句话："关节不到，有阎罗施老。"在封建社会，像施世纶这样，廉洁清正、不畏强权，一心为百姓办事的好官，非常难得，所以他深受百姓爱戴，其惩恶除奸的故事在民间被广为传颂，人们还常常把他比作正直刚毅的包拯。可见，施世纶虽然是凭借父亲当的官，但却也不是没有真才实学。事实上，施世纶平生好学，善诗能文，著有《南堂集》八卷、《倚红词》一卷。他在江宁做官的时候，还和曹雪芹的祖父江宁织造曹寅成为好友，两人经常在曹寅府上吟诗作画，缅怀另一位共同的朋友即清朝英年早逝的著名词人纳兰性德。

对于施世纶的才学、能力以及为人，康熙一直没有怀疑过。但是在清康熙四十年（1701），湖南按察使出缺，大学士兼吏部尚书、即将退休的老臣伊桑阿代表九卿向康熙推举施世纶补任，康熙却没有答应。他经过深思熟虑后说：湖南按察使的职责说白了就是挑官员的错，朕知道施世纶廉洁奉公，但他遇事偏执（偏执好像是清官的通病，比如于成龙），百姓跟读过书的人打官司，他肯定偏向百姓；读过书的人跟官员打官司，他一定偏向读书人。可能他做得没错，但为人处世，务求适度。如果让他做了按察使，他一定会认真地给官员挑错，可是谁能没有错呢？一味深究，并不是好事。"廉"没有错，但为人处世不能偏执，"太清"则"刻"，很容易出乱子。所以施世纶这样的人，最适合管钱管粮，可以充分发挥其"苛刻"而自律的长处——自己不贪、别人也别想贪。

不久施世纶就被派去管钱粮了，而且做得很好。这是康熙知人善任的一个很好的范例，从这件事，就可以看出康熙用人策略的独到之处。

可以说，康熙帝之所以能取得令人称颂的丰功伟绩，正是因为他作为帝王具有"伯乐"的眼光：既能识人才，又会用人才。而一个明君，最关键的才能就是会用人。康熙用人不任人唯亲、不计前嫌、唯才是举。在"重满轻汉"的社会背景下，他敢"冒天下之大不韪"重用有才德的汉人为其"安天下、清君侧"，更说明了他卓越的政治才能和非凡的洞察力，从而将朝廷内外整治得井然有序，创建了一个四海升平的康熙盛世。

不修长城修避暑山庄

　　统治一个国家，用人很重要，事实证明，康熙做得很好，他非常懂得人尽其才，将每个人都安排到合适的位子上去，这也使得他统治的很长一段时间内，官场吏治清明，百姓没有过多的抱怨。但是整顿吏治只是治理好国家的一个重要方面，历朝历代，都要面临着另一个重大问题，那就是抵御北方游牧部落的侵袭，很多帝王采用秦始皇时就开始的方法——修筑长城，可是到了康熙这里，他不修长城，修避暑山庄。

　　清康熙四十年（1701），康熙帝巡幸塞外。当他来到热河上营（今河北承德市区）一带，立刻被眼前的美景深深吸引。此地崇山起伏，峰峦叠翠，武烈河水（亦名热河）萦绕其间，山水相映，意趣盎然。这里具有重要的地理位置，还是出京到木兰围场以打猎为名实行训练军队的中间站，"道近神京，章奏朝发夕至，往还不过两日，宗理万机与宫中无异。"一个大计划在康熙的心中形成了，他决定在此地建一座规模庞大的离宫别苑。经过紧张的筹备，工程于清康熙四十二年（1703）动土，此后的几年，一座气度非凡、将真山真水成片成片圈入的塞外行宫建立起来。这，便是后来成为清廷第二政治中心的承德避暑山庄，它的修建，是清王朝政治中心北移的表现。

避暑山庄位于今天的河北承德市，从清康熙四十二年（1703）开始兴建，到清乾隆五十五（1790）年宣告竣工，历时89年。园林面积约564万平方米，是公认的中国和世界现存最大、最古老的皇家园林，具有丰富的历史内涵。这座规模宏大的园林，拥有殿、堂、楼、馆、亭、榭、阁、轩、斋、寺等建筑100余处，最大特色是山中有园、园中有山，山区占了整个园林面积的4/5。从西北部高峰到东南部湖沼、平原地带，相对等差180米，群峰环绕，山谷中清泉涌流，密林幽深，景色美不胜收。

避暑山庄是康熙在口外所建的众多行宫之一，最早叫热河行宫，它也不是康熙修建的第一个皇家园林。康熙修建的第一个皇家园林是畅春园，在北京的海淀。但是避暑山庄的建筑规模、建筑布局和建筑风格与其他的皇家园林极为不同，它既有庄严肃穆的皇宫大殿，又有恬淡天然的田园风光；远接广袤无垠的塞外草原，近靠峰峦叠翠的崇山峻岭。设计者根据承德西北地势高、东西地势低的特点，将中华多处名胜合理分布、疏落有致，打造出"南秀北雄收眼底"的宏伟景观，实现了康熙"集天下景色于一园，移天缩地为一方"的初衷。

在避暑山庄东部和北部丘陵起伏的地段上，如众星拱月之势环列着12座色彩绚丽、金碧辉煌的大型寺庙。当年有8座寺庙由清政府理藩院管理，据清代《钦定理藩院则例》记载，理藩院共管领着北京、承德共 40 座庙宇，除北京 32 座之外，其余全在承德。故此，承德的 12 座寺庙中除了普佑寺、普乐寺、广安寺和罗汉堂外，其他 8 座均归理藩院直接管理。这八个庙还在北京设有"办事处"，因为它们又都在古北口外，故统称"外八庙"。久而久之，"外八庙"便成为这 12 座寺庙的代称。"外八庙"中，除溥仁寺、溥善寺建于康熙年间，其余 10 座寺庙均建于乾隆年间。

寺庙群如众星拱月般镶嵌在避暑山庄周围，既同山庄遥相呼应，又同山庄联为一体，从外形上看，避暑山庄无论是庄严肃穆的皇家宫殿，还是游玩欣赏的亭、轩、榭、阁，一律采用青砖灰瓦，都显示出一种古朴自然的风格；而外八庙则采用彩色的琉璃瓦，有的甚至用镏金鱼鳞瓦覆顶，远远望去，巍峨壮观、金碧辉煌，一派富丽堂皇的景象，与古朴典雅的避暑山庄形成鲜明的对比。1994 年 12 月，避暑山庄同外八庙一起被联合国教科文组织列入世界文化遗产名录，承德也成为闻名遐迩的旅游胜地。

表面上看，康熙当年大兴土木只是为修建一个供自己休闲娱乐的皇家园林，这个园林留到今天就成了文化遗产、旅游胜地。事情没有这么简单，在过去的 300 年里，避暑山庄可不像它的名字那样悠闲自得，康熙始建避暑山庄后，以后的皇帝们每年有将近一半的时间都住在这个山庄。承德成了仅次于北京的全国政治中心，作为陪都，在政治上发挥了无可替代的作用。

避暑山庄建成以后，大大方便了皇族们从北京到木兰围场狩猎的供应问题。木兰是满族语哨鹿的意思。康熙希望他的子孙们把"木兰秋狝"（"秋狝"在中国春秋时期就有记载，"春搜"是在春日举行的射猎；"秋狝"指的就是秋天的畋猎) 当成传统一样，永远地继承下去。满族人从马上得到了天下，失去了勇气与豪气就失去了灵魂，早在三藩之乱时，康熙就起了警惕之心，当年，八旗子弟进山海关不过30年，却几乎没有了为太祖皇帝和太宗皇帝打天下的豪气，"一人受伤，数十人借口送回"，整整用了八年的时间才平了三藩之乱。这件事给康熙的刺激太大了，想当年，满族人的八旗兵是何等勇猛和彪悍，李自成、张献忠、南明王朝，全都在他们的铁蹄下被荡平，如今却这么窝囊。

为了使八旗恢复战斗力，康熙将目光锁定在距京师350多千米的茫茫草原，并下令圈定了东西长125千米，南北宽122千米，总面积达15300平方千米的"木兰围场"。三藩之乱平息不久，康熙就带着八旗精锐来木兰围场秋狝了。皇帝制定了严厉的奖惩措施，八旗勇士们为了得到皇上的赞许，纵横驰骋，追虎逐鹿，头戴鹿角面具的清兵，隐藏在圈内密林深处，吹起木制的长哨，模仿雄鹿求偶的声音，雌鹿闻声寻偶而来，雄鹿为夺偶而至，其他野兽则为食鹿而聚拢。等包围圈缩得不能再小了，野兽密集起来时，大臣就奏请皇上首射，皇子、皇孙随射，然后其他王公贵族骑射，最后是大规模的围射。莽莽草原，战马嘶鸣，俨然一场大规模的军事演习。

八旗子弟们重新跨上马背，开始不断体验祖先们粗豪爽快的射猎生活，他们骨子里骁勇善战的野性终于复苏了。九年后，准噶尔部首领噶尔丹叛乱，一路所向无敌，直抵北京，康熙御驾亲征，裕亲王福全亲自挂帅率领骁勇的八旗兵在乌兰布统草原大败噶尔丹。可见，木兰秋狝确实提高了军事防御能力，加强了八旗的战斗力。

乌兰布统一战以后，康熙更加重视边疆武备和弓马骑射。每年的木兰秋狝时间越来越长，阵容越来越庞大，最多时人数达3万，这样的一支队伍，人马供给是很成问题的。避暑山庄位于北京和围场的中间地带，它的修建刚好解决了这个问题。

自从秦王朝灭掉六国一统江山后，直至清初，两千多年的时间里，生活在"三北"（东北、西北、华北）地区的游牧民族与部分狩猎民族如匈奴、乌桓、鲜卑、氐、羌、党项、回讫、突厥、蒙古、契丹、女真、满族等，都在不同历史时期，频频向中原进军，大大小小的战事连绵不断。这些少数民族多次建立政权，有的甚至还灭掉中原王朝，一统天下。他们对中原王朝构成长久的威胁。所以中原王朝，为了防范他们，不得不花费大量的人力、物力一代接一代地修筑长城。可是长城真的有用吗？

历史表明，清代以前，每个朝代都没有从根本上解决这个问题，即使如汉唐这样强大的王朝，虽然一度突破长城之限，在长城以外的部分地区设治，但不久就很快向内撤还。

清康熙三十年（1691），有朝官上奏，说长城几经兵罹和岁月的冲刷已变得破败不堪，长城是大清的军事屏障，应尽早修葺整顿为妥。而康熙认为长城的存在不利于国家的统一以及与游牧民族的团结，当即否定了这个建议。

对于修建长城，康熙始终是持否定态度的，他也去过山海关，还作《长城》一诗调侃了秦始皇："万里经营到海涯，纷纷调发逐浮夸。当时费尽生民力，天下何曾属尔家。"这并不是妄自尊大。他想，明代修长城，工程浩大，劳民伤财，清的先祖还是从关外冲破了长城的封锁，终于问鼎中原，可见，长城修得再坚固有什么用？只要出一个吴三桂，就能让多年的努力都付诸东流。只要人民安居乐业，只要八旗子弟威风不灭，就修成了万古不废的长城。他是这么想也是这么做的。在这一过程中，他对边疆少数民族始终坚持恩威并施的态度。因为他知道光靠"恩"是不行的。

以蒙古族为例，蒙古各部与清朝素有渊源，两个同处北方的少数民族不仅早有往来，通婚通谊，蒙古八旗更在清朝入主中原的历次大战中立下汗马功劳，从某种程度上说，早期的清政权就是满蒙联盟的政权。清太宗皇太极的孝端文皇后，系蒙古科尔沁贝勒莽古斯的女儿；孝庄文皇后是莽古斯儿子宰桑之女，是孝端文皇后的亲侄女，几年后孝庄文皇后26岁的姐姐也嫁给了皇太极。清廷还建立了"备指额驸"制度，规定在蒙古王公嫡系子弟中，年满15~20岁的男子，不许订婚，要先登记造册，以供皇帝给公主挑选额驸。孝端文皇后之女固伦端贞长公主、孝庄文皇后之女固伦雍穆长公主等清宫十几位公主都嫁给了科尔沁部，成了蒙古人的媳妇。清朝奉行"南不封王，北不断亲"的政策，清朝皇族与蒙古王公世代联姻。可即使是这种关系，康熙在忙着对付三藩之乱时，漠南察哈尔蒙古竟然乘机发动叛乱，要不是孝庄文皇后慧眼识珠，向康熙推荐大将军图海去很快平定了叛乱，后果不堪设想。

从此，康熙每次秋狝都邀请蒙古王公，其目的就是要让他们看看，满洲人得了天下，却并没有耽于淫乐，照样上得了战场也拿得住老虎，依然保持着马背民族特有的剽悍、勇敢和旺盛的斗志。

接着，康熙又建起了避暑山庄，这些人在被八旗兵的骁勇震慑之后，又被邀请到山庄，受到盛情款待。蒙古王公们见识到了这些，心中畏服，自然很难再起叛乱之心。

所以，如果说木兰围场是康熙示威的地方，那么避暑山庄就是康熙实施"怀柔"政策的地方。他修完了避暑山庄，修外八庙，修这些寺庙有什么用呢？用处很大。有句话说得好"一座寺庙胜敌十万兵"。

有了避暑山庄和外八庙之后，清王朝跟北方和西北的少数民族的关系就密切起来，康熙下令专门修建行宫，把班禅、达赖连同蒙古王公邀请到这里来研究书画、举行宴会、聊天，联络感情。正如作家余秋雨在《一个王朝的背影》里面所说的："把复杂的政治目的和军事意义转化为一片幽静闲适的园林，一圈香火缭绕的寺庙，这不能不说是康熙的大本事。然而，眼前又是道道地地的园林和寺庙，道道地地的休息和祈祷，军事和政治，消解得那样烟水葱茏、慈眉善目。"

康熙打破了自秦以来"内中国外夷狄"的格局，决策废掉长城，把中国"大一统"的理论和实践推进到了时代的极限，实际上是拆除了分割汉人与边疆少数民族的一道樊篱，从此长城不再有内外之分，不再有华夷之辨，由此迅速形成了空前大一统的多民族国家，使"中国"具有了当代中国的含义。避暑山庄和外八庙是清王朝"合内外之心，成巩固之业"所凝结的建筑精华，从而形成了清代修庙不修城的国家策略。天人合一的园林与庙宇释放了前所未有的团结力量，形成了统一的、多民族的封建王朝和国家经济和社会高度发展的"康乾盛世"。

康熙帝六下江南

康熙微服私访是后世的小说家以及今天影视剧的热门话题，但是据专家考证，康熙当时是不可能微服私访的，首先，他具有强烈的天子意识，还没有"深入群众"的先进观念。其次，封建社会皇帝的安全是国家的大事，出了一点差错，不知道多少人要因此丧命，就是借那些侍卫一百个胆子他们也不敢让皇上单独出去。所以不管人们是如何地津津乐道，关于康熙微服私访的故事是没有历史依据的，不过是后世的戏说而已。

然而，毋庸置疑的是，康熙帝的确是中国历史上到地方了解民情最多的皇帝之一，他东巡山东、西巡陕西、北巡塞外、南巡江浙……巍峨的泰山、孔圣人的老家曲阜、雄伟的五台山以及美丽的江南水乡都留下了他的足迹，翻开《清圣祖实录》，有关康熙出巡的记载连篇累牍。作为一个勤政爱民的皇帝，康熙频繁巡视自然不是为了旅游，而是出于政务上的考虑，是治理好国家的需要。史实证明，康熙的出巡是有非常积极的意义的，尤其是他六下江南，对于治理河工、笼络汉人士大夫促进满汉融合以及体察民情整顿吏治都起了重大的作用。

历史上黄河多次泛滥，一直是危害百姓、阻碍经济发展的重要因素，康熙帝亲政以后，经常为治理黄河的事苦思焦虑，他在宫殿的柱子上写了"河务、漕运、三藩"六个大字，把治理黄河、沟通漕运看成头等大事，立志要"一劳永逸、全面修治"，所以他屡次南巡的核心目的就是视察河工。

当时，淮安是黄河、淮河以及运河的三水交汇之地，为黄淮襟要、漕运锁钥，高家堰又是拱卫里下河地区人民生命财产安全的重要屏障，因此，淮安地区是清代治河的关键，康熙帝每次南巡必到淮安视察，指授治河方略。

清康熙十六年（1677），康熙帝命安徽巡抚靳辅总督河道，并于清康熙二十三年（1684）南巡，亲自视察河工。他在靳辅的陪同下，自宿迁至桃源县，对黄河北岸90千米的各处险要工程一一巡视，河边有的路段非常难走，泥泞不堪，康熙步行的时候泥没到了膝盖，但他仍然不辞辛苦，坚持看完。他还登上天妃闸，亲自勘察水情，见水流湍急，便下令，另设七里、太平二闸，以分水势。康熙每到一个地方，必会再三询问治理的详细情况，并对随从说：我亲眼看见河工的辛苦、百姓的艰难，这河工什么时候能得到根治，百姓什么时候才能不再受水患之苦安心种田啊。焦急之心，溢于言表。

五年后，康熙再次南巡。至清河县，谕示河道总督王新命（靳辅已经于前一年被撤职）：虽然已经修了中河，但是黄河仍要横穿运河而过，运河依然有被冲灌的危险，高邮、宝应等州县湖水泛滥，广大民田被淹，减水坝有益河工却无益百姓，你应该赶快移除减水坝，将这些地方泄出来的水引到海里。

从 1690 年至 1697 年的七年时间里，康熙主要集中精力平定西北噶尔丹的叛乱。这几年中，治河名臣靳辅病逝，河工人事变更频繁，河督一职数次易人，除靳辅外，其他人都没有什么成绩，于是早先取得的成绩被逐渐断送，河工日趋败坏。

清康熙三十八年（1699），康熙帝第三次南巡，亲自视察高家堰归仁堤等处。见工程日渐塌毁，指责时任河道总督的于成龙拦黄筑坝，致使黄河壅塞，清口堵塞而使漕运梗阻。于成龙借口有病向康熙辞职，康熙一时也想不出合适的人选，就让他在任所养病，次年，于成龙病死，两江总督张鹏翮受命为河道总督。

张鹏翮走马上任后，拆除拦黄坝，疏浚海口，筑堤束水入海，又加固高家堰，堵闭唐埂六坝，使淮水趋清口。因清口淤垫，又在张福口开引河，引淮水归故道，使黄河与淮河合流而下。当年靳辅开的中河离黄河南岸太近，水涨时有倒灌的危险，张鹏翮便另筑北堤，截旧中河水入流，称"新中河"。此外，开水渠疏导淮扬七属下河，将积水引入大海。张鹏翮治河三年，成效显著。不仅漕运无阻，而且出现了"清水畅流敌黄，海口大通，河底日深，黄水不虞倒灌"的局面，

清康熙四十二年（1703）正月，康熙帝第四次南巡，亲自视察高家堰等处堤工，乘船分别到黄河南岸各个堤坝，见河工初步告成，非常高兴，欣然提笔作《览淮黄成》诗一首：

殷勤久矣理淮黄，几度风尘授治方。

九曲素称天下险，四来实为兆民伤。

使清引浊须勤慎，分势开流在不荒。

虽奏安澜宽旰食，诚前善后奠金汤。

之后，康熙渡过黄河，过宿迁，经东平、沧州、天津，在杨村下船登岸回京，并召大学士、九卿等谕曰：“朕此番南巡，遍阅河工，大约已经成功矣。向来黄河水高六尺，淮水低六尺，不能敌黄，所以常患淤垫。今将六坝堵闭，洪泽湖水高，力能敌黄，则运河不致有倒灌之患。此河工所以告成也。”

出于对河工的无比重视，康熙在两年后再次南巡，他亲阅杨家庄等处新开中河闸口及附近堤岸，见黄河已顺轨安澜，欣喜不已。但是仍然一再叮嘱张鹏翮等人“河工已经告成，善后方略更为要紧”“黄河南岸堤工关系紧要，应加紧修防”“河工虽已告成，不可不预为修理防护，以图善后之策”。

不料几个月后，河工又出了问题，黄、淮又发生了多年未有的暴涨，造成古沟塘、韩家庄、清水沟几处堤岸冲决，损失惨重。康熙帝闻讯大怒：“朕想去高家堰视察时，张鹏翮奏称工程已经完成，又说正值炎暑，千方百计阻止朕，朕以高家堰关系重大坚持视察，见工程根本没有完成，石堤所下之埽（将秫秸、石块、树枝捆扎成圆柱形用以堵口或护岸的东西），很多都已经腐烂了，朕马上告诉他大水说来就来，难以预料，必须赶快完工，昼夜防护，现在古沟、唐埂、清水沟、韩家庄四处堤岸冲决，根本就是因为高家堰水泄太多，张鹏翮难辞其咎。”

之后，康熙帝命张鹏翮革职留任，两江总督阿山、漕运总督桑额和张鹏翮等共同详议漕运与民田两利的修治方案。次年正月，阿山等提出了创兴溜淮套方案，其主要内容是自泗州开河筑堤，引淮水至高家堰，入张裕口，再出清口。

不过，康熙帝对此工程并不放心，于清康熙四十六年（1707）起程离京，第六次南巡，发现溜河套工程不只占用民田、民居甚至还需要毁坏多处坟冢，于是马上下令停止溜河套工程，又经反复研究，命挑浚洪泽湖出水口，加宽加深，使清水畅流，便可以取得和溜河套工程同样的功效。此命令一下，百姓欢呼雀跃。

康熙帝以民为本，六次南巡亲临河工，指授方略，实心求治。经过几十年的治理，两河安宁，漕运无阻，人民安居乐业，对当时社会的安定和繁荣起到了巨大的促进作用。

康熙六次南巡的目的之二是为了促进满汉融合。当时，清朝入主中原不久，由于清朝入关时采取了民族高压政策，"留头不留发，留发不留头"，在"嘉定三屠""扬州十日"中大肆屠杀江南人民，激起了江南人民的强烈反抗，战争持续二十年之久，此后，反清斗争虽告失败，但人心未附，特别是汉族的士大夫们，仍然拒绝与清政府合作。

事实上，作为一个入主中原的少数民族王朝，清朝免不了被汉族知识分子敌视和抵制的命运的。尤其是清初的时候，明朝的大儒们，以笔墨为刀枪，纷纷著书立说，用坚守汉族的传统文化来表达对清王朝的不满，他们无力反抗这个朝廷的政权，就只有守住传统文化这一块阵地，这也使以后的文化民族主义出现了前所未有的高潮，几乎可以说达到了历史的最高点。江南地区物产丰盈，人文荟萃，因而其民情的安沸、吏治的好坏、人心的向背，直接关系到清朝统治的安危。康熙知道这种抵制继续下去，对清朝的统治是一个极大的威胁，于是屡次南巡以争取这些江南士大夫的支持。

第一次南巡时，康熙亲祭明太祖陵，于孝陵殿前行三跪九叩的大礼，表达对明太祖朱元璋的推崇，以此隆重的形式拜谒前朝皇帝，实在是很少见的，尤其是清代，三跪九叩是最高的礼数，只有向天地、父母以及皇帝才可以行这么大的礼，由此可看出康熙不一般的谋略和胆识。而且当时，康熙拜明孝陵的时候，旁观的百姓有万余人，不少人感动得都哭了，这就是康熙想要的结果，跪一下又如何。此后五次南巡，康熙也都亲祭明太祖陵。

祭孔也是南巡的重要活动之一。康熙首次南巡就去山东曲阜孔庙举行了隆重的祭孔大典。他由甬道旁行至大成殿，行三跪九叩礼，当时随行的大臣都劝他说：历代君王来拜孔庙时，行的都是学生之礼，两跪六叩首，您行三跪九叩的大礼有失身份，但是康熙反驳道，孔子乃"千秋帝王之师，万世人伦之表"，为了民心归附，社稷安定，多磕几个头有什么关系，难道朕就不是皇上了吗？群臣拗不过他，只好由他以臣子之礼，给孔圣人行了三跪九叩首的大礼。不仅祭拜，康熙还亲书"万世师表"四字悬于殿中，又决定重修孔庙竖立孔子庙碑，并亲自撰写碑文"以昭景行尊奉至意"。

康熙祭拜孔庙，无疑是接受汉族传统文化的表现，崇孔活动及从康熙身上表现出的至诚态度，更使汉族士大夫备觉亲切。而这也使传统汉族知识分子的决心有了动摇，他们实在没有好挑剔了——统治者承认了他们的文化，这就使他们不能再把维护传统文化作为忠于前朝的理由。这就是康熙非常聪明的地方，他清楚地看到，知识分子们不会太长久地坚持他们的立场，前朝遗老和文化顺民之间，就只差那么一层薄薄的窗户纸，只要统治者肯接受汉族文明，这层窗纸很容易就可以捅破。

按照历朝旧例，祭了孔庙，就要去泰山封禅，以昭示大皇帝的文治武功，可是康熙却拒绝了群臣的建议，理由很简单，无非是一些特别谦虚的话，概括起来说就是，我做得还不够好，怎么好意思去泰山封禅夸功？这么一来，一个谦虚、谨慎、励精图治的皇帝形象，马上传遍全国。人人称赞康熙皇帝，不愧是英明圣主。可见康熙的这些做法，对收揽民心、争取江南士大夫的支持起了极大的作用。

第三次南巡到达苏州时，苏州的官员及士绅都前来接驾，打着黄绸的锦旗，旗上写着各自的籍贯、姓名及"恭迎圣驾"等字。从姑苏驿前到虎丘山麓，凡是康熙停留的地方，都搭盖了锦亭，锦亭之间用画廊连接，沿途安装彩灯，都用绸缎装饰，极其豪华壮丽。几日后恰逢康熙寿辰，许多士绅进贺寿诗，这些诗被分别装订成"天地人和"四大册。

南巡期间，康熙竭力扩大汉族地主、士大夫的入仕之途，广增学额，对致仕回籍的汉族大学士、官吏以及著名的文人学士或亲自接见，或派人慰劳，以示恩宠，对受灾的百姓也多次筹商救荒之策。有一次，到太湖边上的时候，康熙问江苏巡抚："太湖方圆多少里？"

"800里。"

"朕记得书上明明说太湖方圆只有500里，怎么是800里了？"江苏巡抚连忙回奏："500里是宋朝年间的记录。太湖风浪年年都要冲刷岸边土地，而农夫又喜欢挖取湖边淤泥作为肥料，所以太湖扩大到方圆 800 里了。"

"失去了这么多的土地，你们为什么不奏明，请求减交粮税？"

"湖东被太湖吞噬了不少土地，湖西被冲刷较少，南北则湖南失地较多，湖北失地较少，地方上怕奏明后减免有多有少，引起纠纷，就没有上报。"

"不奏明，湖东湖南的百姓不是吃亏太大了吗？"

康熙当即命令随从人员记下来，准备回京以后进一步调查，订出具体的减免办法。之后叹口气说："朕不到江南，不知民间疾苦利弊，真是太委屈江南百姓了。"

康熙在南巡中注意体察民情，咨访吏治，许多不称职的官吏就是在这个过程中被罢免的。除了做一些政治意义重大的事情之外，这其中也发生了许多有趣的小插曲。例如第三次南巡时，江苏巡抚宋荦迎驾，宋荦是康熙朝的名臣，他勤政爱民，救灾济困，深受百姓拥戴。同时，他也是一位著名的诗人，精于书画也擅长品茗。他深知康熙不喜铺张，眼下又是仲春时节，便令下属去买来一种茶叶，康熙接过茶后，只见茶条索紧结，卷曲成螺，白毫显露，银绿隐翠，煞是可爱。一经冲泡，恰似白云翻滚，清香袭人。品饮下来，更觉鲜爽生津，滋味殊佳。随后问此茶何名，宋荦奏曰："此乃当地土产，产于洞庭东山碧螺峰，百姓又称之为'吓煞人香'。""吓煞人香"是苏州方言，意思是香得出奇、香得怕人，康熙感到此名不雅，因见其色碧绿，其形似螺，于早春采撷于碧螺峰上，遂命名为"碧螺春"，并定为贡品。从此碧螺春成为贡茶中之珍品，享盛名数百年不衰，康熙成就了一段关于茗茶的佳话。

六次南巡中，参加迎送的汉族地主、士绅和百姓一次比一次多，热情也一次比一次高。这说明自清初以来，清朝统治集团和汉族地主阶级关系的漫长调整过程，终于获得了圆满的解决。此间，除了三征准噶尔、西北边疆局势略显紧张外，基本无兵戈之事，政局稳定，吏治有所澄清，黄河治理大见成效，经济迅速得到恢复和发展。

全国的垦田面积大量增加，政府财政收入的增长也十分惊人，库存银的激增，尤其表明清朝经济实力的迅速增强。全国各地区也多呈一派繁荣景象。据康熙帝在清康熙四十年（1701）后的巡幸中所见：山东"民生丰裕，士民乐利""畿辅秦晋，民俗丰裕"，浙江"农桑徧野，户口蕃殖，闾阎气象"，就是因遭三藩叛乱而造成"地方残坏，田亩抛荒，不堪见闻"的云南、贵州、广西、四川等省也是"人民渐增，开垦无遗，或沙石堆积难于耕种者，亦间有之。而山谷崎岖之地，已无弃土，尽皆耕种矣"。

盛世修书之《康熙字典》与《古今图书集成》

　　康熙时期，大清已经走进了盛世，当此盛世之时，大规模修书，整理编纂文化典籍，是历史发展的必然。当年秦始皇焚书坑儒，使先秦宝贵的文化遗产几乎遭受灭顶之灾，更是中国文化史上的一次灾难，汉朝时朝廷大力倡导搜集和整理图籍文献，使先秦百家之学在秦代焚书浩劫之后又趋复兴。这之后，编纂典籍也是历朝历代弘扬文化的一项重要工程，盛世修典，在历史上常是被人们引为美谈的事情，尤其是宋太宗赵光义连续主持编纂"宋代四大书"：《太平御览》、《太平广记》、《文苑英华》和《册府元龟》之后，历代帝王多热衷于修书，既可以表示对文化事业的重视，从而网罗英才，又可以粉饰太平，明成祖朱棣主持编纂的《永乐大典》也是这个目的下的一枚硕果。

　　到了清代，作为一个博学多才、重视文教的皇帝，康熙怎么可能忽略了这项重大工程，不仅没有忽略，而且居功甚伟。他先后主持纂修了《康熙字典》、《古今图书集成》、《历象考成》、《数理精蕴》、

《律历渊源》、《全唐诗》、《清文鉴》、《皇舆全览图》等大型书籍，总计 60 余种，2 万余卷，对中国的文化传承做出了重大贡献。这些在文化史上占有重要历史地位的书籍中，有两座高峰：《康熙字典》和《古今图书集成》。

《康熙字典》

清初，人们使用的字典主要是明朝人编纂的《字汇》和《正字通》。《字汇》收录的字数最多，有 3.3 万多字，是当时中国收字最多的字书，但它毕竟是明朝人编纂的字书，不可能反映清朝取得的进步成果，跟不上时代的发展，无疑已经落后了。因此，清康熙四十九年（1710），康熙皇帝下旨要亲自主持编纂一部能全面反映中国历史文化的大型字典。然而，"全面""中国""历史文化"这些字眼说起来容易，真要编出这样的字典谈何容易。康熙说要亲自主持，只是会留心抓一抓的意思，虽然没有人怀疑他的学识和能力，但是他总不能为了编字典不理国事吧，那就本末倒置了，而这样大的编书工程如果没有好的主编（当时称总阅官）来主持的话，无异于浪费时间白搭工，所以对于选择字典主编的问题，康熙是绞尽脑汁，将朝中有学识的大臣全都过了一遍脑子，最终，将目光定在了两个人身上，当朝大名鼎鼎的内阁大学士陈廷敬和张玉书。

陈廷敬，字子端，号说岩（意为喜爱岩石），山西阳城县皇城村人。陈廷敬天性聪颖，读书过目不忘，是个天才儿童，自幼受到极佳的文化熏陶和良好的家庭教育，父母均出身书香门第，母亲张氏曾对他口授《诗经》和"四书"，他 6 岁进私塾读书，9 岁即能作哲学意味深远的五言绝句，令父母都大为吃惊，他的私塾老师王先生辞别他的父亲陈昌期，说"您的儿子是个天才，以鄙人的才学已经教不了他了"。

颇为有趣的是，清顺治八年（1651），年仅13岁的陈廷敬与父亲一道赴潞安府考秀才，陈廷敬以第一名的成绩入州学，远远领先于父亲。考试时，考官知道他会作诗，就不考他诗，而考"五经"义，一样难不倒他。清顺治十五年（1658），陈廷敬中进士，之后官至文渊阁大学士兼吏部尚书，深受康熙皇帝的赏识和重用。

陈廷敬是当时非常权威的文学家和诗人，著有《午亭文编》50卷，其文其诗，品位极高，人称"燕许大手笔"，"海内无异词"；同时他也是一位颇有建树的理学家，著有《困学绪言》；他还是一位书法家，这倒不奇怪，明清时入翰林院的进士书法必须有两下子，不过陈廷敬又是高手中的高手，留存到今天的书联"饮露花中如美酒，谈诗泉上似高贤"在书法界被称为神品。令人不可思议的是，陈廷敬还是一位音乐家，他通晓音律，能作乐谱曲。学识渊博、集诸家于一身，在我国古代辅政大臣中，陈廷敬的确是一朵奇葩。不过，以上还完全不是康熙皇帝选择他作为《康熙字典》主编的理由，更重要的是，陈廷敬是清初一流的语言学家和编辑家，不仅《康熙字典》，《佩文韵府》、《明史》、《三朝圣训》、《鉴古辑览》、《大清一统志》等大型语言工具书和史志巨著的编纂都是在他的主持下完成的。这样一个人，无疑是《康熙字典》的最佳总阅官。

另一位总阅官张玉书也是一个能人。张玉书，字素存，号润浦，江苏丹徒人。《丹徒县志》中记载他有和陈廷敬一样的特质："读书过目成诵"，清顺治十八年（1661）进士。官至文渊阁大学士兼户部尚书。张玉书官至首辅，却始终体恤下情，有一次家里房子着火了，皇帝赏赐千金让他重新建宅，他却把钱交给了刑部，让刑部的官员在监狱里铺地板，以免囚犯睡在水泥地上着凉生病。同时，他生活非常简朴，清人葛虚存在《清代名人轶事·风趣类》中说他："古貌清癯，每一朝只食山药两片、清水一杯，亦竟日不饥。"这个记述有些神化了，张玉书的同事王士禛在《分甘馀话》中就说的符合实际一些："康熙辛未，余贰京江相国张公素存（玉书）典会试，每五鼓必秉烛起坐，夜则和衣而寝。食时，或切山药极薄，煮熟置盂中，不过五七片；或炒米少许而已。"可见张玉书的确是个非常节俭的人，官都做得那么大了，生活还如此简单。

张玉书的诗文功夫也十分了得，著有《力行斋集》（一作《文贞公集》）12卷，《扈从赐游记》1卷，《昭代乐章恭记》1卷，《游千顶山记》1卷，《外国记》1卷等。同时，《三朝国史》、《大清会典》、《大清统一志》、《平定三逆方略》、《政治典训》、《平定朔漠方略》、《治河方略》、《佩文韵府》、《明史》等书的编纂中，他都是总阅官之一。

如此看来，陈廷敬和张玉书的确是《康熙字典》编纂官的最佳人选，但是无论他们如何学识渊博，这样浩大的一个工程，仅靠他们两人也是很难完成的。事实上，编纂班子中30多位官员，全是进士出身，当然，只有陈、张两人是顺治年间进士，其余都是康熙年间的。这些人的诗文在当时都是赫赫有名的，学识也得到高度认可，包括内阁学士兼礼部侍郎凌绍雯、日讲官起居注詹事府詹事兼翰林院侍读学士史夔、日讲官起居注詹事府詹事兼翰林院侍读学士周起渭、太仆寺卿加二级臣王景曾、詹事府少詹事兼翰林院侍讲学士加一级梅之珩、日讲官起居注詹事府少詹事兼翰林院侍讲学士加四级蒋廷锡，等等。被后人传为佳话的是，陈廷敬与其子陈壮履父子俩同居翰林，共修《字典》，张玉书长子张逸少亦与父亲一同编修字典，蒋廷锡的侄子蒋溥也同叔父共同参与这个工作，张氏、陈氏父子和蒋氏叔侄同居玉堂，共赞伟业，已占去全部纂修人员的五分之一。

《康熙字典》从1710年三月下诏始修，到1716年闰三月圣祖作序之后刊成，前后六年有余。《康熙字典》有这样三个优点：一、收字相当丰富，共有4.7万个，超过《字汇》1万多字，在很长一段时期内是我国字数最多的一部字典，直到1915年4.8万多字的《中华大字典》出版，才打破了这个纪录。二、它以214个部首分类，并注有反切注音、出处及参考等，差不多把每一个字的不同音切和不同意义都列举进去，可以供使用者检阅。三、除了僻字僻义以外，它又差不多在每字每义下，都举了例子，难得的是这些例子几乎引自"始见"的古书。遗憾的是，两位总阅官陈廷敬和张玉书都没有看到字典成书便积劳成疾，死于任上，但是，他们的功绩始终被后人牢记。

《康熙字典》的版本非常多，除了康熙内府刻本外，还有清朝道光年间的内府重刊本，以及各种各样的木刻本、石印本、铅印本、影印本等，直到今天，《康熙字典》还在一次次再版印刷，成为迄今为止发行量最大、流行最广的中国古代字典之一，可见其影响和价值。

陈梦雷与《古今图书集成》

同《康熙字典》相比，康熙时成书的另一本古籍的编纂过程就比较令人唏嘘了，这是因为其主编坎坷的人生。《古今图书集成》的主编名叫陈梦雷，字则震，号省斋，晚号松鹤老人。福建侯官（今福州市）人。清康熙九年（1670）的进士，陈梦雷资质聪敏，少有才名。12岁中秀才，19岁中举人。

清康熙十二年（1673）十二月，陈梦雷回乡省亲。第二年三月，靖南王耿精忠在福州举兵反清，耿精忠在福建搜罗名士一同造反，并强行授予他们官职，陈梦雷坚决不与逆贼为伍，躲到寺庙，希望逃过这一劫，无奈他久负才名，耿精忠不肯放过他，便抓了他的父亲强迫他现身，陈梦雷忠孝不能两全，不忍老父被无辜杀害，最后在口头上屈服了耿精忠，答应为他办事，但是始终托病不肯接受耿精忠给的官印。

当时，与陈梦雷同年的进士福建安溪人李光地也被迫到福州，不久以父亲有病为由向耿精忠请假返乡。后来据陈梦雷说，李光地返乡前，两人曾密约，由陈梦雷从中"离散逆党，探听消息"，"藉光地在外，从山路通信军前"，共请清兵入剿，连奏疏都是陈梦雷主笔的，但是李光地得到消息后，单独向朝廷上书清兵，根本没有提过陈梦雷的名字，从此，李光地开始受到康熙的赏识，成为康熙朝的名臣。

陈梦雷因此对李光地怨恨不已，指责他"欺君负友"，还写了绝交书，李光地对陈梦雷的指责则坚决不认，多次向康熙辩护说根本没有这回事，由于双方都没有有力的证据，此事遂成为历史公案，而陈梦雷的悲剧命运从此再也无法改变。

清康熙二十一年（1682），经刑部尚书徐乾学救援，陈梦雷免死，以附逆罪流放奉天（今辽宁省）尚阳堡。到尚阳堡之后，陈梦雷得知家中父母已经先后去世，妻子也流放到了外地，悲痛不已，只能不停地读书麻痹自己。陈梦雷被流放到奉天十七年，一边读书，一边教书，先后编撰了《周易浅述》、《盛京通志》、《承德县志》、《海城县志》、《盖平县志》等文献。清康熙三十七年（1698）九月，皇帝巡视盛京（今沈阳），陈梦雷献诗，康熙有感于他的困苦，召其回京。次年，入内苑，侍奉康熙三子诚亲王胤祉读书，并且与胤祉甚为投契。

长期的教师与读书生涯，使陈梦雷感到，现有类书"详于政典""但资词藻"，有许多缺点，因此他决心编辑一部"大小一贯，上下古今，类列部分，有纲有纪"的大型类书。胤祉对这个想法非常支持，并在城北买"一间楼"，并拨给他"协一堂"藏书，花钱雇人帮助缮写。自清康熙四十年（1701）十月开始，陈梦雷根据"协一堂"藏书和家藏图书共1.5万余卷，开始分类编辑。经过无数个日日夜夜的辛苦劳动，到清康熙四十五年（1706）五月，终于编成大型类书《古今图书集成》——"古今""集成"，一听这些字眼，就让人感到一种磅礴的气势。

《古今图书集成》采集广博，内容丰富，包含了清雍正以前，我国古代社会所形成和积累的各个门类的知识。连康熙晚年所出的律令、方志等亦悉数汇纳，还收录了后来的《四库全书》未曾收录的许多典籍。正文1万卷，目录40卷，分装5020册，共计520函。共有42万余筒子页，1.6亿字。全书分为6汇编、32典、6117部，按天、地、人、物、事次序展开，层层隶统，举凡天文地理、人伦规范、文史哲学、自然艺术、经济政治、教育科举、农桑渔牧、医药良方、百家考工等无所不包，图文并茂。康雍乾三朝重臣张廷玉也曾称赞道："自有书契以来，以一书贯串古今，包罗万有，未有如我朝《古今图书集成》者。"

康熙对这项工作也十分赞赏，曾亲临陈梦雷书斋，御赐书名为《钦定古今图书集成》，并为陈梦雷题联云："松高枝叶茂，鹤老羽毛新。"从此，陈梦雷名其斋为"松鹤山房"，并自称"松鹤老人"。

《钦定古今图书集成》是与《永乐大典》、《四库全书》并驾齐驱的中国古代三部皇家巨作之一。不仅是世界上现存规模最大、保存最完整的类书，也是中国铜活字印刷上卷帙最浩繁、印制最精美的一部旷世作品。及至近现代，《钦定古今图书集成》仍显示出资料宝库的无限魅力，作为现存最大的类书，《钦定古今图书集成》依然傲视古今中外，是查找古文献所需最重要的百科全书。其规模宏大、分类细密、纵横交错、次序井然，被国内外学者一致认为是获取中国古代知识的百宝库，尊称其为"大清百科全书"。

我国著名科学家竺可桢在其研究领域翻阅最多、引用最多的一部书就是《钦定古今图书集成》。英、俄、日等国也非常重视对《钦定古今图书集成》的运用和研究，并编制了索引。英国著名学者、《中国科学技术史》著者李约瑟博士曾满怀感激地提到："我们经常查阅的最大的百科全书是《钦定古今图书集成》……这真是一件无上珍贵的礼物。"

陈梦雷在回到北京二十年的时间里，应该是他一生中最为安宁的日子，尤其是在编纂《古今图书集成》的过程中，虽然忙碌、虽然辛苦，却是无比的欣慰和充实的。然而，雍正即位后，开始清算对自己登基有微词的同胞兄弟，胤祉亦被囚禁，陈梦雷受到牵连，被再度流放，与其子圣功、圣眷、圣奖一起到了黑龙江齐齐哈尔，此时，陈梦雷已经 72 岁。他自知归期无望，其伤感不言而喻。在齐齐哈尔期间，陈梦雷与因《南山集》文字狱案流放来的方登峄、方式济父子以诗相交，过从甚密。方登峄曾写有《赠省斋》一诗，诗言："五十年前旧史管，谁从荒漠识衣冠？邹枚作赋名空老，歆向仇书墨未干。过眼风经风浪恶，扪心长抱雪霜寒。新愁往事纷如许，白发青灯话夜澜。"诗中赞颂了陈梦雷的才华、学识、贡献及其节操，对其不幸遭遇无限感伤。而陈梦雷在齐齐哈尔所作诗篇，早已不传于世。

乾隆初年，陈梦雷卒于齐齐哈尔，五年后，其子陈圣奖"抱骨归籍"，葬于故乡。

虽然雍正曾下令由经筵讲官、户部尚书蒋廷锡重新编校已经定稿的《古今图书集成》，去掉陈梦雷的名字，代之以蒋廷锡，但是历史真相是不能掩盖的，人们也永远不会忘记陈梦雷的伟大贡献，今后无论多少年，只要《古今图书集成》还在出版，不论它经历了多少次编辑、修改，如果扉页上只署了一个主编的名字，我们有理由相信，那一定是：陈梦雷。

近代自然科学家

中国古代史上，有很多极负盛名的皇帝，后人在称赞他们时往往称其为政治家、军事家、谋略家，这些人也的确雄才大略、高瞻远瞩，但是清圣祖康熙除了具备以上才能之外，还有一些皇帝很难具备的才能——他还是一个文理兼备、学贯中西的近代科学家。

历史上有学问的皇帝不少，但像康熙这么有学问的皇帝还真找不出第二个，他不仅通晓满汉文化，精通满、汉、蒙三种语言，还对西方的自然科学表示出了极大的兴趣，并且小有成就。可以毫不夸张地说，康熙帝吸收了中华多民族的、西方国家的悠久而又先进、博大而又深厚的文化营养，在古代的帝王中具有最高的文化素质。

康熙深受祖母的教诲，又向苏麻喇姑（苏墨尔，孝庄随嫁贴身侍女）学习蒙古族语，向满族师傅学习骑射，跟汉族师傅接受儒家教育。他的勇武与奋进，受到了满族文化的影响；高远与大度，得益于蒙古族文化的熏陶；仁爱与韬略，来自汉族儒学的营养；开放与创新，则是受了西方传教士带来的西方文化的熏陶，而正是传教士们，使康熙在西学方面取得了许多成就。

康熙与汤若望、南怀仁、巴多明、杜德美、白晋、张诚等一批西方传教士有着非常亲密的交往，这些传教士把当时世界上最先进的科学技术带到了中国，对古代中国、对中西文化交流做出了巨大的贡献，对一向勤奋好学的康熙帝也有着非常深远的影响。

明朝后期，西方的传教士们开始陆续来到中国。他们一面传教，一面传授西方科学知识。清朝入关之初，对定居中原的西方传教士采取礼遇态度。顺治帝和他的母亲孝庄皇太后还一度特别倚重德国传教士汤若望，顺治帝甚至尊其为"玛法"（满族语"爷爷"的意思），向汤若望学习天文、历法、宗教等知识，并命他掌管"钦天监"（官署名，负责观察天象，推算节气，制定历法）。当时政府使用的是《大统历》等。这些历法的历史都较为久远，按照它们推算出来的日期差错大，天象也基本上没有准确的了。由于需要新的历法，清政府遂下令根据汤若望所著的《西洋新法历书》，制定新历法并颁行全国，名为时宪历。

不料，新历法的推行引起了朝廷守旧派的反对，以杨光先为首的一些大臣认为汤若望等人推行新的历法是别有用心、蔑视大清的举动，还喊出了"宁可使中夏无好历法，不可使中夏有西洋人"等口号，在这种思想的支配下，杨光先多次诬告汤若望图谋不轨，幸亏孝庄皇太后的保全，才使得汤若望没有受到迫害，但新历法还是废除了，朝廷又恢复了对旧历法的使用。

汤若望去世后，杨光先接管"钦天监"，又将矛头对准了依旧主张使用西历的汤若望的助手比利时传教士南怀仁。康熙亲政后，对这桩学术公案采取了谨慎而公正的态度，清康熙八年（1669），16岁的康熙皇帝以"历法精微，难以遽定"，命大学士图海等20人会同钦天监官员，赴观象台共同测验。

正午的阳光刺眼而肃杀，空气中弥漫着紧张的气息。钦天监官员吴明烜和洋教士代表南怀仁一起到午门广场，当着文武大臣的面用不同的方法测算正午时间日影的长度。结果，汗流浃背的吴明烜一筹莫展，屡次测算失误，而南怀仁用一根日晷测出了当日正午针影达到的精确位置。

康熙当场力排众议，将杨光先等一伙人革职，命南怀仁主管"钦天监"。这件事对康熙的影响非常大，两个大臣数次争论历法等问题，满朝文武包括皇帝在内都不懂这个，不懂又怎么能主持公道呢？事情得到了圆满的解决，也引发了康熙对西方科学的极大兴趣，从此他开始悉心学习西方文化。康熙帝晚年谈起这场"历法之争"时，曾对臣下谈道："朕思己不能知，焉能断人之是非，因自愤而学焉。"

清康熙二十七年（1688）十一月二十八日，白晋、张诚等六位法国科学家在乾清宫受到康熙帝的接见，他们献上了30件科技仪器作为见面礼。这些非同寻常的礼品，令康熙帝"天颜喜悦"，当即决定让他们入宫，担任自己的科学顾问。从此开始了外国科学家在清朝宫廷从事科学活动长达数十年的局面。

康熙不学则已，一学惊人，从天文地理，到物理、化学，从高等数学到西洋音乐，他全都学过，而且成绩还不错。谁能想象得到，300多年前，绝大多数中国人都还以为天圆地方时，他们的皇上已在紫禁城的深宫内摇计算机、玩对数器、开平方根。

1698 年巴黎出版的白晋著《中国皇帝康熙传》中有如下记述：

"康熙皇帝对学习西方科学具有极大的兴趣，他每天跟我们在一起的时间有好几个小时，他是一个勤奋的人，尽管我们都非常小心地尽早到宫中，他还是经常在我们到之前就准备好了，见到我们，就急着向我们请教一些他已经做过的习题，或者提出一些新的问题。除了跟我们在一起的时间，他还常常起早贪黑地自学……"

"皇帝越来越赞赏我们的科学很实用，学习热情也日益高涨。他去离北京 2 法里的畅春园时也不中断课程，神父们只得不管天气如何每天都去那里。"

"他最喜欢用观察天体的双筒望远镜、两座挂钟、水平仪，吩咐把这些仪器摆放在自己的房间里，并经常把着直尺和圆规爱不释手。"

"有时他亲自用几何方法测量距离，山的高度和池塘的宽度。他自己定位，调整各种仪器，自己计算完之后，再让别人测量。当看到他计算的结果和别人测量的数据相符合时，他就显得非常兴奋。"

"他打得一手好算盘，比西法运算还快。他能熟练地用对数运算习题，用对数表分析三角。还多次向学臣、后为著名数学家的陈厚耀等人，讲解开方法、定位法、虚拟法、借根法等西洋数学知识，并亲自将几何原理教给他的皇子。"

康熙对西学的钻研和兴趣是全方位的，他在宫中设立实验室，试制药品，学会了种痘防止天花，清初，恶性传染病天花在北京很流行，人人谈之色变，"避痘"是皇室每年必做的事，当时蒙古族的王公们怕传染到天花，不敢到北京觐见，只去木兰围场和避暑山庄，康熙研习了种痘之法，在他的子女和宫女们身上实验后，效果很好，遂将其推广到全国，使无数人避免了死于天花的厄运。

为了了解人体解剖学的知识，康熙还亲自解剖了一只冬眠的熊。

南巡时，康熙在黄河、淮河、运河交口的大堤上，指着东流的河水，耐心地向身边负责管理水利的官员讲解如何计算水的流量。他说，你可以先量水闸口的宽度，计算出一秒钟的流量，然后再乘上一昼夜的时间长度，河水的流量就算出来了。

他甚至还在中南海丰泽园内试验起了杂交水稻，比"水稻杂交之父"袁隆平早了300多年。他年年反复试验选种，再试验，再选种，培育出了一个新的优良稻种，而后在北京、承德试种。又经过二十余年的试验和培育，始向江南推广。

康熙还组织全国优秀的天文数学家，集体编纂了一部我国科技史上具有很高价值的天文数学乐理丛书《律历渊源》。其中第二部《数理精蕴》的编纂，是在他的直接指导下进行的。

他还曾亲自组织了大规模的气象研究工作，在北京设立若干气象站，并要求各省逐日逐月作气象记录，按期上报，经常进行综和比较。自康熙朝开始积累的浩瀚的气象资料，成为今天气象史研究的巨大宝库。

对于西方科学的熟悉和认同在军事上也给了康熙巨大的帮助，三藩之乱爆发后，康熙命南怀仁负责造炮，南怀仁领旨后设计出了一种轻型火炮，炮身总重500千克，炮弹仅为1500克。试射时，此炮射击100发，有99发命中目标，炮弹能够穿透4寸厚的木板。之后，南怀仁又制造了一种炮弹为4千克的大炮，试射时100发中96发，其中一发炮弹刚好落在前一发炮弹上，康熙非常满意，当场把自己身上的貂皮大衣脱下来赏给了南怀仁，这些火炮有力地支援了清军前线的战斗，对平定叛乱起了极为重要的作用。

南怀仁在 1674~1676 年的时间里，制造轻巧木炮及红衣铜炮共 132 门，清康熙二十年（1681）又制成神威将军炮 240 门，后来又制成红衣大炮 53 门，武成永固大将军炮 61 门，神功将军炮 80 门。因此，南怀仁造炮数量至少为 566 门。这些火炮，无论在规模、数量和种类方面，还是在制炮的技术和火炮的性能方面，都达到了清代火炮发展的最高水平。南怀仁对此做出了巨大的贡献，当然，这也与康熙皇帝的重视和支持是分不开的。

康熙晚年，曾亲自领导了一次完成中国全图测绘的壮举。清康熙四十七年（1708），他组织了一支主要由西洋传教士组成的测绘队伍，这支队伍由法国传教士白晋、雷孝思和杜德美等人率领，分赴全国各地实地勘测绘制地图。先从长城测起，然后测北直隶（今河北省），再测满洲地区。为了加快速度，中途康熙下令增添人员，分两队进行。

关内十余省，包括西南（广西、四川、云南）、西北（至新疆哈密）广大地区，约用五年时间先后竣事。西藏地区是康熙特派两名曾在钦天监学习过数学和测量的喇嘛前去测绘的。清康熙五十七年（1718），一份具有相当水平的《皇舆全览图》绘成。全图比例尺约为 140 万分之一，全国的山川、府州县城及镇、堡等，无不毕载。

《皇舆全览图》开辟了中国近代地图的先河，是当时最详细的地图，也是研究中国清代康熙以来历史地理变化的重要资料。它是我国第一次用科学方法绘制的地图，不但是亚洲当时的地图中最好的一幅，而且比当时的西欧各国的所有地图都要精确。这项壮举，不仅在中国，在世界测绘学史上也是前所未有的创举。

对于康熙，德国的著名思想家莱布尼茨曾惊叹道："我认为，康熙帝一个人比他所有的臣僚都更具远见卓识。我之所以视他为英明的伟人，因为他把欧洲的东西与中国的东西结合起来了……他以其广博的知识和先见之明远远地超过所有汉族人和满族人，仿佛在埃及金字塔上又添加了一层欧洲的塔楼。"

康熙一朝，西洋传教士受到了极大的欢迎，康熙对他们的待遇也非常优厚，为了吸引更多的传教士到中国来，康熙还特地派遣传教士白晋回法国，给法国国王路易十四带去礼品，进一步表示希望招聘更多的传教士来华工作。这段时期，西洋传教士们如鱼得水，欣喜若狂，都以为可以凭借西学的吸引力顺利传教。

然而，17世纪末~18世纪初，天主教内部发生了"礼仪之争"。最初来华的意大利传教士利玛窦以及后来的传教士在中国传教时采取"本土化"政策，而此时罗马主教认为，在有关信仰问题上，神学界比中国的皇帝更具权威，于是罗马教皇下令禁止教区内的传教士使用耶稣会的中文词汇"天"和"上帝"来称呼天主，同时禁止中国教友敬孔敬祖。清政府对此十分不满，认为这样做有违中国敬孔敬祖的传统。康熙说，敬孔敬祖为敬爱先人和先师的表示，并非宗教迷信。

双方争持不下，最后清政府只得发出了"禁教"令，规定"不准不守'利玛窦的规矩'的传教士在中国传教"。雍正帝即位后，则下令对天主教奉行全面禁教政策。大多数传教士因此被迫离开中国，清朝初年中西方文化交流的黄金时代就此中断。

在这段时间内，康熙充分学习了西方文化，做了许多有利于社会进步的事，作为一个单独的个体，康熙的能力和取得的成就都是毋庸置疑的。但是作为一个皇帝，他做得还不够，不可否认，康熙帝研习西学，主观目的不是为了经世致用，推动社会发展，而纯粹是出于个人兴趣。没有顺应世界潮流，把有关的科学技术向社会推广，在全国范围内掀起学习西学的热潮。

对于康熙来说，与西方交流可有可无，而容纳传教士和西学，纯粹是一种恩典，一种优待，所以他并不支持传教士向中国的广大学者介绍西方科学，也不积极鼓励中国学者参与中西文化交流，从未派人出国考察。这种"不作为"的态度，无疑产生了非常消极的影响，在这方面，邵力子曾有一段精彩的论述：

"对于西洋传来的学问，他 (康熙) 似乎只想利用，只知欣赏，而从没有注意造就人才，更没有注意改变风气；梁任公曾批评康熙帝，'就算他不是有心窒塞民智，也不能不算他失策'。据我看，这'窒塞民智'的罪名，康熙帝是无法逃避的。"

可见，无论具有怎样的远见卓识，康熙也无法避免封建帝王的局限，2000 多年以来，中国历代帝王大多只重视政治军事和思想，只研究治人，不研究治物；只研究驾驭人类，不研究征服自然，受此影响，封建士人皆以为儒家经典无所不包。康熙虽然有所突破，但他必须维护儒学的至高无上，所以对于西方传教士以及他们带来的思想学术，坚持以不触动中国传统文化为前提，凡是他认为有违孔孟之道，有悖"圣人以正常百行之大道，君臣父子之大伦"的，他的态度就是"禁之可也"，"免得多事"。

当然，尽管有种种局限，康熙皇帝以帝王之尊对自然科学表示重视，并且努力学习，在封建帝王中间，也是一种巨大的进步，在当时社会上产生了深远的影响。在他的带动下，许多士人投入数学、天文学、医学、水利、工艺等自然科学各领域的研究中去，对中国社会的进步和自然科学的发展，都起到了一定的推动作用。

第三章

仓廪丰实社会安定
承前启后大业初成

清康熙六十一年（1722）十二月十三日，康熙皇帝刚刚去世一个月，雍正皇帝不顾其父"尸骨未寒"，就下令户部全面清查亏空钱粮，对父亲留下的积弊大动干戈。这是雍正即位后的第一个大动作，也是一件非常得罪人的事儿，稍有差池，不仅名声扫地，也会动摇大清国的根基。因此，雍正深知，这一次只能胜不能败。尽管情势危急，雍正却势在必行。

铁腕肃贪官——死了也不放过他

康熙 8 岁登基，14 岁亲政，他在位时期，智擒鳌拜，剿撤三藩，南统台湾，北拒沙俄，西征蒙古，兴修水利，鼓励垦荒，薄赋轻税，任用能臣，开创了封建社会最后一次盛世局面，其文治武功，可以说是十分了得。但是康熙晚年受道家"无为"思想的影响，认为"多一事不如少一事"，加上他为人宽厚，不忍"下杀手"，使得康熙末期吏治变得松弛，已出现败坏之象，贪污、贿赂、欺上瞒下等恶劣风气又陈渣泛起，且呈蔓延之势。

吏治腐败，税收必会短缺，税收短缺，国库焉能充足？雍正皇帝即位后，国库储银仅 800 万两，各省历年所亏欠的钱粮，累计已达近 4000 万两。堂堂的大清国，外表看来强盛无比，实际上却已经成了一个空架子。如果放任这种局面恶化下去，必将毁掉几十年励精图治的成果，使已经出现的盛世局面不复存在。于是，改革与整治的重任就落在了康熙的继任者雍正身上。

清康熙六十一年（1722）十二月十三日，康熙皇帝刚刚去世一个月，雍正皇帝不顾其父"尸骨未寒"，就下令户部全面清查亏空钱粮，对父亲留下的积弊大动干戈。这是雍正即位后的第一个大动作，也是一件非常得罪人的事儿，稍有差池，不仅名声扫地，也会动摇大清国的根基。因此，雍正深知，这一次只能胜不能败。尽管情势危急，雍正却势在必行。

雍正即位时已经 45 岁，他本身也是一个藏而不露、心机很深的人，他对官场内幕一清二楚。这一次，他下令清查亏空，涉及的人多，打击面也广，要不费点心思，那是很难成功的，但是说难也不难，研究出了下面的"对策"，雍正就有了自己的"政策"。雍正的"政策"是，绝对不用上级清查下级的老办法，那是永远也查不出结果的。

他的决定是，派钦差大臣。他经过精挑细选，找出一批精明强干又洁身自好的人，归自己直接领导，然后让他们作为中央特派员，去地方上清查亏空，这些人跟地方官没什么渊源，肯定不会接受他们的贿赂，也犯不着专门跟谁过不去，能够做到秉公办事。

此外，雍正又从各地抽调了一大批候补官员跟着中央特派员一起查账，查出一个贪官污吏，就地免职，然后从调查团里选一个同级官员接任。这是一招狠棋，当时，官场上从来都是官官相卫，一般继任的官员上任后，很快就会发现他的前任留下了一大笔亏空，但他也绝不声张，因为声张了除得罪人之外对自己没什么好处，在面对清查时他会想办法补上这笔亏空，至于什么办法，那就多了去了，不胜枚举，不过都有一个共同的特征——违法。等他卸任之后，又会留下一大笔亏空，他的继任者也会尽量不露痕迹地"帮忙"填补，如此形成一个恶性循环，国家的亏空越来越严重，百姓受到的搜刮越来越残酷。

但是这一次雍正用调查团的官员继任就不一样了，他们有重要的任务，本身就是来查账的，想做出一番成绩得到皇帝的赏识，自然是查出的亏空越多越好，于是这些人上任后，又开始了再一次的"大清算"，不仅连他的前任，连他的前任的前任，以此类推，都查出来了，这样一来，谁也跑不了。

不过，贪官们有自己的对策，你调查团不是来查钱查粮吗，我库银里没钱没粮但是我可以借，跟谁借呢？跟当地的大户，检查团走后，再归还钱粮，外加一笔为数不少的"利息"，即使没有利息，日后也会对这些大户加以特殊的照顾。

不料，这一招也在雍正皇帝的预料之中，他让调查团到地方之后，立马发个公告，皇上说了，你们谁也不许借钱给官府，实在要借也行，你把钱粮放在了官府，那就是国家的了，以后就再别想拿回去。此令一出，谁也不敢借钱给官府了，得罪人总比倾家荡产强。

为了对贪官们来个釜底抽薪，雍正又成立了"会考府"，这是一个独立的核查审计机关，任务是稽查核实中央各部院的钱粮奏销。钱粮奏销里面是有很深的门道的，首先地方上向户部（中国古代官署名，为掌管户籍财经的机关，六部之一，长官为户部尚书）要求报销开支时，都得给好处费，只要你给的好处费"合理"，不管亏空多少，他也能给你"报销"——反正都是国家的钱，不是自己的不心疼；相反，如果你不走这个"程序"，即使正常开支，即使是很少的钱，人家也不给你报。

另外一个问题是，当时中央各部院动用钱粮无人监督，夸张点说，想怎么花怎么花，这不能不说是中央财经制度的一大漏洞，在这种制度下，完全靠官员的自律来维护国家财产，然而在白花花的银两面前，有几个人能够真正自律呢？

针对这一点，"会考府"诞生了，这是一个中央集权的审计机关，它成立之后，无论是地方上缴税银、报销开支，还是各部院动用钱粮、报销经费，都要通过会考府，谁也做不了手脚。如此一来，地方官员们想花点好处费弥补自己的亏空、部院长官想使点手段贪污大笔白银就成了不可能的事。

雍正采取的各种手段终于使贪官污吏们无所遁形，眼下的问题就是，怎么处理这些人。众所周知，钱粮的亏空有两个原因，一是挪用，二是贪污，挪用罪轻而贪污罪重，因为有时贪官们可以说将钱粮挪用去救灾了，接待上司了，这些是"情有可原"的，但贪污就不一样了，你贪污了送给谁先不说，首先你就将钱财据为己有了，这还了得。但是历朝历代，清查亏空时，都是先查贪污，后查挪用，可能是为了不把事情做绝吧，如此就给贪官留了空子，他们可以借口挪用来掩饰贪污，掩饰不成，就把数额多的说成是挪用，数额少的说成是贪污。不过此时雍正是不怕把事情做绝的，他"反其道而行之"，下令"先查挪用，后查贪污"，将贪官们最后的路都堵死了，形成"瓮中捉鳖"之势。

只要查出贪污行为，若因贪污而亏空者"即行正法"，若由其他原因而亏空的，则规定三年之内务期如数补足，否则抄家从重治罪。杀头的就不用说了，不用杀头的被查出来后直接罢官，罢了官再还钱。之前，朝廷查处贪污行为，处理方法一般都是"留任补亏"，就是留着贪官的职位，限期让他还钱。这些贪官有钱舍不得还，但不还又不行，所谓瞒上欺下，他们就打老百姓的主意，加紧盘剥百姓，还上了钱，继续做官。

这样的"弥补"，无非是贪官们从民间敛财，将亏空转嫁给人民而已。朝廷是收上了钱，可是民怨沸腾，水能载舟，亦能覆舟，这个问题不容小觑。针对这个问题，雍正下令查出贪官，就地免职，绝对不循"留任补亏"的旧例。

雍正还规定，严禁任何人垫付或代赔。他说，即使下属州官县官有富裕的钱，也不能替贪官退赃，至于士民代赔，更是没商量，无非是土豪劣绅勾结官府，想留下贪官继续执政，徇私枉法。

雍正不仅追赃，他还抄家，亏空官员一经查出，朝廷一面严搜衙署，一面命令原籍的官员，将其家产查封，并严格监控其家人，杜绝转移、藏匿赃银的可能。此令一下，全国一片抄家声，雍正也得了个"抄家皇帝"的"美誉"。

对于清查贪官的决心，雍正非常坚定，罢官也好抄家也好，绝不留情，谁求情他罚谁，对皇亲国戚也决不手软，他的十二弟履郡王胤祹因为主管过内务府，被查出一大笔亏空，由于没有钱还，堂堂亲王，将自己家中器物当街变卖。

贪官们见识到了皇帝这样的决心，知道自己已经山穷水尽了，有些罪大恶极的，知道自身难保，就想干脆之来个一死了之，按常理来说，天大的事，只要人死了，也就一了百了了，留下的钱也就可以给家人继续享用了。可是雍正的政策是"死了也不放过他"！你死了也没用，找你全家要钱，最好抄得你子子孙孙都做穷人。广东道员李滨、福建道员陶范，均因贪污、受贿、亏空案被参而畏罪自杀。雍正下令：

"找他们的子弟、家人算账！"看起来好像狠了一些，但是在贪污成风的年代，不如此，就不能刹住贪污腐败之风。

当然，想要杜绝官员的贪污行为，必须让官员的合法收入能够维持体面的生活，于是雍正一面大力整顿吏治，一面想办法提高官员的收入待遇。对"耗羡银"的处理，就是他采取的办法之一。明末清初，各级官吏在国家正额赋税之外，加征所谓"折耗"（即实物折成钱粮的损耗）；又以碎银熔铸加工成整块银锭过程中有损耗为借口，公开增加"火耗"。火耗的数量达到了正额钱粮的40%~50%，甚至"税轻耗重，数倍于正额者有之"。

对此，雍正皇帝实行了"耗羡归公"的制度，即把"耗羡"从州县一级收归督抚统一管理，把非法的附加税变成了国家的正式赋税，火耗每两不过二钱。这虽然不可能终止各级官吏的贪污勒索，但与"税轻耗重"的情况相比，人民的负担多少还是减轻了一些。

而政府把这笔钱按占正税的一定比例征收上来，成为国家的收入，然后再下发充做地方的办公费用和各级官员养廉银的来源。这样既提高了官员待遇，也使他们没有继续贪污的途径。养廉银的数额很大，地方官员养廉银的数额尤其庞大，如总督一年的俸禄一般是180两，他们的养廉银一般在1.5万两以上。以下级别官员的养廉银也都是他们年俸的几十倍。这使地方官员的生活条件大幅地改善，也减少了贪污现象的发生。雍正皇帝实行的"养廉银"，可以算得上是我国历史上最早的高薪养廉了。

吏治的整顿、养廉银的实行，使得雍正朝吏治为之一振，不但减少了贪污，而且官员的待遇又通过养廉银这一合法途径得到了大幅改善，稳定了统治基础。反腐倡廉仅仅五年就使康熙时亏空的钱粮基本追缴完毕，各省的粮食及漕粮，也都能按时征收，国库储银由康熙末年的 800 万两增至 5000 万两，可谓仓廪充实，据载"积贮可供二十余年之用"。

历朝历代，君主治理国家，首重吏治，从中央到地方的各级官吏，分掌国家政权，他们的所作所为，直接影响社会风气的形成，更牵动着社会的安定和王朝的安危。所以吏治的好坏，关系到政权兴亡。可以这样说，大凡吏治清廉，国家就兴隆，社会就发展；反之，则政治黑暗，社会动乱。

雍正也深知吏治的重要性，于是在谙熟社会现象和官场作风以后，形成了自己深刻的认识和独到的见解，再加上坚定决心，才能排除各种阻力，大刀阔斧地整顿吏治。事实证明，雍正一系列的政策，确实沉重地打击了贪官污吏，帝国的吏治也随之一新。

廉吏"当道"树典型

雍正对吏治的整顿，不仅仅表现在对贪官的严厉惩罚上，还表现在表彰和重用廉吏上，这两个方面是同时进行的。雍正认为人治是国家兴亡的关键，而人治的主要内容，除了帝王勤奋治国外，主要是用人得当。所以在严惩贪官、整顿吏治的过程中，他特别重视选拔使用人才、重用廉吏。

雍正时代，有三个地方官最受信任，被雍正皇帝赞为"模范督抚"，这三个人分别是鄂尔泰、李卫和田文镜。鄂尔泰是改土归流的第一功臣，雍正最初看到他对该项工作的建议和策划时曾经感叹："这是上天派来帮助我的奇人啊！"

李卫则是清代官场上的一个异类，以半文盲的学历混到了封疆大吏的位置上，还干得有声有色，雍正经常严厉斥责他没规矩、没礼貌，但始终如一地信任他、重用他。这里要详细介绍的是大器晚成的田文镜，雍正曾称赞他为"实为巡抚中之第一"。

清雍正元年（1723），山西很多州县遭受旱灾，颗粒无收，山西巡抚德音和布政使森图都是沽名钓誉之辈，不把老百姓的死活放在心上，不但不想办法赈灾，反而颠倒黑白，向朝廷报告说这里沐浴皇恩，风调雨顺，百姓安居乐业，是一个丰收年。更无耻的是，他们居然还在这个时候加紧向百姓催征钱粮，遇上了这样没有人性的地方官，百姓哭叫无门，只好外出乞讨，当时遭灾最严重的州县哀鸿遍野，成群的百姓携家带口，衣衫褴褛地去外地讨饭吃。时任内阁侍读学士的田文镜因新皇帝登基，奉命去告祭西岳华山，沿途看到了这些凄惨的景象，受到了很大震撼，几番打听，得知德音和森图居然昧着良心搞浮夸，怒不可遏，一怒之下，将灾情详细记录下来，回京便到雍正那里告了一状。

雍正马上下令将德音、森图交吏部查议，同时任命田文镜为山西布政使赴山西赈济灾民，从此田文镜受到雍正的信任和重用，并终其一生，信任不改。说他大器晚成，是因为这时田文镜已经61岁了，而田文镜在应该含饴弄孙、享受天伦之乐的时候达到了他为官生涯的巅峰，可谓是多年的媳妇熬成了婆，其中自有一番辛酸苦辣。

为什么这么说呢？因为田文镜不是科甲正途出身，出道时，只是个监生（明清两代称在国子监读书或取得进国子监读书资格的人），21岁时，以这个身份被授予福建长乐县县丞，是个八品官，九年之后才当上知县。就这样前后当了二十多年的州县官，45岁以后才到京任官。因此，史书说田文镜"佐杂出身""风尘俗吏"，并非刻薄，事实就是这么回事。他在花甲之年受到雍正的提拔，升任地方大员，虽然这个伯乐遇得晚了点，毕竟还是遇到了，因此一直对雍正感恩戴德、忠心不二。

言归正传，田文镜到山西赴任后，为了安抚百姓，首先就宣告停止征收赋税，随后紧急调出库银向邻省买米赈灾，一面停止向百姓征收赋税，一面又拿出山西官帑向邻省籴粮发给百姓。邻省陕西督抚很痛快地拿出了一万石米，但是另一个邻省直隶督抚却以山多田少为由不卖米，田文镜也没有办法，只好向雍正求救。雍正接到奏折后，命直隶督抚以大局为重，不能搞地方保护主义，同时也把这个意思通报给其他各省。

此后，山西赈灾进展顺利，由于受到救济的灾民人数众多，田文镜因此得到了山西百姓的一致好评，并以此功劳于次年被调任河南布政使，不久又直接升到了巡抚的位置上。 田文镜到河南之前，此地就已经连年受灾，百姓的日子非常难过。田文镜上任后，马上决定由政府拨款修筑河堤，因为百姓遭受的水灾相较旱灾来说更加严重，由于河堤失修，已经不再起作用，一下雨就会发洪水，百姓自然要遭殃。可见，修筑河堤已是刻不容缓，资金有了保证，劳力是个问题，田文镜考虑的结果是所有劳力由各州县分派，标准是"按照百姓地亩，或半顷或二顷出夫一名""绅绔里民，一体当差"。修河堤是好事，平民百姓也愿意出力，但是，地主豪绅不愿意。

出于维护"自尊"的强烈愿望，这些人聚集到一起，跑到巡抚衙门去哭诉叫屈。当时恰逢乡试前夕，他们又打起了准备考试的学子们的主意，他们怂恿这些学子罢考，还真有不少人蠢蠢欲动，情势危急起来。

其他官员都冷眼旁观，等着看田文镜怎么收场。

田文镜也觉得势单力孤，可他不是轻易妥协的人，他觉得自己没有错，自己这次要是服了软，收回成命，就是个笑话，以后还怎么下命令，怎么让人家服他的管。随后，田文镜亲自出面，把带头闹事的几个人抓起来，严厉惩治。这一招立刻起了效果。地主们没想到新来的巡抚有这么大魄力，再说毕竟只是干活，不是要自个儿的命，为了这事再把自己扔进监狱，就太亏了，于是立刻乖乖地服从命令，让干什么就干什么。动乱马上平息了，乡试照常进行，堤工进行得也相当顺利。

在担任巡抚以后，田文镜就一直贯彻实施雍正的政策：清查亏空，整顿吏治。他将命令逐级下发给各州县官员，再限定一个日期，令他们汇报情况，钱粮少了一分一毫都不行，在这个过程中，要是发现有官员徇私舞弊，或者受贿，或者办事不认真，轻的被教训一番，重的就会被田文镜上报，绝不留情。据统计，在这期间，因他的弹劾被罢官的官员就有 20 多人。显然，田文镜得罪了不少人，百姓喜欢他的做法，正直的官员也大呼痛快，可是还有一批心里有鬼的官员们就发愁了，这样搞下去的话，早晚要弹到自己头上，他们已经不敢给田文镜送好处，因为之前送的人都被弹劾了，要保住自己，只有恶人先告状。

所以雍正案头一直不断地有厚厚的一摞奏折，内容大同小异，都是告田文镜的状，他为人刻薄、不近情理，还有一些人身攻击或者诬陷诽谤。可是，雍正不会轻易就相信那些告状的内容，他仔细调查了事件的前前后后以后，对田文镜大加赞赏，说这个人不怕得罪人，一心为国办事，实在是难得。于是，升田文镜为河南、山东两省总督，又加兵部尚书、太子少师衔。雍正虽然没有惩治诬告的官员，但对田文镜的重用无疑打了他们一个耳光。

尽管田文镜一升再升，深得雍正的信任与关注，但是他从来没有像大将军年羹尧那样日益骄纵，肆意运用自己手中的权力贪污受贿、结党营私。而是在自己的职位上，踏踏实实地为百姓办事，并且始终忠于雍正，他的忠心就是雍正看重他的重要原因。

对于山东，田文镜采取了同样强硬的方式清查亏空，也同样不怕得罪人，命令有亏空的知县、知府必须将钱粮补齐，在这个过程中，如果有人被调任，也得补齐了再走，实在不能补齐，就从俸禄中扣。

原来山东、河南两省交界的地方特别乱，治安特别差，土匪强盗不断出没，百姓叫苦连天，现在田文镜做了两省的总督，马上调动两省的力量，统一安排行动，严厉打击盗匪，情况很快就有了好转，治安越来越好。

田文镜从 61 岁起被雍正着力提拔后，为报答这份知遇之恩，始终勤勉做事，凡事以国事为重，并且敢于直言。清雍正七年（1729），朝中大臣一些建议，要在全国各州县的大乡村设立"讲约所"，每月初一召集农民宣讲《圣谕广训》，学习康熙皇帝的指示，雍正同意了，立刻命令各省推行。不想田文镜接到谕令后，立即上书表示反对。大意就是农民忙于农事，哪有那么多时间学习这个，每个月学习，更是不可能，再说在各个乡村普遍开设讲约所，每年需要一大笔开支，实在是浪费纳税人的钱。实在要讲的话，就看情况，在仲春、秋末、冬初农闲时讲讲就行了。有人认为田文镜是多此一举，这事又不同于清查亏空，官仓里没有钱粮，变不出来。你不想讲就不讲，偶尔做个样子就行了。谁知，雍正认为田文镜说得有道理，欣然采纳了他的意见。

田文镜享年 71 岁。雍正帝特赐祭典将他安葬，谥号端肃。

大字不识一个也能当总督

对于重视人才的雍正来说，田文镜的任用仅仅是他知人善任的表现之一，田文镜虽然不是科举正途出身，毕竟在国子监读过书，算得上是一个传统意义上的官员，而雍正不仅用这样的官员，还重用其他非常另类的官员，可以说，有本事就用，真正做到了"不拘一格降人才"。

在清代，总督为地方最高级长官，总管两省或三四个省，巡抚也归他管，不仅如此，总督还兼兵部侍郎（或尚书）、右都御史等职位，执掌总理军民事务，统辖文武、考核官吏，不仅管理着地方大小政务还掌握着本地军权，是"文武兼备"的地方权力中心，真正意义上的封疆大吏。按理说，当官当到这份儿上，能力肯定得有，学历也不能太低吧，可是在雍正朝，偏偏有这样一个学历低，或者说是根本没学历的总督，也就是说，他不但不是通过科举考试入仕的，他还是个半文盲，确切点说，这个总督不认识几个字。

什么人这么另类，这么传奇呢？他就是鼎鼎大名的被雍正赞为

"模范督抚"的李卫。李卫，字又玠，江苏铜山人。从其有钱捐官来看，李卫的家境还不错，其族兄李蟠是清康熙三十六年（1697）的状元，可见李家也算是个书香门第。但是李卫从小就不喜欢读书，对那个时代的经典读物从来不感冒，只是对武术非常有兴趣，不过不练武也可惜了他那个身高，据说他身高"六尺二寸"，放在今天，就是 2 米高的大个儿，不仅如此，他还膀大腰圆，臂力过人，有江湖豪侠的正义和仗义。由于不爱读书，他的大部分知识都来源于评书故事，每每听到忠臣遭到奸臣迫害，便会愤怒不已，甚至拔剑而起，可见，他也是个性情中人。

清康熙五十六年（1717），李卫拿钱捐了个员外郎，后来又升了职，任户部郎中。雍正即位后，李卫被怡亲王允祥举荐给雍正，就任云南盐驿道，管理盐务。盐是人们必需的日常用品，自汉代起盐业就被政府垄断，成为封建社会国家财政收入的主要来源之一，仅次于土地的税收，清朝时，云南全省赋税收入中，盐税占到了 64%，超过了土地税收，所以盐务绝对不容小觑，而且李卫到任前云南有不少不法商贩盗卖私盐，一直没有得到很好的治理。所以，李卫此次也是重任在身，有不少人在背后偷笑他，断言他一定会出丑，越管越乱。

那个时候，没有经过科举考试就当官的人是被其他官员瞧不起的，许多官员起初都是农家子弟，不入朝为官就要终生种地，能不能解决温饱都难说，只好把希望都寄托在科举考试上，许多人十年寒窗苦读，再用很多年的时间去参加科举考试，考上的，已经算是幸运；没考上的，只能自认倒霉。但是有人偏偏不经过考试，凭着几个钱（例如李卫）或者父辈的余荫（例如康熙朝的施世纶）就当官了。

不过，这个李卫和施世纶一样，也是有真本事的，古人说有志不在年高，用在李卫身上就是有本事不在能识字。他到云南就任之初，就从整治亏空入手，对全省盐务进行大力整治，大力打击贪污腐败，不管是谁，也不管你的后台是谁，只要被查出来有问题，该怎么处理怎么处理，谁求情也不行。因为有真本事，手段也很强悍，八个月后，李卫就使云南的盐务实现了由亏到盈的转变。雍正得报大喜，鼓励他继续放手去做。

由于李卫表现突出，此后便一直受到雍正的欣赏，1725年，李卫升任浙江巡抚；次年，受命监理两浙盐务；1727年，特授为浙江总督兼巡抚事，这次的升迁需要特别介绍一下，为什么呢？因为"总督兼巡抚事"是一个前无古人的官职，清代总督的辖区至少有两个省，而李卫以一省之尊却位列总督，与坐镇陪都——江宁（南京）的江南总督平起平坐，可见雍正对他的眷顾与信任；1729年，加兵部尚书、太子少保衔。到1732年调任直隶总督时，李卫在浙江任职达六年之久，观其升官的速度，方知什么是青云直上、直冲云霄。

由此也可以看出雍正对李卫的信任程度，把他放到云南锻炼了几年，就到浙江当巡抚，浙江是什么地方？是当时全国最为富庶、繁华的地方。自唐代安史之乱以后，全国经济重心开始南移，南方的风头日益盖过北方，到清朝时，已经是"天下财赋，半出江南"，李卫被安排在这个位置上，绝对是任重道远。

在浙江做官六年的时间里，李卫集督、抚、盐政于一身，还被特别批准参与江南督抚事务，成了不折不扣的"江南王"，什么是位极人臣、什么是朝野瞩目，看看李卫就知道了。按说李卫得到皇帝如此看重，又在全国最有钱的地方总揽大权，大捞一笔，是很好的机会。难能可贵的是，他从来不做违法乱纪的事，为了报答天子的知遇之恩，"愈自刻励"，凡事"勇往直前，无所顾瞻"，取得了很多令人满意的成绩。

李卫在浙江最大的贡献，当属对"摊丁入亩"政策的大力推行。摊丁入亩是为了保证政府赋役收入而将丁银并入田赋征收的一种赋税制度，这种制度使无地的农民和其他城镇工商业者摆脱了丁役的负担，却将矛头指向了富户，自然要引起富户们的反抗，李卫的前任试图推行时，便由于富户的阻挠而未成功。李卫上任后，在一场由富户组织的大规模骚乱中，表现出了一个改革家的坚定和强硬的手段，采取果断措施整治，明确表示推行新政策的决心，那些无理取闹的人再也不敢造次，从而使摊丁入亩的政策得以顺利推行。

李卫的另一个主要功绩是垦荒与治水并重。浙江人多地少，个别地区人口密度高达 200~300 人/平方千米，虽然是产粮大省，但是比较尴尬的是，粮食不能自给。想摆脱这一尴尬的局面，最有效的方法就是尽可能地增加耕地，李卫看到了这一点，并着手实施，开发玉环岛就是一个很好的开端。玉环岛位于温州府乐清县以东的海面，方圆 700 多里，有荒田 10 余万亩，且土质肥沃，不仅可以产粮，潮水淤地还可以煎盐，开发出来可谓一举两得。其实前任巡抚也已经看到了这个好处，但是，因为玉环岛临海，海盗难以禁止，怕一着不慎带来大祸，所以严厉禁止百姓开垦。而百姓为生计所迫，已经顾不了官府的禁令，一直在不断私垦，李卫知道这个情况后，综合考虑，认为海盗虽然难以防范，但也不至于防不胜防，只要保护措施做得好，不仅能增加财政收入，还能将玉环岛建成一个防止海盗的关口，是非常值得一试的。

为此，他采取了一系列措施：派遣文官管理征粮、民间诉讼等事务，并重点在岛上设营增兵，以防止和缉拿海盗。为防止垦田队伍良莠不齐，李卫命太平、乐清地方官员负责募民开垦，移民仍行保甲法。为防止垦熟后有私人贩米出洋，李卫令百姓只交纳本色（米）而不许交纳折色（钱或他物），即使卖米，也只能销往内地，颗粒不许出海。

雍正帝极力称赞李卫的开发筹议，甚至在奏折上批道："此筹是，览而不嘉悦者，除非呆皇帝也。此时，天下督抚与朕心关切者，鄂尔泰、田文镜、李卫三人耳。"经过几年整理，到雍正末年，岛上已是一片繁荣景象，每年为国家增收田赋租谷2.5万余石，浙江百姓受益匪浅，玉环岛因此也成为"海疆屏障"。

垦荒的同时，李卫也很重视治水。浙江东北部土质肥沃，但地濒大海，川渠纵横，所以将水治好是农业丰收的前提条件。李卫很重视修筑海塘，几乎每年都要奏请整治。海塘即海堤，是江浙两省沿海居民用来抵御海潮侵袭的重要设施，海塘工程主要集中在江苏和浙江的嘉兴、杭州、绍兴四府，尤以钱塘江口的海宁塘最为险要，因为海宁地形较高，且居于嘉、湖、苏、松等府上游，关系重大。李卫接办此事后，制订了合理、可靠的计划，海塘工程的费用，照例应由政府开支，但所拨款额一般都不够，而且还必须先上奏得到批准再动工，一来一去很耽误时间，李卫只好在浙江多方面自筹资金，"除应动用正项之外，皆系每岁设法盐务等类节省额外盈余陆续抵用"。李卫治理海塘，成绩卓著，一年的时间里，他在海宁自翁家埠至尖山间的近百里海塘险要塘段抢筑乱石塘、柴塘近2300丈，缓和了危急形势；并且设塘兵

200 名及千、把总等员弁分驻沿塘常年修护。同时在海塘"招民垦田，于本年起科；设灶煎盐，官为收卖；渔舟入海，给牌察验；鱼盐征税，充诸项公用"。

为了最大限度地人尽其才，当然，更为了达到增加政府财政收入的最终目的，雍正又命李卫兼理两浙盐务。盐务是李卫的专长，他正是因为治盐而受到皇帝赏识的，通俗点说，此人是靠治盐起家的。不过也不敢大意，云南盐务的重要性比不得浙江，浙江的盐税向来是国家的主要经济来源之一，清代划分十几个盐区，浙江盐区是其中之一，浙盐在浙、苏、皖、赣四省行销。但清代体制僵化，在浙盐区靠近两淮盐区的地方，不能买就近的比较便宜的两淮之盐，只能买价钱比较高的浙盐。在这种情况下，走私不可避免地发生了，私盐畅销，官盐卖不出去，政府收不到税，所以雍正很闹心。

其实李卫也很闹心，光是奸商走私也就罢了，偏偏盐道的官员还跟盐商相勾结，他们沆瀣一气，将盐务搞得乌烟瘴气。李卫只好选派家道殷实、情愿效力的候选同知、通判、州县等官分往盐场办理盐务，又在浙江私贩出没的"适中孔道"——海宁县长安镇设官兵巡缉查私，并令常镇道及京口将军、军标副将等官督饬将吏水陆巡查，严防两淮私盐从镇江府入侵浙盐行销区，以此保障浙盐的销路。

他一方面按照"摊丁入亩"的方法，规范了课税方式；另一方面则重点打击走私的盐枭。当时，组织最强大的是盐枭是沈氏集团，该集团有数百人，也有不少大艘船只，好几次让官兵吃了败仗，因此更加嚣张，经常不把官府放在眼里，半明半暗地走私，不料，越大的团伙越能激起李卫的好胜心，他加强缉私队伍的力量，坚持与沈氏斗法，终于将其擒拿，这件事充分体现出李卫尚武好斗的性格。

清雍正六年（1728）七月，雍正帝对江南苏、松等地的治安状况不满意，认为江南总督范世绎及巡抚"非缉盗之才"，命"江苏所属七府五乡盗案，令卫管理，将吏听节制"。李卫的确长于治盗，他认识到青楼、酒坊、茶肆等鱼龙混杂的地方不光是政府财政收入的来源之一，在那里打工的也是官府眼线的好材料，于是命人乔装改扮混入贼窝卧底，或是通过眼线线报，使缉盗工作有的放矢，每次出击时都能大获全胜。经过几年的治理，"东南数千里无盗贼之警"，社会治安明显改观。在此期间，李卫还侦破了一起以江宁人张云如、甘凤池为首的反清复明集团。

李卫在浙江取得的种种成就，足以向瞧不起他是"文盲"的官员们证实他的能力，如果是一个心胸狭窄的人，可能会说：你们牛什么，我不识字，照样当大官，照样有成就，你们瞧不起我，我还瞧不起你们呢？

可是李卫偏偏不是这样一个人，他对知识分子没有丝毫的不满，反而非常羡慕和尊重，跟浙江的文士们相处得很好，当时的文人记载，"（李卫）不甚识字，而遇文人甚敬"。李卫曾出钱修过浙江通志，也建过书院，历史上最大的一部《西湖志》便是由李卫从清雍正九年（1731）开始支持编修的，当时浙江的文人与李卫互敬互爱，相处甚欢，也都愿意接受李卫的邀请参加《西湖志》的编纂。其中最著名的文人有1715年的探花傅王露和名士沈德潜、杭世骏等人。

雍正年间，因为两个浙江文人在文章中写了被过度敏感的清廷认为是大逆不道的内容，雍正一怒之下，迁怒于所有的浙江文人，后来在李卫的努力下，才在1729年恢复了浙江乡试会试资格。有道是"天下才子半出江南，江南才子半出浙江"，李卫能得到江南才子的肯定，可见他是很会做人的，也能说明这确实是一个明理之人。

清雍正十年（1732），李卫改任直隶总督直到去世。李卫赴任后，调整直隶省行政区、改革整顿直隶省绿营兵营制、管理河道事务，"莅政如在浙江时"，亦颇有建树。由于直隶接近京师，各种势力干扰政务的事情时有发生。李卫上任后整治了包括诚亲王护卫库克，北河河道总督朱藻及其弟广宁知县朱蘅以及大学士鄂尔泰的胞弟、户部尚书署步军统领鄂尔奇等诸多背景复杂的官员。一时间民心大快，以至当李卫巡游浙江时，老百姓以为他又治浙江，竟"额手相迎蚁屯数十里，欢声殷天"。

清乾隆三年（1738），李卫病死，年仅53岁，谥号敏达。

自古科举取仕，李卫没有学问却身居封疆大吏的高位，可见雍正唯才是举、才尽其用的策略。雍正常跟李卫说，清官如同木偶，中看不中用，遍地"清官"，却不做实事，对社稷民生毫无裨益。因此，雍正用人，首先在才干，至于出身之类的，都在其次。李卫离开浙江后，有言官弹劾他，雍正批复道："李卫之粗率狂纵，人所共知者，何必介意。朕取其操守廉洁，勇敢任事，以挽回瞻顾因循，视国政如膜外之颓风耳。"雍正重用这样一个人，虽然没有按常理出牌，但总算不辜负"慧眼识珠"的美名。

应当说，在康熙后期，国库极度空虚，国家经济濒临崩溃，雍正帝接过的实际上是一个满目疮痍的烂摊子。为了尽快走出低谷，雍正采取了多项经济改革措施，才挽救了大清朝。日本史学研究者佐伯治曾说："康熙宽大、乾隆疏阔，若无雍正整饬，清朝恐早衰亡。"这恰好说明，雍正皇帝对于整个康乾盛世，起着非常关键的作用。但是雍正的改革措施在实行过程中，遇到了来自上上下下多方面的阻挠，一度进行不下去，是田文镜、李卫这样的官员，始终认真执行雍正的改革政策，不管是火耗归公还是摊丁入亩，这才艰难地使这项有利于国家和人民的政策逐渐走上正轨，雍正是康乾盛世130多年中承上启下的关键，而田文镜、李卫等人为此做出的贡献也是不可抹杀的。

军机处和密折制度

相对于康熙和乾隆这两个一前一后的皇帝来说，夹在中间的雍正很容易被忽略，不仅由于他在位时间短暂（只有 13 年，康熙在位 61 年，乾隆 60 年），还因为此人深谙权术且手段残忍，再加上夺嫡篡位的嫌疑，就经常被人们误以为他没什么政绩，聪明才智都用在耍手段上了。

其实，这是对雍正的一种误解，真正的雍正学识广博、阅历丰富、刚毅果决，是一个颇有作为的皇帝。最值得后人敬服的就是他的勤奋理政，雍正在位 13 年，十三年如一日，亲理政务。白天上朝研究政事，聆听大臣面奏，商讨各种建议；晚间则要批阅数不完的奏章。据统计，雍正在位 13 年的时间里，至少批阅过 2.6 万多奏折，还有部本、通本 19 万多件。他没有出巡过，甚至违背康熙帝的"祖制"，没有去木兰围场狩过猎，他的生活很单调，即位以后，除了吃饭睡觉，基本都是在北京的办公桌旁度过的。用现在的话来说，雍正就是一个不折不扣的工作狂。纵观历史，像这样勤于工作的皇帝是非常少有的。人们不禁要问，他这样不要命地工作，不旅行、不观光，也没听说有什么特别的业余爱好，是靠什么支撑着呢？他真的没有什么渴望的东西吗？

有，那就是权力。

雍正即位后不久，就在紫禁城养心殿西暖阁，也就是他阅奏章的地方，悬挂了一副亲笔书写的对联："惟以一人治天下，岂为天下奉一人"，意思是做皇帝要亲力亲为地治理天下，而不是仅仅被天下人所奉养。这句话出自唐代大学士张蕴古给唐太宗上的《大宝箴》，宋太祖赵匡胤也很赞同。而雍正将其亲笔书写后当作对联挂起来，则表明了他对集权的极度渴望。这副对联有没有横批，暂时还不知道，不过要加上也不难，简单点，可以用"我自己来"四个字。

大概历朝的每个皇帝对权力都有天生的欲望，近点说，大清的江山可以说是多尔衮打下来的，可是顺治为什么那么痛恨他，就是因为他限制了自己的权力，以"皇父"的身份架空了皇帝；鳌拜也算是战功显赫且忠于大清，为什么康熙还是铲除了他，从根本上说，也是因为他妨碍了皇帝行使权力。所以，雍正也不能逃出渴望权力的"宿命"，不仅如此，他还充分利用他那卓越的才能，将清代的君主集权推向了巅峰。

军机处的设立

清初，中央政权机构大体采用明朝制度，设内阁，置六部，但还保留着形成于努尔哈赤时代、发展于皇太极时代的由满族贵族组成的议政王大臣会议，其权力凌驾于内阁、六部之上。凡军国大事都由议政王大臣会议决定，这个会议，甚至有罢免皇帝的权力。

可是皇帝们怎么能允许这样的威胁存在呢？于是纷纷采取措施，无论是顺治恢复明朝的内阁制还是康熙设立南书房，他们都有一个共同抵制的目标，就是议政王大臣会议。雍正也深知这些议政王大臣的厉害，说他为此食不知味也是毫不夸张的，所以一直等待合适的时机解决这个威胁。直到清雍正七（1729）年，终于被他等到了机会，这一年，长期和清廷对抗的蒙古准噶尔部煽动青海和硕特部首领罗卜藏丹津及西北各族反清，雍正派兵征讨后，以整理军报的内阁远离内廷（也就是皇帝的家，民间所谓三宫六院）和自己处理政务的养心殿为理由，设置了军机处。

军机处在乾清门广场西北，曾有一条通往养心殿的专用通道，这条通道穿过宫墙，又经过御膳房直达养心殿，只有50米的距离。雍正在养心殿可以随时召见军机大臣，了解国家大事。皇帝阅览地方、中央官员呈报的奏折，军机大臣聆听皇帝口述上谕，回到军机处凭记忆拟订上谕，然后再赴养心殿交由皇帝定夺，这中间只需要一两个小时。皇帝可以通过军机处直接向各地方官员下达命令，实在是大大地方便了集权，所以战事结束后，雍正就将此机关常设不废。在军机处成为新的政务枢纽之后，努尔哈赤以后一直都有的议政处也就渐渐形同虚设了。那些议政王大臣起初也觉察到军机处的诞生会夺了议政王大臣会议的权力，但他们的职位都是世袭的，已不复父辈们当年的勇猛强健，再加上被前线的战况搞得焦头烂额、疲惫不堪，不得不接受军机处成立的事实。

军机处的全称是"办理军机事务处"，成立后，内阁变成只是办理例行事务的机构，一切机密大政均归于军机处办理。军机处总揽军、政大权，成为执政的最高国家机关。军机处的职官有军机大臣，俗称"大军机"，有军机章京，俗称"小军机"，从名字上就可以看出来，军机章京的地位要低于军机大臣，但是他们的任命，都是出于皇帝的自由意志，没有丝毫制度上的限制。军机大臣多从尚书、侍郎以及皇帝的心腹中选择，军机章京则从内阁、翰林院、六部、理藩院等衙门官员中选充。当然这都不是固定不变的，军机章京也可能升格成军机大臣。这些人的共同特点是：都是兼职，在各衙门都有自己的职位。军机大臣无日不被召见，无日不承命办事，他们既无品级，也无俸禄。尽管如此，在以严厉著称的雍正跟前办事，也没有哪个敢偷懒懈怠，所以军机处的办事效率，在紫禁城里是排在最前面的。

雍正不喜欢被死规矩、硬制度羁绊，也不喜欢闲散平庸的官员，军机处由他一手设置，也不可避免地浸染上他的个性和风格：精干、高效、务实。虽然是国家最高权力机关，但军机处在形式上始终是临时机构，说白了，就是皇帝的一个私人秘书处，也不称衙署，仅称"值房"。"值房"十分不起眼，雍正时只是一个简陋的木板房，直到乾隆年间，才进行了大翻修，成为大瓦房。但是在周边的红墙翠瓦、雕廊画栋的掩映下，依旧显得很朴素、低调，皇帝的心腹们是在这样一个地方办公，那么多影响国计民生的大决策都是在这里写就的。

作为清朝中央决策的特色机构，军机处的创设，对方便皇帝行使独裁权力，提高清朝中央决策和行政效率具有非常重要的意义，这也是它自产生即备受青睐，并得以长期存在最重要的原因。军机处的设立是清代中枢机构的重大变革，标志着清代君主集权发展到了顶点。

雍正采取断然措施，以严猛为政的方式将专制皇权推向了极致。

密折制度

设立军机处不是雍正加强集权的唯一手段，此外他还大大完善了密折制度。密折制度，就是臣子给皇帝上的奏折，不走正常的渠道，而是直接交给皇帝亲拆御览，皇帝有什么指示意见，随手用朱笔批于折后，然后再密封发还给原奏人，所有内容除君臣二人之外，不能让第三个人知道。据专家考证，这种密折制度，肇始于顺治，推行于康熙，而大盛于雍正。至于为什么受到雍正的重视，从根本上来说，还是加强集权的需要。告密，自古以来就为人所不齿，但在雍正统治的年代，这种行为被官员们视为本职工作。雍正登基的第十四天，便下了一道收缴前朝密折的谕旨，并逐渐使密折形成了一种固定的文书制度。

密折的要旨就在一个"密"字，它必须由臣子亲自书写，然后通过一定的渠道交给皇上亲拆亲行，任何第三者都无权拆看，写奏折的人也不能向任何人透露，否则皇帝就要给他们好看。清雍正二年（1724），皇帝突然大骂浙闽总督觉罗保、山西巡抚诺敏、江苏布政使鄂尔泰、云南巡抚扬名时，紧接着宣布停止他们给皇帝上奏的权力。觉罗保等人可都是封疆大吏，雍正虽然贵为皇帝，也不该对他们随意斥责，可这些人不但挨了骂，还被骂得摸不着头脑，除了降罪撤职，再也没有什么比被剥夺其参政言事的权力更为严重了。原来，他们正是因为向外人透露给皇帝密折的内容而受到惩罚。可见，雍正对密折的保密要求是何等严格。

封建社会臣对君的报告名目繁多，常用的有章、表、议、疏、启、书、记、札子、封事等。清代沿袭前明制度，用题本和奏本两种形式。

题本是较正式的报告，由通政司转送内阁申请拟旨，再呈送皇帝，手续繁复且很容易泄密；奏本不用印，手续相对简单，但也要做公文履行，谈不上什么机密性。

密折就不一样了，在雍正钦定的规章里，按照密折的内容，分别规定用素纸、黄纸、黄绫面纸、白绫面纸四种缮写，并使用统一规格的封套。大臣写完密折后，加以封套、固封，装入特制的折匣，然后用宫廷锁匠特制的铜锁锁住，再派专人送达，民间的锁匠是无论如何也打不开密折匣的。密折从缮折、装匣、传递、批阅、发回本人，再缴进宫中，都有一定的程序，不允许被打乱。

密折制度是雍正推行专制政治的有效手段，奏折的内容千差万别，军国重务、身边琐事、社会舆情、官场隐私，甚至家庭秘事，无所不包。皇帝通过奏折可以直接同官员对话，更加了解和掌握下面的实际情况。奏折运转处理程序，因"阁臣不得与闻"，而避开阁臣干预，特别是官员之间互相告密、互相监督，强化了皇帝专制权力。

给皇帝上密折是一种特权更是一种荣誉。在雍正朝，每一个具有递密折资格的人都有权向皇帝密告自己的同僚、下级甚至上司，当然他在监视别人的同时，也处于被监视中。密折作为君臣间的私人通信方式，大大方便了皇帝和臣子的交流，双方说话都能随便一点，臣下可以给皇帝提一些意见，皇帝也可以"推心置腹"地对臣子说一些体己话，笼络一下人心。

康熙时有资格上奏的只是由中央派到地方上的常设官员，康熙登基60余年，有这种权力的大臣只有百余人，而雍正在位仅13年，却赋予了1100多人这种"荣誉"。什么人有资格给皇帝上密折？皇帝本人说了算，全凭他高兴。

说到这里，不得不对雍正旺盛的精力再次表示钦佩——他一天需要处理的事情多么烦琐复杂啊，可是每天还要拿出大量时间来研究、回复大臣们的密折，最少也批十几封，多的时候会有几十封上百封也说不定。这样浪费精力的事，放在其他皇帝身上也许早就厌倦了。可是雍正却十几年如一日，津津有味、不知疲倦地做着。或许，他是真的非常享受将天下事均掌握在手中的感觉吧。

雍正朝现存满、汉文奏折4万余件，是研究雍正朝历史的重要档案资料。雍正对密折所作的朱批，非常有个性，有时一本正经，有时嬉笑怒骂，大多数时候，语言通俗易懂甚至常常不避村俗俚语。这些朱批，大部分都被保留下来了，列举几条比较有意思的：

批李卫折：好事好事！此等事览而不嘉悦者除非呆皇帝也！

批蔡廷折：李枝英竟不是个人，大笑话！真笑话！有面传口谕，朕笑得了不得，真武夫矣。

批江宁织造曹折：你是奉旨交与怡亲王传奏你的事的，诸事听王子教导而行。不要乱跑门路，瞎费心思，买祸受罪。除怡王之外竟可不用再求一人，拖累自己。

批佟吉图折：知人则哲，为帝其难之。朕这样平常皇帝，如何用得起你这样人！

批傅泰折：你是神仙么？似此无知狂诈之言，岂可在君父之前率意胡说的！

给田文镜的比较多：

朕生平从不负人，人或负朕，上天默助，必获报复；

不过叫你知道你主子为人居心，真正明镜铁汉，越发勉力小心就是了。你若信得过自己，放心又放心，就是金刚不能撼动朕丝毫，妖怪不能惑朕一点。你自己若不是了，就是佛爷也救不下你来，勉为之。朕待你的恩，细细地想，要紧！要紧！

张球之事何如！朕早知其非端人矣，今种种欺隐俱已败露，服朕之明鉴否？

朕就是这样汉子！就是这样秉性！就是这样皇帝！尔等大臣若不负朕，朕再不负尔等也。勉之！

也有不少是给年羹尧的，话说得很亲密：从来君臣之遇合私意相得者有之，但未必得如我二人之人耳。总之，我二人做个千古君臣知遇榜样，今天下后世钦慕流诞就是矣。

珐琅之物尚未暇精制，将来必造可观。今将现有数件赐你，但你若不用此一"贪"字，一件也不给，你得此数物，皆此一字之力也。

有一句最煽情，只是不知道这个幸运的接收者是谁：真正累了你了，不但朕，怡亲王都心疼你落眼泪。阿弥陀佛，好一大险！

从以上语录中可以看出雍正作为一个铁腕皇帝所不为人知的一面，这些朱批留到今天，对于现代人全面了解雍正皇帝有很大的帮助。

作为一个猜忌心十分严重且权力欲望十分高涨的人，雍正还不满足于密折制度的完善，他始终掌控着一个遍布全国的情报网。清末民初的小说中，有不少是描写雍正轶事的，例如胡蕴玉《胤禛外传》、孙剑秋《吕四娘演义》、紫芳《梵天庐丛录》等，这些小说中都有一个令人感到无比神秘的艺术形象，就是血滴子。在小说家的笔下，"血滴子"是秘密杀手的代称，雍正是一个武艺高强、神通广大的阴谋家，他的手下豢养了一批武功卓绝的侠客力士，操持着一种名为"血滴子"的杀人利器，能取敌人的首级于千里之外。

　　显然，这些荒诞不经的描写只是小说家言，也根本没有正史作为依据。但是，历史上雍正的确控制着一个训练有素的情报组织。这个组织的主要监控对象是雍正的臣子们，雍正以为用人得宜则地方获治，基于这个信念，他十分注意探查官员的不法行为，谁不称职就立马换掉。用今天的眼光来看，雍正的行为是很不光明正大的，但在当时，无论是密折制度还是特务组织，对于加强皇权，的确都起到了重要的作用。

"土官一日不除，众土民一日不得安枕"

　　雍正帝执政期间，威胁全国统一的最大隐患是西南边陲强横的土司们。自古以来，云南、贵州、广西以及同它们临近的湖南、湖北、四川等地都居住着许多少数民族。

　　这些少数民族地区经济普遍比较落后，又因为地处偏远，中央政权也没办法过多干涉他们。长期以来，都是用土司制度来管理。

　　土司制度是指元朝以后，中央政府在部分少数民族地区授予各族首领世袭官职，以统治原有地区的一种政治制度。西南少数民族地区的土司制度有很久的历史渊源，早在汉武帝时就开始采用，汉代曾先后封了滇王、夜郎王、哀牢王、邛毂王、句町侯等，虽然叫法不一样，但本质上跟土司制度没有什么区别，都是命各少数民族的头人按照自己民族内部的方式，管理自己原来管理的地方和人民。

　　在这种制度的统治之下，土司无疑就成了土皇帝，他们在自己管辖的土地上自行征纳赋役，剥削的钱财无法计数，但只给中央政府进贡很少的一部分；法律体现的是他们的意志，想杀谁杀谁，想罚谁罚谁，看谁不顺眼了谁就倒了霉，要问这里还有没有王法，答案很简单：没有。所以在这些地方，中原的王朝是一个很模糊的概念，土司们可以自由地体现自己的意志，随意杀人不说，互相还经常发动战争，起因也往往只是为了争夺土地、属民或者牲畜。

对于这些半开化地区的争斗和混乱，历朝的中央政府也都采取过不同的措施，比如取消土司世袭制，并在条件成熟的地区，设置府厅州县等地方政权，派遣在一定时间进行调换的流官前往治理，这就是改土归流。但是这种办法，只是在明朝和清初偶尔实行过，并且最后都因为困难重重以及政府决心不够而没能达到什么效果，最后政府只好睁一只眼闭一只眼，只要你不造反就得过且过吧。

然而，矛盾不会因为你不去解决它就自然消失，长期以来处于天高皇帝远的偏远地区的土司们见没人管他们，就更加为非作歹起来。起先是土司之间争战不断，矛盾重重，世代为仇。与此同时，他们又把魔爪伸向了汉人群居的地方。尤其清代，各族的土司经常带人到邻近的州县去打劫，抢完了还大肆屠杀汉民。这样，土司属民跟汉人的矛盾就尖锐起来。

在少数民族内部，也存在着土司与其属民的巨大矛盾，土司们对属民的赋税是一年四小派，三年一大派，小派计钱，大派计两。掠夺的比向中央上贡的要多很多倍。如云南镇沅土司刀瀚，于雍正初年起每年向朝廷进贡银 36 两、米 100 石，而向土民征收的银子高达 2348 两、米 1212 石。土司们敛财的各种方法简直令人发指，就连他们恣意虐杀属民，对被害人施刑时，也要向其家属征收 24~26 两不等的银子，名之曰"垫刀银"，土民敢怒而不敢言，因为他们生生世世都是土司的奴仆，自己连同子女的生命、财产都是属于土司的。

日复一日地忍受着这种非人的剥削，土民和土司的矛盾也在不断激化。俗话说，哪里有压迫，哪里就有反抗，有些土民终于忍无可忍，反抗斗争愈演愈烈。雍正年间，湖广、云贵不断有土民造反杀死土司以后向中央政府，主动要求归流的，清政府由此感到"土官一日不除，众土民一日不得安枕"。雍正皇帝也说，既然被害者为了不受残虐，都纷纷归附朝廷，如果政府不接收他们的话，怕再激怒了他们，以后的问题就更不好解决了。

雍正帝是一位名副其实的改革家，从登上帝位的那一天起，他的所有作为都是在刷新政治，整纲饬纪。对于西南地区的问题，雍正即位以后就在考虑了，土司所辖之地成了国中国，在相互征战不断，阻碍和制约社会的进步，同时，不但危害本地的安定，也使汉民和少数民族之间相互仇视，制造了严重的民族矛盾，对民族大融合造成了极为不利的影响。长期下去，这些地区会一直得不到足够的开发，始终是蛮夷之地。更严重的是，土司们拥兵自重，对中央政权形成威胁，必须拔掉这些钉子，才能心安。

雍正深知改土归流的必要性，之所以迟迟不对土司制度大肆开刀，不仅因为土司制已经存在了1000多年，还顾虑到土司们的势力也十分强大。无论是经济实力还是军事实力，都不可小觑。因此，要革除土司制，必须具备两个条件：一是土司制引起本族人和汉人的公愤；二是朝廷力量足够强大，强大到可以一举荡平土司的反动势力。

眼下时机成熟，雍正遂开始了紧锣密鼓的筹划。不久以后贵州发生的长寨事件，刚好加速了清政府对土司问题的处理。清雍正三年

（1725），云贵总督高其倬在贵州贵阳府广顺州长寨地方仲家族村寨动工建立营房，当地的土司不仅明确表示反对，反对无效后还用武力进攻，高其倬一看这还了得，再继续姑息养奸，这帮土司早晚会连皇上的话都不听，非造反不可，于是卸任回京，向雍正帝面呈土司问题的严重性。

这时，鄂尔泰正好出任云南巡抚，到任就遇上这件棘手的事情，他也认为事态严重，光靠"怀柔"镇不住这些拥兵自重的土司了，必须用兵杀杀他们的锐气，"穷究到底，杀一儆百，使不敢再犯"。但是事关重大，他需要朝廷的支援，也不敢私自做主，就向雍正上奏折，提出推行改土归流的建议，并且非常郑重地说："欲百年无事，非改土归流不可。"

鄂尔泰把改土归流的目的、意义、方法都陈述得非常缜密，再加上雍正帝早就想按中央政府的政策对西南边疆少数民族实行军事、政治、经济、人事诸多方面的统一治理，所以欣然同意鄂尔泰的计划。但是改土归流是一件大事，有无数失败的例子，贯彻得不彻底的话，会更加助长那些土司的气焰，对朝廷来说不仅费钱、费粮，还很有可能没办法收场。所以朝中有不少保守势力强烈反对改土归流的实施，认为多一事不如少一事，一千多年了，每个朝代都是这么过来的，即使有不合理的地方，未必这次就能解决。而雍正则像他的父亲康熙皇帝当年一样，坚决抵制住了保守派的压力，始终坚持支持改革派。

清雍正四年（1726），鄂尔泰接受圣命，赴西南地区主持改土归流。雍正帝授鄂尔泰云贵总督，加兵部尚书衔，又把广西划归云贵总督管理，这样鄂尔泰管辖了云南、贵州、广西三省，两年后，雍正帝又破格授予鄂尔泰三省总督衔。雍正对鄂尔泰无比信任，让其放手去做，不必处处请示，这更加增加了鄂尔泰的信心。事实证明，雍正这一次完全没有用错人，在这项地方制度的变革中，鄂尔泰充当了主要角色，并近乎圆满地完成了任务。

西南边陲的少数民族地区由于地处偏远，那里的人对付朝廷也始终用那一套亘古不变的方法，那也是经过先人无数次痛苦的实践和摸索而总结出来的战略精华，概括起来就八个字：敌进我退，敌退我进。由于自身装备和实力上的劣势，这个方法可算得上是上上之策。你朝廷兵是多，但我打不过你我不会逃吗？你走了以后我再回来，反正我们藏匿山林轻车熟路，你们发一次兵恐怕没那么简单吧？

鄂尔泰对这一点是心知肚明，这一次，他就要来个釜底抽薪。改土归流之初，他就下令对广顺州长寨用兵，作为大规模改土归流的开端。正是管理长寨地区的土司敢向官兵挑衅，对前任云南总督高其倬用兵，鄂尔泰首先拿这个地方开刀，就是想杀一儆百。

长寨的土司十分强悍，手下也有不少全副武装的士兵，面对官兵的进攻，他们顽固抵抗、拒不投降，不过最后在官兵志在必夺的打击之下，仍然遭到惨败，包括土司在内的大小头头全部被杀。随后鄂尔泰便在这里设立长寨厅 (今长顺县)，以此地为据点向四处扩展，招服了永宁、永安、安顺生苗等 1300 多座村寨以及广顺、定番、镇宁生苗等 680 余寨。

紧接着，鄂尔泰集中兵力，向黔东苗岭山脉和清江、都江流域进兵。这一带的名字在现在许多武侠小说中多出现过，叫苗疆，方圆 3000 余里，有 1300 余座村寨。此处左有清江可达于楚，右有都江可通于粤，左州（现左县）据其中央，群寨环于四周，地势险峻而重要，对于巩固清政府在西南的统治与沟通南北交通都有重要意义。

鄂尔泰在描述苗疆情况时说："贵州土司向无钳束群苗之责，苗患甚于土司。"

鉴于这一带地理位置的重要性，朝廷必须用兵进剿，鄂尔泰向雍正帝推荐了张广泗，张广泗原为黎平知府，不但熟悉贵州地形，而且对苗民的习惯特性也知之甚详，所谓知己知彼方能百战不殆，欲平苗疆，张广泗是最好的人选。雍正接受了鄂尔泰的建议，封张广泗为贵州按察使，令其带兵进剿苗疆。

张广泗果然不负众望，率兵深入黎平府古州地区的古州江流域、都匀府丹江地区小丹江流域和八寨等地区，运用系统专业的作战技术，讨平了抵抗清军的苗寨，并在黎平府设古州镇，在都匀府八寨、丹江、镇远府之清水江设协营。随后又开辟了通向湘南、广乐的水陆交通，在这些地方设置官厅，并派官兵驻守。至此，贵州的改土归流基本完成了，张广泗可算得上是第一功臣。

云南土司势力也很大，特别是乌蒙、东川、镇雄三土府，土司统治地域十分辽阔。鄂尔泰派刘起元屯兵东川，将巧家等六营地方，统统划归流官管辖。同年冬天，乌蒙土知府禄万钟和镇雄土知府陇庆侯勾结起来，向官兵挑战，鄂尔泰派清军将领哈元生讨伐，在四川军队配合下，清军大获全胜。其他土司势力受到震慑，不再敢反抗。

相对于贵州、云南来说，广西和四川改土归流的过程遇到的抵抗比较少，因为不少地区的土民不堪忍受土司的暴虐和残忍，纷纷主动为官兵备粮，请求归顺，极大地推动了改土归流政策的推行。至于与云贵广西接界的湖南、湖北等省的土司、土舍的改土归流进展得就更顺利了，这里比较接近内地，土民与汉民交往密切，土司的势力也较小。从前，还有过一段"土流共治"的历史，所以相对于其他地区来说，改土归流是最容易的。

清雍正八年（1730）可以视为改流基本成功的一年，这一年为庚戌年，鄂尔泰在云、贵边界筑桥，雍正帝将此桥命名为"庚戌桥"，以纪念鄂尔泰推行改流政策的功绩。但是并不是到现在就大功告成了，因为善后工作也是非常重要的。

清廷对改土归流的善后工作非常重视。对土司头人，清廷将少数罪大恶极者处以重刑外，对绝大多数土司基本上采取了怀柔政策，给他们一些诸如守备、千总、把总的职位，准许职位世袭，但一般都是迁到外地任职。至于土民，清廷首先让他们报户籍查，登记编册，转到政府直接控制之下，像今天的户口制度一样，使他们拥有全国统一居民的身份。原土司庄园内的奴仆一律解放，并将没收的一部分土地分给他们耕种。还准许有田的土民自行报出，发给照证，归其所有。同时，减轻土民的赋税，使他们从土司弊政下得以解脱出来。除此之外，清政府又兴修水利，造蓄水田，并在"要想富，先修路"的科学思想的指导下，大力开发新改流区的水陆交通。为了提高这些地区的文明程度，改流之后，清政府在这里普遍开设了学校，兴办义学，汉族一些先进的思想理念、价值观念、文化意识也逐渐影响到西南少数民族地区，提高了西南少数民族人民的文化素质。这些地方的教育面貌、文化水平焕然一新。

改土归流，是雍正朝的大事，也是中国历史上的一件大事，此项政策的全面贯彻将深受迫害的少数民族地区的人们从压迫中解放出来，也使西南边陲从根本上收归中央，促进了国家的统一和边防的巩固以及民族之间的往来与融合，无疑是一种历史性的进步。想当年，以汉武帝的雄才大略、诸葛孔明的惊人智慧，也只能对这些地方采取以夷制夷的政策，而此时雍正皇帝力排众议，用人不疑，全力支持鄂尔泰的工作，坚持贯彻改土归流，其决心值得钦佩，清政府的雄厚财力也可见一斑。

几千年的人头税终于被废除了

　　人头税，也称为丁税，顾名思义，就是按人口收税，中国历史上几千年的封建社会，到清朝的雍正皇帝以前，都是这样收税的，不管家里有多少地，有几口人就收几口人的税，举个简单的例子，就可以看出这种收税方法严重的不合理性，比如一个贫农，家里有六口人、三亩地，一个地主，家里也有六口人，却有三十亩土地，但是这两家所需要交的税是一样的（佃农还需要付给地主地租）。

　　很明显，在这种情况下，土地越多实惠就越多，因此土地兼并的现象就越来越严重。清朝从建朝之初，八旗贵族就大肆圈占民田，汉族的豪绅大官，也凭借财势广置田产。其结果就是土地高度集中，广大农民沦为佃户，"一邑之中，有田者什一，无田者什九"。江、淮之间各州县，农民耕种之家居十之五，衣食盐漕与工商各业者，居十之四，另外十分之一的地主们"坐拥一县之田，役农夫，尽地利，而安然衣食租税者也"。尤其是在那样一个商品经济有了一定发展的时代，土地也被纳入商品的范畴进行交易，地权转移因土地买卖而加速，"千年田八百主"。土地集中已达无可复加的地步。

土地兼并愈演愈烈，阶级矛盾也随之不断激化，农民受到的剥削实在太残酷，辛苦劳作，所得却都交给了那些肥头大耳的地主们，最后自己连肚子都填不饱，想多租种土地，多打点粮食，可是没那么多人种——不敢生那么多孩子，人多税也多。就这样，家中几口人不分黑天白天地侍弄那点田地，碰上天灾收成不好或者家里有人得了病，就可能弄得家破人亡。要是官府不按人口收税，按土地的多少收，"摊丁入亩"就好了，带着这种想法，到了康熙年间，农民终于用小规模的运动表达了对丁税的强烈不满。

当时，浙江钱塘的农民，分为三种，有产业的称为"乡丁"，无产业的佃户称为"市丁"或"门面光丁"，外来流寓的称为"赤脚光丁"，他们各自都要承担丁徭。这其中，最穷困潦倒的要属"赤脚光丁"，由于丁税对农民是一个沉重的负担，所以无地农民，为了拒纳丁银，往往被迫逃亡。这种情况，从清初至清康熙五十年（1711），始终存在。"赤脚光丁"没有耕种的土地，也没有钱交税，便提出"从田起丁，人不纳丁"的要求，即计算赋税时不要把人丁考虑在内。自古人为财死，地主们当然抵死不从，浙江布政使赵申乔也坚决不允许，贫民不能达到目的，一直斗争不辍。

这个时候，问题就比较严重了，一些地方官员开始慎重地思考这个问题，同时考虑改变征税办法的可能性，学官盛枫则明确提出将丁银均入田税的意见，即把一县的丁银平均分摊到全县田亩中，这样也比较公平，还可以安抚一下总是闹事的农民。但是不少官员不同意这个提议，归善知县邱家穗就站在富人的立场上坚决反对，他说，如果这样做的话，那么游手好闲的人就会更多也更自在，因为没有束缚他们的丁税了，再说，穷人是人，富人也是人，在交税这方面，都是平等的，凭什么把税派在田地上，让穷人躲过赋税而由富人代交？

以上是盛枫和邱家穗两个人的意见，实际上也代表了朝廷官员的大致看法。因为意见不统一，康熙皇帝也无法立刻作出决定，所以采取了一个折中的办法，于清康熙五十一年（1712）颁布了"滋生人丁，永不加赋"的诏令，此诏令于第二年正式实行。以后新增人丁被称为"盛世滋生人丁"，永远不再征税。这项改革，在一定程度上减轻了农民的负担，有利于封建人身依附关系的松弛和农民生产积极性的提高。

但是，"滋生人丁，永不加赋"并不能解决赋徭不均的矛盾，它只承认今后滋生的人口不再征收赋税，而现有人口还是要收税的，丁税不能废除，农民不能从以逃亡来逃税的困境中走出来，并且人丁的生老病死和流动迁徙是不可避免和随时变化的，怎样统计谁家少了人、多了人，赋税应该如何征收，这些都是复杂烦琐而很难明确解决的问题。于是一些地方官员不得不再次考虑赋役制度的改革，最后问题的焦点还是集中到了应不应该按土地征税上面。支持的、反对的，公说公有理、婆说婆有理，所以直到康熙辞世，这个问题还在持续不断的争论中。

雍正帝即位后，北方各省中，山东是"摊丁入亩"呼声最高的一个省份。山东巡抚黄炳不可避免地要对此多加思考，他不是京官，在地方任职，又是封疆大吏，所以更能体谅民生疾苦。黄炳认为丁税对穷人不公平，也正是由于这个征税方法，才使得农民逃亡的情况一直持续并呈上升趋势，而废除丁税，摊丁入亩才是最合理的，所以在清雍正元年（1723）六月黄炳以山东境内连年遭遇旱灾、民生艰难为理由，正式上书皇帝请求将丁银摊入地亩征收。

不料雍正非但没有采纳黄炳的建议，还将他大骂了一顿，大意是说摊丁入亩这么大的事，关系重大，你说实行就实行啊。黄炳被炮轰后，蔫了。雍正倒也不是不讲理，又下了道命令说山东、山西、河南这些地方既然遭了灾，那历年欠下的钱粮就先别收了，明年再收吧，另外，陕西、甘肃等地，地丁银每收一钱就加征三厘，米每收一斗就加征三合，本来是为了等到荒年赈济灾荒用的，现在看来根本起不到这个作用，以后干脆也别收了，永远停止，往年积欠的此类钱粮一笔勾销。

由此看来，雍正虽然对黄炳的建议武断了一点，但他的确是一个宽以待民的皇帝，所以，同年七月直隶巡抚李维钧又上疏请求在自己所辖的范围内试行摊丁入亩时，雍正没有直接否定李维钧，而且对按人丁收税的政策进行了再一次的深思熟虑，再不改变这个政策，人口流亡的问题就不能解决，而人口大量流亡势必又会引起丁役负担不均，这是一个恶性循环。长期持续下去，这种恶性循环将危及清政府的统治。这种影响主要是两方面的，第一，当时因为"丁额无定，丁银难征"已经造成不少的钱粮亏空，政府的收入受到严重的影响；第二，丁役负担沉重地压在无地少地的农民身上，农民的不满越来越严重，当时结党围攻城府的事件时有发生，不能忽视。

所以雍正将李维钧的奏折交给户部及九卿、詹事、科道一起讨论，并且明确指出，这个事一定要慎重，最后一定要有个尽善尽美的结果。两个月后，户部的讨论有了结果，同意李维钧的主张，认为这的确是一个对平民百姓大有益处的办法，雍正还不放心，又让九卿复议，一直拖到十一月，雍正才正式批准。

雍正帝支持李维钧"摊丁入地"的行动，使各省的总督和巡抚十分震动，紧接着，其他省份也纷纷效尤，请求"摊丁入地"。据统计，在雍正年间先后"摊丁入地"的，除直隶外，还有福建、山东、河南、浙江、陕西、甘肃、云南、江苏、安徽、江西、湖南、广西、湖北等13省。山西和贵州两省比较晚，但也在乾隆年间开始并基本完成了"摊丁入地"。个别地区，像盛京（今沈阳）、吉林等，因为一些特殊情况，到清末才进行改革。

摊丁入亩，无疑是封建社会赋役制度的一种进步，对于促进农业的发展以及缓和阶级矛盾都有很重要的作用。不过俗话说，前途是光明的，道路是曲折的。这个措施，听起来通俗易懂，真正实行起来，并不是那么容易，毕竟要推翻维持了2000多年的一个社会制度，是一个大动作。

要改革就会有阻力，摊丁入亩一实行，对城镇的那些工商业者，是一个不小的解放，他们不种地，就不用交田税了，于是一些保守的官员就拼命反对，明朝末年，这些人看到了这个苗头，还假惺惺地端出一副捍卫旧传统的架子，说这么办，跟古人可不一样啊，"水陆舟车商贩为业"的人因为没地就不用交税，岂不是重商而轻农、本末倒置吗？到了康熙、雍正时，尤其是见雍正同意直隶试行的时候，他们一看大势不可当，就干脆连掩饰都省了，公开为富户辩护，大骂没有

173

地的农民和城镇的工商业者是无业游民，直隶在推行摊丁入亩的时候，还有地主狗急跳墙，给佃户加租，把摊入地粮的丁银重新转嫁于贫苦农民的头上。

不仅如此，有的地区还因这一政策的推行发生了暴力行动。清雍正三年（1725）春天，杭州府的一些"田多丁少"的地主富户，集中了100多个人，一起冲到了巡抚衙门，哭着喊着要求停止实行这个摊丁入亩，乡民们知道了以后，一看不行，好不容易老天开眼皇上给了这么个政策，万一让这些地主搅黄了还了得，事情倒也好办，你们闹事，我们也闹，你们人多，我们比你们还多。

于是，又有无数的贫苦农民也围到了衙门口，喊得比那些地主声音还大，哭得比那些地主还要惨。更令人振奋的是，城里的商人衙役也用各种方法公开表示对农民们的支持。所以这个事，明显贫民占了上风。地主们灰溜溜地回去后，还不甘心，又乘第二年七月科举考试的机会，聚众进城，又闹了一回。类似这样的反抗，几乎每个地区推行摊丁入亩的过程中都遇到过，但采取这个政策毕竟顺应了最广大农民的心意，而且雍正的决心也是不可动摇的，所以就一直推行下去了。

摊丁入亩制度的实施，结束了清初赋役制度的混乱局面，保证了中央政府的钱粮收入，这是实行摊丁入亩制度最主要的目的。同时，这一制度把原来归农民负担的部分税款转摊到地多丁少的地主富户身上，保证了赋税负担的相对合理化和平均化，很明显，雍正帝是有意识地压抑富户、扶植贫民来缓和阶级矛盾，而劳动人民的负担也的确减轻了。

总之，摊丁入亩的实施经历了一个漫长的过程，是中国赋税制度史上的一项重大而有意义的改革，从康熙年间的辩论到雍正年间的普遍推行，再到乾隆年间在全国完全实现，共经历了大约半个世纪，在这个过程中，雍正帝的功劳是不可磨灭的，他高瞻远瞩、果断处事、大胆改革、锐意进取，对清代社会的发展产生了重大的影响，理应受到后人的赞扬。

废除贱籍

　　类似改土归流、摊丁入亩这样的重大改革，雍正皇帝做得非常有魄力，抓起来也很用心，但是对于一些相对次要的问题他也从来没有忽略，比如说，废除贱籍。封建社会是一个不平等的社会，这种不平等不仅仅体现在地主阶级与贫民的对立上。贫民的地位也是不同的，也是有上下之分的，也分良民和贱民。良民和贱民的户口本是不一样的，前者拿的是良民证，后者拿的则是贱民证。贱民不属于士、农、工、商，身份世代相传，不得改变。历代贱民的范围包括官私奴婢、僮仆、官户、杂户、部曲、工乐百户、倡优、隶卒、伴当、世仆、惰民、丐户、浙江九姓渔民、广东等地疍民等。

　　到雍正时，"贱民"主要分为三类，第一类还是奴婢，这类人是丧失自由、被人无偿役使的人，男为奴，女为婢。奴婢又有官奴、私奴之分，官奴婢为国家所有，多为工奴。私奴婢为官僚、地主、高利贷商人等所有。

第二类是佃仆，也就是地主、富户、官僚等家庭以契约、合同的形式雇用的家庭仆人、仆户，如果勉强可以用"地位"这个词的话，那么佃仆的地位比奴婢高一点，有自己的家庭、生活，不过他们身家所系，都在主人身上，如果仅追求自由，不签什么伺候人的合同，他们就只能喝西北风。

在封建社会，奴婢、佃仆这样的"行业"是必不可少的，因为这种社会形态就意味着人与人之间的不平等，意味着要有一大群人作威作福，衣食住行都得别人伺候，以此来体现自己的尊贵和别人的低贱。所以，无论在哪个年代，这些人的数量都是十分可观的。偶尔会有某个帝王，为了表示自己的善良和俭朴，会"释放"一批奴婢，但那数量永远只是九牛一毛。

第三类贱民，就是隶属贱籍的贱民，主要有乐户、丐户等。乐户是中国历史上以音乐歌舞专业活动为业的贱民，乐户的来源主要有三种：一是前朝后裔的家属被贬为乐人的；二是罪犯的家属入户乐籍者；三是前代沿袭下来的乐籍人员；四是民间因灾荒或战乱而被迫鬻入乐户的。乐户制度作为历代统治者惩罚罪犯和政敌的一项手段从北魏一直延续至清，乐户在中国历史上是一个特殊的阶层，是封建社会为统治者取乐的人户。

"乐户"一词，由来甚久。上古时期出现了巫妓、奴隶妓和官妓。管仲治齐国，设有"女闾"，利用"女闾"的声色优势增加国库收入。这种官妓制度，可以说是乐户的萌芽时期。《魏书·刑罚志》中云："天下淆乱，法令不恒，或宽或猛。及尔朱擅权，轻重肆意，在官者，多以深酷为能。至迁邺，京畿群盗频起。有司奏立严刑：诸强盗杀人者，首从皆斩，妻子及同籍，配为乐户；其不杀人、赃不满五匹，魁首斩，从者死，妻子亦为乐户。"这是目前史书中对乐户的最早记载，可见乐户乐籍初始于北魏时期。隋时从周、齐、梁、陈接收过来的乐家子弟，皆为乐户。随着朝代的更迭，对乐户也有多种称谓，如官妓、官奴婢、女乐、官鼓手、吹鼓手、乐人、乐工、乐籍、声音人、伶人……明代，乐户乐籍制度发展更甚，不仅将元朝旧臣籍没为乐户，而且把它作为对忠臣义士进行镇压的手段，燕王朱棣篡位成功后，除了严厉惩罚支持建文帝朱允炆的官员本人外，还将其妻女罚入教坊司，充当官妓，世代相传。

丐户即堕民，堕民的来源典籍说法不一，大多数学者认为是南宋初出现的，是惩罚叛将子孙的一种方法，当时宋室南渡，内部矛盾和与金人的矛盾都非常尖锐，负责带领军队保护宋高宗到达临安的苗付、刘正彦却在临安拥兵叛乱，幽禁了宋高宗赵构，将宋高宗不满3岁的儿子赵敷立为傀儡皇帝，企图挟天子以令诸侯，后来在勤王之师的威胁下，求得免死铁券后同意高宗复位，然而高宗对叛军恨之入骨，甚至迁怒不满3岁的儿子，使其惊吓而死，之后更不惜违背诺言，严惩叛将，将其子孙贬为堕民，永世不得翻身。

对"丐户"的理解，不能从字面上得知。丐户并不是乞丐，当时，乞丐也很被人瞧不起，但是官府并没有从法律上轻视他们，乞丐是良民，社会地位高于丐户，虽然他们普遍比丐户还要穷。作为堕民的丐户，"其人非丐，亦非必贫也"。

丐户谋生的职业主要如下：

吹唱演戏。吹唱，"为堕民之专业"，也是堕民最主要的职业，他们充当吹鼓手和戏剧演员，在人们的红白喜事和士大夫的宴会上服务，还接受地方政府的短期招聘，如苏州迎春祭芒神，"妆扮风调雨顺，乃系丐户应值"。

各种小手艺和小买卖。堕民塑造土牛、土偶，拗竹灯檠，编机扣，捕蛙、龟，卖饧、饼。用这些微不足道的小手艺、小饮食，供人们用作祭祀和赏玩。雍正时丐户聚集的地区主要有常熟、绍兴、宁波等地，常熟的丐户制绳索，宁波还有从事锻铁的。

抬轿子。宁波堕民有的以抬轿子为业，因此被称为"轿堕贫"。堕民在抬轿之外，还于人家婚姻时，在客堂上伺候宾客，被称为"值堂"。

保媒、卖珠。堕民妇女的工作，主要是为人家婚姻奔走，在人家成亲时当伴娘，代表男方到女家迎亲，并指导新娘完成繁缛的结婚仪式。堕民妇女还利用出入顾主内宅的方便，为女主人买某些化妆用品，所以又被称作"卖珠娘"。另外，她们多兼任接生婆。

在服饰上，堕民男子戴狗头形帽子，妇女穿青衣蓝裙，裙子一定要做横布的，不许卷袖，不得穿红鞋，发髻稍高于良家妇女，簪子只能用骨角的，不许戴耳环。这样的穿着打扮，堕民到公共场所，人们一眼就可以识别出他们。

总之，丐户从事的就是服务性的微贱劳动，直接说就是伺候人，为整个社会，特别是富贵之家服务。每一个丐户，都有一定的主顾，但作为丐户整体讲，则是面向整个社会。只要有人存在，就免不了婚丧嫁娶的事情，自然也少不了丐户，但是最需要丐户的还是社会的上层——官僚、大地主，因为他们讲排场，摆阔气。堕民的吹唱，既是他们骄奢淫逸生活的玩物，又是他们富贵之家气势的点缀。

乐户和丐户等隶属"贱籍"的"贱民"尽管职业不同，但是社会地位都是一样的，男子都不能读书应举。在古代，穷苦人家唯一的希望就是科举，这个规定永远地封死了他们的前程。不能做官和不能参加科举考试并不矛盾，因为做官可以通过科举也可以花钱捐官，贱民怎么可能有钱捐官呢？

　　这并不是绝对的，他们中还是有少数人有点钱的。比如绍兴的一个甄姓堕民，离开老家，到通州捐了一个胥吏，之后还想拿钱捐纳京卫指挥使司经历（从七品的小官），结果被同乡中一些好事的良民知道了，向官府告发他，说他一个贱民，怎么能当官呢？这个人不敢有所动作，只好又回老家了。反正，统治者就是要严禁堕民脱离贱籍，不许他们挤入上流社会。贱民遭受非人的待遇，没有任何政治权力，没有人格，没有尊严，有的只是被侮辱与被损害，属于最受压迫的阶级。

　　此外，包括奴婢、佃仆在内的乐户和丐户等贱民还有一个主要共同点，就是不能与良民通婚，古代关于禁止良民与贱民之间通婚的法令与习俗很早就有了，先秦时，奴隶、平民百姓与贵族不通婚。秦、汉以后，平民与贱民虽有区分，但与贵族的通婚仍受到影响，不过仅止于礼的约束，法律上没有明文规定，汉代的帝王后妃中出身低贱的有很多，如汉武帝的皇后卫子夫、汉成帝的皇后赵飞燕、曹操的夫人卞氏等，都是歌妓出身。自北魏文帝拓跋濬时发布诏书后，开始明文禁止良贱退婚。隋唐以后，法令更为完备，规定良贱婚娶为犯罪行为，以后历朝沿袭。

　　《魏女·高宗文成帝纪》："夫婚姻者，人道之始……尊卑高下宜令区别……今制：皇族师傅王公侯伯及士民之家，不得与百工技巧

180

卑姓为婚，犯者加罪。"《唐律疏议·户令》："人各有偶，色类须同，良贱既殊，何宜配合？"《唐律·户婚》："诸杂户不得与良人为婚，违者杖一百。"《宋刑统·户令》："奴诈称良，娶良为家女为婚者，所生子孙女从良，女方知男方为奴者，从奴。"《元典章》十八："妄从奴婢为良人，而与良人为夫妇，徒二年。奴婢自娶者亦同，各还正之。"又"良家女愿与奴为婚者，即为奴婢；奴收主妻者，以奸论；强收主女者，处死。"《明律·婚姻》："凡家长与奴娶良人为妻者，杖八十，女家减一等，不知者不坐……若妄以奴婢为良人，而与良人为婚者，杖九十，各离异改正。"

此种不平等的制度和习俗，无疑严重地侵犯了人权，也曾造成男女之间无数的爱情悲剧。妓女身在乐籍，属于贱民，非脱籍为良，不能嫁人。婢女为家内奴隶，无人身自由，不能自行择偶或匹配士人，古典文学中的《霍小玉传》、《红楼梦》等，都深刻反映了这种制度习俗的不合理性与残酷性。

这里对乐户和丐户介绍得比较多，不仅因为当时的社会，属于这两种贱籍的人数比较多，还有一个很重要的原因就是，雍正即位后，废除了贱籍，乐户和丐户的解放首当其冲。清雍正元年（1723）三月，监察御史年熙上书请除豁山西、陕西乐户的贱籍，他们的祖先，是明朝永乐皇帝朱棣夺取天下时，坚决拥护建文帝的官员，几百年无法摆脱卑贱的处境，一直受地方恶霸的欺凌，跳不出火坑，毕竟是忠良之后，沉沦至此，实在可怜可叹。

雍正帝看到奏折后，很是赞同，于是召集大臣商量，大臣们也认为，这些人是受前朝的弊政所害，这样没有礼义廉耻的事，的确有伤风化，应该革除。于是雍正在四月发出第一道"豁贱为良"的谕旨。在下令开豁山西、陕西乐户贱籍的同时，又令各省检查，如发现本地也存在类似乐户的贱民，也准许他们出贱为良。这一举动影响很大，同年七月，两浙巡盐御史噶尔泰也上疏请求除豁浙江绍兴府堕民的丐籍，给堕民一条自新之路。雍正也批准了。

之后，雍正又在 1729 年五月得知广东沿海、沿江有一种被称为疍户的贱民，他们地位卑贱，常年生活在船上，以捕鱼、水运为生，终身漂泊。雍正帝了解到这一情况后，马上命令广东督抚"豁贱为良"。雍正在诏谕里说：我听说你们那里有一种百姓名为疍户，以船为家，以捕鱼为业，一辈子不允许登岸居住，也不敢跟平民抗衡，畏威隐忍，终身不能安居，实在太可怜了，他们也是良民也跟平民一样纳税，凭什么被人轻贱呢？怎么能因为地方积习的坏风俗就让他们永远漂泊呢？

雍正的一番话很令人感动，不可否认，在废除贱籍这件事上，这个铁腕皇帝体现出了他温情的一面，不过他可以废除乐户、丐户的贱籍，但是他不可能将所有的奴婢都从贱民的身份中解放出来。真那样的话，谁伺候他啊。当然这也是时代的局限。

当然，作为封建王朝的统治者，他的所作所为归根结底还是为统治阶级服务的。贱民长时间受到轻贱和欺凌，一定会有不满情绪，并在某个时刻爆发，事实上，从明代开始，他们就一直有小规模的各种形式的反抗斗争，虽然基本都失败了，但毕竟是存在着一个不安定的因素，何况他们得罪的都是前朝的皇帝，与清朝无冤无仇，不如干脆卖他们一个人情，也没什么损失。

更重要的是，雍正皇帝的上台实在很不容易，他韬光养晦、隐忍不发，然后等到 45 岁才在全国人的怀疑声中荣登大宝，这个时候，他急需获取更多的政治资本，以巩固帝位。释放贱民，正是这种需要的产物。相沿几百年的弊政，被他改革了，这些会让那些一直受欺压的贱民感恩戴德，也让那些良民感慨皇恩浩荡嘛？噶尔泰说除堕民丐籍，"使尧天舜日之中，无一物不被其泽，岂独浙省堕民生者衔环，死者结草，即千万世之后，共戴皇恩于无既矣"。估计这也是雍正的希望。不过无论怎样，废除贱籍，都是一件好事，是社会的进步，也是人性的升华。尤其在盛世，更需要这种进步和升华。

留给子孙的一份重要遗产

　　故宫是明、清两朝皇家处理政务和生活起居的最主要场所，故宫很大，建筑也很多，最著名的有三大殿——太和殿、中和殿、保和殿，后三宫——乾清宫、交泰殿、坤宁宫，三大殿中的太和殿是全故宫中最宏伟、最大的宫殿，人们对它的另一个俗称可能更为熟悉，叫"金銮殿"，是皇帝登基和举行大典的地方。乾清宫则是后三宫中面积最大的宫殿，与皇帝的生活很密切，明代的十四个皇帝和清代的顺治、康熙两个皇帝，都以乾清宫为寝宫，他们在这里居住，也在这里处理日常政务。

　　雍正即位后，以为父亲守孝为名搬到了养心殿，但是乾清宫地位不减，每年元旦、灯节、端午、中秋、冬至、万寿等节，皇家均按例在此举行家族宴，另外皇帝死后的灵柩也停在此殿。不过，雍正以后，让乾清宫更加出名的应该是正殿高悬着的一块由顺治皇帝御笔亲书的"正大光明"匾，按说故宫有无数匾额，其中不乏皇帝手书的，为什么这一块在历史上最为有名呢？因为这块匾额背后的一个小匣子有一份诏书，诏书的内容决定皇子中谁能登上皇位。

历史上清代以前的封建王朝确定皇位的继承者，大都采用公开建储的方式，也就是先公开册立太子，以备承嗣皇位。选太子的原则一般是立长立嫡，皇帝如无子，可兄终弟继。从殷周到宋、明，历朝基本上沿袭这一制度。

谈到封建社会的皇位继承问题，就难免令人联想到血雨腥风，且不说那些没有什么治理国家能力的阴谋家皇帝如何篡位夺权，单是那些雄才大略的皇帝也有不少是踏着兄弟血亲的尸体走上皇位的，最著名的莫过于唐太宗李世民，在玄武门之变中手刃大哥和三弟，逼父皇李渊退位，才得以继承大统。再如明成祖朱棣，从北京起兵杀入南京，最后逼得刚即位不久的侄子建文帝放火自焚，之后如愿以偿地当上了皇帝。对于权力的争夺冲淡了处于斗争旋涡中的人们的亲情观念，竞争对手既是至亲又是大敌，往往不是你死就是我活，这大概就是生在帝王家的无奈。

清朝自努尔哈赤起，皇位采用的是贵族公推制。努尔哈赤在登基称汗时，是受到公众的一致推举即位的，因为他在历年的争战中表现出的才华和智谋，早就征服了女真人。努尔哈赤死了之后，还是采用贵族公推制，这一次，同样围绕皇位的继承问题，进行得就没有那么顺利了，努尔哈赤的大妃，也就是多尔衮的生母阿巴亥首先就当牺牲品了。

历朝都有妃子为皇上陪葬这个野蛮的制度。但尽管制度野蛮，却也有一定的规矩，这个规矩就是，生殉的妻妾没有孩子需要照顾。阿巴亥当时地位尊崇，是努尔哈赤的大妃（皇后、福晋、正妻），又有阿济格、多尔衮、多铎三个儿子，并且多尔衮和多铎年纪尚幼，无论如何也轮不到阿巴亥殉葬，可是在四大贝勒（努尔哈赤建后金政权后，命次子代善为大贝勒、侄阿敏为二贝勒、五子莽古尔泰为三贝勒、八子皇太极为四贝勒，共同听政，其地位尊于其他贝勒，史称"四大贝勒"）的眼里，她却非死不可。

努尔哈赤创建八旗制度，当时八旗人马中，皇太极掌握两黄旗，代善掌握正红旗，阿敏掌握镶蓝旗，莽古尔泰掌握正蓝旗，所余镶红、正白和镶白三旗旗主，分别是阿济格、多尔衮和多铎。阿济格、多尔衮和多铎在他们分别只有 19 岁、12 岁和 10 岁的时候，就成为拥有一旗、与诸兄并驾齐驱的权势很大的旗主。三个人又都是一母同胞，且母亲又是国母之尊，联合起来相当容易，那么他们所掌握的力量就远远超过四大贝勒中的任何一个，其他五位旗主谁不畏惧？谁又敢不服从？阿巴亥就能因此而左右八旗、左右整个大金的政局，破坏八王共执国政的均衡，后果不堪设想。

更重要的是，努尔哈赤临终时，只有阿巴亥一人守在身边，她向众皇子传达老汗王的遗嘱是"多尔衮嗣位、代善辅政"，可是多尔衮年幼，论地位、声望均远远逊于皇太极，更令人怀疑的是，阿巴亥只是一面之词，没有第二个人做证。当时皇太极即位已是众望所归，一定会受到众贝勒的一致推举。立多尔衮是不可能的，而不立多尔衮，也无法剥夺他们三兄弟的权力，并且一定会埋下不睦的种子，对后金的政权产生威胁。

在这种情况下，必须除掉阿巴亥，这样就容易使三个同母兄弟分离，不能形成三人联合的雄厚力量，才能保证后金政权的稳定。否则一旦多尔衮、多铎成年，后果就很严重了。综合种种因素，努尔哈赤的大福晋阿巴亥没有出路，只有一死。阿巴亥之死是皇权争斗中的一颗棋子，也是多尔衮兄弟们一生的痛。

皇太极死后，贵族公推制仍在沿用，福临能够即位，也是经历了一番明争暗斗的，所幸没有闹出人命，没有造成类似阿巴亥的悲剧。当时，皇位的竞争对手是多尔衮和皇太极的长子豪格，两人都有人拥护，其中一个登上了帝位，另一个肯定不服，这样，后金就会有内乱，多年的战争成果就会毁于一旦。多尔衮和豪格都明白这一点，其他贝勒也明白。于是在代善和皇太极的皇后等人的斡旋下，多尔衮和豪格最终以大局为重，各退一步，立了永福宫庄妃 6 岁的皇九子福临为帝。这是一个双方都能接受的结果，也避免了后金陷入内乱，为清朝最终入主北京、统一中原奠定了基础。

福临在临死前选择皇位继承人时，比较顺利，虽然没有采用贵族公推制，但是也没有产生像皇太极、顺治即位前那种剑拔弩张的局面。只是发生了一个小小的插曲，当时，顺治比较倾向于立勤奋读书、举止得体的福全，而其母孝庄太后则希望立聪明、率性的玄烨。最终考虑到玄烨已经出过天花，对这种当时人人闻之色变的传染病终身免疫，顺治听从了母亲的建议，答应册立玄烨，即后来的康熙大帝。

而英明神武的康熙皇帝在选择继承人的问题上，则一直为后人诟病，因为他这件事做得确实很失败。康熙皇帝是一位深受儒家文化影响的帝王，他觉得缺乏规则的皇位传承，不利于皇帝的集权和封建政权的巩固，依照汉人王朝普遍采用的立长立嫡的方式，是比较合理的。

在平定三藩之乱的过程中，几次情势危急，康熙都御驾亲征，为了以防万一，在清康熙十四年（1675）六月，宣布立年仅2岁的"嫡子胤礽为皇太子"。胤礽在嫡子中虽排行第二，但因他的同胞哥哥夭折，遂位序第一，同年十二月十三日举行了清朝历史上的第一次立储大典。

立太子胤礽前，孝庄皇太后是反对的，因为康熙作这个决定有头脑发热的嫌疑，立长立嫡没错，但并不是绝对的，2岁的孩子你能看出什么治国之能？可是这时的康熙却没有听祖母的话，一意孤行，这里面有个很重要的原因，就是康熙与胤礽生母赫舍里氏情深义重，谁知赫舍里皇后红颜薄命，在生胤礽时难产死了。康熙出于对她的深情，对胤礽更是疼爱有加，力排众议，想把帝位传给他。

胤礽幼年的确聪明可爱，好学上进，可是随着时间的流逝，他日益显现出褊狭、暴戾、焦躁的性格特征。尤其是年龄越来越大，他觉得年老的父亲已经成了他即位的绊脚石，开始对康熙表现出了不耐烦，和自己的门人一样，逐渐不满于只做太子，遂形成了一批太子党，这些人经常给胤礽出些傻主意，散布一些不满的言论。

康熙有31个儿子，其中不乏英勇善战，有治国之才的，这些人早就觊觎帝位，此时太子胤礽又不能服众，大家都想赶他下去，好取而代之，于是就有了一批反太子党，他们以攻击太子及其党羽为主要工作。

朝廷在这些人的折腾下乌烟瘴气，康熙逐渐年老，但是对胤礽的所作所为越来越不满意：我还没死呢，你就这样蠢蠢欲动，不把我放在眼里，公然结党营私、贪污纳贿，一切礼仪都跟皇帝的一样了，老子病了，你连问候都不问候，你以为你一定能当皇上吗？我就把你废了，看你有什么脾气。

这就是第一次废太子，按说废了再找别人吧，可是晚年的康熙不复年轻时代的果断和理智，变得犹犹豫豫、瞻前顾后起来，他始终顾念与废太子的父子情义，与赫舍里皇后的夫妻情义，后来看胤礽的表现有所好转，似有悔过之意，就下了一道圣旨，重新立了他。

人说江山易改、本性难移，的确如此，胤礽第二次当上了太子，还是不长记性，不久就故态复萌且变本加厉，越来越明显地表示出想当皇帝，还有不少不法行为，这下康熙终于心灰意冷，不但再次废了胤礽，而且以后再也不公开谈论立储的事。

接受了两次废立太子的沉痛教训，又面临错综复杂的储位之争的局面，康熙开始深入思考选择储君的问题，力图寻找一个较好的办法，避免以往的失误；在没有找到可行方法之前，决不草率册立。但是，康熙似乎一直没有处理好这个问题，没过多久就去世了。死前只有内务大臣隆科多一个人在身边，隆科多宣布了康熙的"遗诏"：传位给四阿哥胤禛。消息传出，满朝哗然。

事情之所以不同寻常，就是因为四阿哥一向表现得很平常，他从不结党，从没像八阿哥那样不加掩饰地表示出对皇位的极大兴趣，他跟谁都和睦，关键是，隆科多是他的亲舅舅，所以这康熙遗诏能不让人怀疑吗？不仅皇子们，连不少大臣都瞠目结舌——怎么都没想到这个最不显山露水的四阿哥荣登大宝啊。

直到今天，作为清初三大谜案之一的"雍正夺嫡"（其他两个分别是太后下嫁与顺治出家）在学术界都没有一个定论，康熙究竟有没有传位给胤禛，胤禛有没有在舅舅隆科多的协助下修改遗诏，已经成为不解之谜，至少到现在为止，没有人能拿出足够的能说服人的证据。

当然对雍正登上皇位的正统性存疑，并不是要抹杀他的历史功绩，上文也说道，封建社会中，即使一个英明的君主也往往要用阴谋手段和残酷斗争来夺取和巩固统治，汉武帝、唐太宗、武则天、努尔哈赤都有类似行为，雍正即使阴谋篡位，也不是什么新鲜事。况且他作为一个最高统治者，勤于政务、洞察世情，以雷厉风行的姿态进行整顿改革，其统治的13年是清朝统治的重要时期，承上启下，为以后乾隆时期的繁荣盛世打下了基础，可谓功勋昭著。

言归正传，雍正皇帝即位后，从兄弟们争夺皇位的刀光剑影中汲取了教训，决定采取措施使皇族避免争夺帝位的血雨腥风。在这种心理下，建立了"秘密立储"制度。这种立储形式其实也并非雍正首创，《旧唐书·波斯传》载："其王初嗣位，便密选子才堪承统者，书其名字，封而藏之。王死后，大臣与王之群子发封而视之，奉所书名者为主焉。"雍正饱读经史，很可能留意过这条记载，并最终实践了这种方式。

清雍正元年（1723）八月十七日，雍正帝召见总理事务大臣、满汉文武大臣、九卿于乾清宫西暖阁，宣布秘密立储的方法。他将选定的继承人的名字亲笔书写后密封，放在一个匣子里，然后把匣子放在乾清宫的"正大光明"匾之后，待皇帝驾崩时御前大臣共同拆启，当众宣布传阅。

秘密立储不过早地宣布皇位继承人，也不因循嫡长子继承制，所以有心争夺皇位的皇子，从理论上来说都有机会，这样他们就会认真规范自己的行为，以求给父亲留个好印象，增加自己的胜算，更重要的是，众阿哥没有明确的竞争目标，所以也不可能形成类似太子党、反太子党等一些相互仇视、斗争的政治集团，避免了公开确立皇储所造成的皇子之间的血腥争斗，减弱了帝位之争的激烈程度，使皇权得以平稳过渡。比如雍正是猝死，但是死后"正大光明"匾后面的诏书马上就被取出来，乾隆顺利登上帝位，没有因为混乱造成皇子们对帝位的争抢。雍正"秘密建储"这一方法的实施，从乾隆、嘉庆、道光、咸丰诸帝的继承来看，是有其积极意义的，算得上是他留给后代的一份重要而有价值的遗产。

第四章
十全武功奠定大业
巍巍中华再攀高峰

为了确保对西北地区的行政管理和军事防御，清乾隆二十七年（1762），清政府在新疆设总统伊犁等处将军（简称伊犁将军）。天山南北成了中央政府直接统辖的行政区域。后来清政府采取鼓励垦荒、兴修水利、开采矿产等各项政策，对发展边疆地区的经济、文化和交通，巩固中国多民族国家的统一、增强中华民族的向心力和凝聚力都产生了不可代替的积极作用。

平定准噶尔

17世纪末，康熙皇帝三次亲征噶尔丹，粉碎了沙皇俄国借噶尔丹之势侵占中国领土的阴谋，维护了祖国的统一，也使得曾被噶尔丹征服的回部、青海、哈萨克各部纷纷投向清廷，蒙古全境暂时出现了平静局面。

然而，准噶尔部的分裂势力并没有被完全歼灭，噶尔丹死后，他的侄子策妄阿拉布坦成了准噶尔部的统治者，这也是一个不折不扣的野心家，当年他在噶尔丹的全力追杀下能够全身而退并保住了自己的实力就说明他不是个省油的灯，后来他趁噶尔丹与清开战的机会反攻伊犁，使噶尔丹进退无门，又因为噶尔丹死去完全掌握了准噶尔部的大权，随着统治地位的巩固和实力的不断扩张，加上又有沙皇俄国煽风点火，策妄阿拉布坦那颗躁动的心再也不能安分起来，开始不断袭击清军据守的科布多（中国清代西北边疆政区名，又称和卜多）、巴里坤（今新疆巴里坤）、哈密等军事重镇，并派兵侵入西藏，进行分裂叛乱活动。

幸亏康熙及时派兵进藏进行围剿，才将策妄阿拉布坦叛乱势力赶出西藏。康熙逝世后，雍正接着与准噶尔部战斗，清雍正五年（1727），策妄阿拉布坦终于死了，不过这也不是什么好事，因为一个年过花甲、没什么战斗力的老分裂家与世长辞，一个年富力强，并且同样野心勃勃的分裂家掌握了权力，他就是策妄阿拉布坦的儿子，噶尔丹策零。此人亦立志将分裂进行到底，由于实力还比较弱，他并没有打算进攻北京，决定从小处着手，先骚扰驻扎在塔半尔河的清军，不料，清军把他杀得落花流水，噶尔丹策零于是投降了，这是清雍正十年（1732）的事，这之后，准噶尔部被打得老实了十几年，当然也一直蠢蠢欲动，就是不敢付诸行动。

清乾隆十年（1745），50岁的噶尔丹策零归天，准噶尔部开始了长达数年的内乱。噶尔丹策零留下三个儿子，长子达尔扎时年19岁，次子那木扎尔时年13岁，三子策旺达什年仅5岁，那木扎尔因是正妻所生，得了汗位，他虽然年纪小，但是一登上王位，就表现出不输给成年大汗的"果断"。虽然其兄长达尔扎一直垂涎汗位，那木扎尔想除掉这个威胁，也在情理之中，可是他当时刚刚即位，还没有采取措施安抚众人、笼络人心，就跟台吉们（清对蒙古族贵族的封爵名）公开商议，说要杀了达尔扎。当时，达尔扎没有谋反行为，所以部分台吉明确表示了反对——这并不是内乱的时候，杀人也需要理由，何况还是你哥，否则你怎么服众。达尔扎趁着台吉们反对、拖延了时间的这个时机，袭击了那木扎尔驻地，他下手更狠，弄瞎了那木扎尔的双眼，把他囚禁起来，自己当了大汗。

不过，达尔扎的位置也并不稳当，他的母亲是个婢女，婢女的儿子做了大汗，说不过去啊，所以他的夺位引起了许多重要台吉的反对。策妄阿拉布坦的重要谋臣策零敦多布的孙子达瓦齐在噶尔丹策零的女婿阿睦尔撒纳的帮助下，大策零敦多布的孙子达瓦齐和辉特部（辉特部是杜尔伯特部的一支，杜尔伯特部和准噶尔部先前都是厄鲁特蒙古的一支，后来厄鲁特蒙古完全由准噶尔部统辖、控制）台吉阿睦尔撒纳、辉特部台吉班珠尔，密谋拥立策旺达什为汗。但计划被发现，消息走漏，策旺达什被杀，达瓦齐和阿睦尔撒纳带手下逃入哈萨克，达尔扎出兵数万，强迫哈萨克汗交出两人。达瓦齐和阿睦尔撒纳眼见性命不保，只有孤注一掷，于清乾隆十七年（1752）十一月，率精兵 1500 人绕道荒山野岭，偷袭伊犁杀了达尔扎，达瓦齐夺得了汗位。

然而，准噶尔部长达七年的内乱并没有因此告一段落，按说，经过了这么多事，达瓦齐和阿睦尔撒纳已经不仅仅是战友的关系，他们曾经一同出生入死，一同为一个目标共同努力并最终得偿所愿，可是，历史无数次地告诉我们，没有永远的朋友，只有永远的利益。

起因是达瓦齐的清算，他要打击曾经支持达尔扎的台吉，杜尔伯特的几个台吉不同意，达瓦齐就借助阿睦尔撒纳的力量打败了反对的台吉，杜尔伯特部 3000 多户，1 万多人向清军投降，阿睦尔撒纳的军队随后占领了杜尔伯特部的旧地，这时他实力大增，开始不满于屈居达瓦齐之下，于是派人跟他协商，划分个地界，各自都当大汗，谁也管不着谁。达瓦齐怎么能咽得下这口气，回复说，想分治没门。阿睦尔撒纳也说：那就没办法了，我是要当大汗的，你不同意就打呗。

果然开战，信心十足的阿睦尔撒纳大败。走投无路之际，他带着手里这 2 万多人向清政府投降。

阿睦尔撒纳显得特别诚恳，说：我从来没想过要违抗清政府，都是达瓦齐，他一直都有叛乱的野心，经常对大清皇帝出言不逊，一日不除掉他，准噶尔一日不能安定，就要不停地麻烦清政府去平定，所以，派我当先锋吧，我一定戴罪立功，提着达瓦齐的头向皇帝请求恕罪。

这时已经是清乾隆十九年（1754）七月，对阿睦尔撒纳的投降，乾隆也表示出了极大的兴趣和热情，他于当年十一月亲自接见阿睦尔撒纳，还封他为亲王。前一年，杜尔伯特台吉车凌、车凌乌巴什、车凌孟克因不堪达瓦齐的压迫，已经归附清廷。阿睦尔撒纳投降不久，辉特部台吉阿睦尔撒纳、和硕特台吉班珠尔、杜尔伯特台吉纳默库等，也先后率众降清，达瓦齐已经是众叛亲离，尤其是他的骁将萨拉尔、玛木特等人也投降清廷后，他成了真正的孤家寡人。

而乾隆等这个机会也等了很久了，从康熙时代起，准噶尔就一直不消停，噶尔丹及其继任者们，长期割据西北。虽然康熙皇帝三次亲征以后，准噶尔部已经丧失了南下威胁中原的实力，但是一直像苍蝇一样，在边境嗡嗡，大动干戈吧，为了他们耗费巨额军费似乎不值得；不理吧，又怕他们得寸进尺，真在俄国人的唆使下，弄个独立，搞国家分裂。对于这股危害国家统一、荼毒各族人民的势力，清政府的平叛已经进行了几十年，康、雍、乾三代皇帝都深受困扰，什么时候才能一劳永逸呢？

　　乾隆知道，现在正是平定准噶尔割据势力统一西北的大好时机。清乾隆二十年（1755）二月，在皇帝的安排下，清军两路出师：定北将军班第、定边左副将军阿睦尔撒纳为北路，额驸科尔沁亲王色布腾、郡王成衮札布、内大臣玛木特为参赞，于十二日由乌里雅苏台（今属蒙古）出发；定西将军永常、定边右副将军萨赖尔率领西路，郡王班珠尔、贝勒札拉丰阿、内大臣鄂容安为参赞，于二十五日由新疆巴里坤出发。其中，两位定边将军阿睦尔撒纳和萨赖尔各率先锋部队先行出发，主力随后。五月初，两路清军骑兵在博罗塔拉（今新疆博乐）会师，稍事休息，便进军伊犁。

　　达瓦齐不敢用鸡蛋碰石头，率军潜逃，可是，久被他压榨的各部首领和人民恨他，一直想逃避战乱的人民也恨他，于是，他成了过街老鼠，走到哪里都有人喊打，终于被乌什城首领霍吉斯抓获，献给了清军。

　　此战清军不但抓获了达瓦齐，还俘虏了三十年前逃到准噶尔部的青海叛军首领罗布藏丹津。清军凯旋，乾隆帝在午门举行了盛大的献俘礼。为了维护民族团结，乾隆赦免了达瓦齐和罗布藏丹津等人的死罪，还封达瓦齐为亲王，留居北京，当然也是怕放了他再回去作乱。同时为了分散厄鲁特蒙古的实力，乾隆决定让其恢复四部（准噶尔、杜尔伯特、和硕特、土尔扈特）旧制。

　　这次的胜利，阿睦尔撒纳有功，被封为双亲王，什么是双亲王呢？亲王已经是王爷了，再往上封就是皇上了，于是"双亲王"这个名词就出现了，意思是你一个亲王领两个亲王的俸禄，比亲王更加高贵。至于三亲王、四亲王好像没有过。

到这里，应该是比较完美的结局了，不过，事情还没完。上文说过，阿睦尔撒纳是噶尔丹策零的女婿，其实，他不仅是噶尔丹策零的女婿，他还是策妄阿拉布坦的外孙，后来娶了舅舅噶尔丹策零的女儿。他是实力雄厚的"皇亲国戚"，不仅有着贵族的身份，还有着更大的野心，怎么可能死心塌地地投降清政府呢？

借清政府除掉达瓦齐后，他一直在伊犁。对于乾隆恢复厄鲁特蒙古四部旧制的决定，他十分不满意，他就是想做四部总汗。在打败达瓦齐的过程中，他就散布谣言，一面对厄鲁特各部说：乾隆皇帝让我来平定你们了，一方面又不断向乾隆暗示：这四部群龙无首，特别需要一个德高望重的人来管理，我觉得我就能胜任。不仅如此，他还在伊犁肆意掳掠，以四部总汗自居，不穿清朝规定的顶戴花翎，也不用清朝官印，而用噶尔丹策零的菊形篆印号令各部。

这些情况，乾隆都知道，为了避免落个"狡兔死、走狗烹"的名声，他已经对阿睦尔撒纳很客气了，也十分想就此跟他和平共处下去。可是希望和平共处并不代表会妥协，如果真封你为四部总汗，那么清军万里远征达瓦齐为了什么？为了将你阿睦尔撒纳提携成另一个噶尔丹、策妄阿拉布坦、噶尔丹策零，让你接着搞分裂，跟清政府作对？

乾隆说，既然他已经按捺不住了，那么我们先礼后兵，先叫他来谈谈吧，当年九月，乾隆帝召阿睦尔撒纳到承德避暑山庄觐见，并派喀尔喀蒙古亲王额淋沁多尔济陪同。阿睦尔撒纳接到圣谕后，一直拖延，走了两个月才到额尔齐斯河畔，然后再也装不下去了，开始率随从返程进攻伊犁，并派人到各部煽动叛乱。

当时征讨达瓦齐的清军大部已经撤回，留守伊犁的定北将军班弟和参赞大臣鄂容安仅有 500 名士兵。敌众我寡，伊犁再次失守，班弟和鄂容安在突围时被困，自杀殉职。阿睦尔撒纳叛乱后，驻守在乌鲁木齐的定西将军永常，手下有 5000 士兵，可是他不但不增援班弟等人，反而被叛军吓破了胆，逃到了巴里坤。乾隆得知后，下令革了永常的职，另派策楞为定西将军，玉保、富德、达尔党阿参赞军务，从巴里坤出发进剿，并传谕各部台吉配合清军进剿。

清乾隆二十一年（1756）正月，玉保所率的清军前锋部队进到距阿睦尔撒纳叛军仅一天路程的特克勒河，这时几个准部叛军前来诈降，玉保中了叛军的缓兵之计，发现上当的时候，阿睦尔撒纳早已撤到哈萨克境内。

五月，策楞和玉保被革职，乾隆任命达尔党阿为定西将军，追击阿睦尔撒纳，同时命还在巴里坤的办事大臣兆惠为定边右副将军，出兵支援。说到这里，不能不说一下乾隆用人的失误，因为达尔党阿也和策楞、玉保一样，一点也不像个统兵的将军，别人说什么就信什么，清军追到哈萨克边境、离叛军只有二三里路的时候，被阿睦尔撒纳收买的几个哈萨克人来报告说，阿睦尔撒纳已经被他们抓住了，只是要等哈萨克汗赶到时他们才能交人。达尔党阿一想，这挺好，不战而胜啊，传令，等着吧，还派使节跟哈萨克汗去交涉。

在此期间，厄鲁特部分台吉也跟着阿睦尔撒纳一起造反。

十月，叛军攻占伊犁，奉命率领 1500 人增援达尔党阿的清军将领兆惠陷入孤军深入的境地。他孤军奋战，冲破叛军的层层堵截，到达乌鲁木齐后又被围困了。此时清军损失惨重，伤亡过半。没有粮草支援，只能杀驼、马充饥。情况危急，不料，事情突然有了转机，侍卫图伦楚从巴里坤率 2000 人前来增援，与兆惠里应外合，一举突围，撤回了巴里坤。

乾隆这时震怒了，连派两次将领都是饭桶，一再上当，丢尽了大清朝的脸面。兆惠表现好，好，干脆让他代替达尔党阿。兆惠不辱使命，汲取了前几次进剿失败的教训，挑选精兵，备足粮械，严明赏罚，鼓舞了清军的斗志，提高了清军的战斗力。这时，叛军发生内讧，分为两股，以阿睦尔撒纳为首的一股活动于塔尔哈巴台一带，以准噶尔汗为首的一股活动于伊犁附近，不久，辉特和和硕特部叛军内部又流行天花，叛军实力大减。

清乾隆二十二年（1757）三月，兆惠率军击溃阿睦尔撒纳军主力，阿睦尔撒纳再次逃入哈萨克。清政府派人与哈萨克汗交涉，哈萨克汗同意交出阿睦尔撒纳，阿睦尔撒纳得到消息后，又逃到俄罗斯，九月得天花死在了那里。生要见人，死要见尸，在清政府的交涉下，俄方不得不交还了阿睦尔撒纳的尸体。阿睦尔撒纳这个反叛的"主力"兼"主谋"被消灭，其余的叛军就更不在话下了，在清军的凌厉攻势下，厄鲁特叛军余部于 1758 年被全部歼灭。

这次战争的胜利，意义重大，十分重大，为什么呢？因为这代表以准噶尔部为核心的厄鲁特蒙古长达七八十年的叛乱终于结束了，再也不能兴风作浪了，也代表康熙、雍正时代没有完全解决的问题，由乾隆皇帝完全解决了。

平定大小和卓

清军在平定准噶尔叛乱之后，本以为终于结束了这场旷日持久的战争，可以返回内地了，没想到一道圣旨下来，又让他们接着平叛，目标是天山南部——大小和卓叛乱。

清乾隆二十三年（1758），小和卓在库车打出"巴图尔汗国"的旗号，自称"巴图尔汗"，正式与清朝中央政府决裂，大和卓也成为叛乱首领。喀什噶尔、叶尔羌、和田、阿克苏等地先后卷入。库车的阿奇木伯克鄂反对叛乱，逃往伊犁投奔清军，小和卓下令杀了他全家，对清政府屡次派去招抚的使臣也一再痛下杀手。

同年夏天，乾隆封都统雅尔哈善为靖逆将军，率万余清军，将小和卓围在了库车。雅尔哈善不抓紧时间攻城，围歼小和卓，反而对主张进攻的部将说，干吗打仗，浪费兵力，小和卓这么一股势力，犯不着对他大动干戈，这么多人来围着他，估计就害怕了，没几天一准投降。在这种想法的支配下，雅尔哈善每天下棋，生活得非常平静，连防止叛军突围的准备都没放在心上。小和卓遇到这么一对手，实在是很幸运，他经过几天的充分准备之后，在一个平静的夜里，成功地率军突围了。雅尔哈善拿下了库车，当然，是个空城。

乾隆知道来龙去脉后，震怒，立即下令免去雅尔哈善的职位，派另一个人去完成平叛的任务，其实，大小和卓叛乱后，乾隆就想派这个人去平叛，因为他的军事才能已经充分显露出来了，用他一定会取得一个良好的结果。可是这个人当时正在搜剿厄鲁特蒙古叛军余部，这件事也一直是他在抓，关键时刻换人很不好。这时，平定厄鲁特叛军的工作已经接近尾声，把他调过来刚好——这个人就是凭借卓越的军事才能在平定阿睦尔撒纳叛乱中立了大功的兆惠将军。这一次，他也将在平定大小和卓的叛乱中，立下赫赫战功。

兆惠，满洲正黄旗人。清雍正九年（1731），初登仕途，先入值军机处，随后补授内阁中书，后来几经升迁，到1744年已官至刑部右侍郎，第二年，又成为正黄旗满洲副都统，1746年再被授为镶红旗护军统领。不过美中不足的是，这些职位不能使他的军事才能得到发挥，尤其是他对刑部的工作并不胜任，还因此受过乾隆的处分。

不过，自1747年清朝对四川大、小金川地区的征伐开始，兆惠有了大展雄才的机会。战争中，兆惠奉命奔赴四川前线，为清军督运粮饷。他抵川后，看到卡撒（今四川省小金县西）周围山梁、色尔力等处储藏的军粮仅够用两个月的，就将附近的崇德、牛厂和美诺等地的存粮调运过来，以备军需。同时，他还认真地上书了清军的弊端，乾隆对他的呈奏非常满意。

对金川的征讨告一段落后，西北地区又开始不稳定，清乾隆十八年（1753），兆惠奉命赴西藏，防备准噶尔进犯，他到藏后不久，就提出改变过去驻藏500名清军士兵同时换班的制度，要求："一于头年五月起程，七月抵藏；一于次年二月起程，四月抵藏。"这样无论何时西藏均有清军驻防，随时可抵御进犯。

乾隆准备剿平达瓦齐后，兆惠又奉命协理北路军务，并总理粮饷，为出征准部的军队准备军需物资。后来，阿睦尔撒纳兴兵进犯伊犁，兆惠奉命总理北路台站，维护天山北麓与内地的通信联络。不久，又被调赴西路巴里坤办事大臣，为进剿阿睦尔撒纳筹备粮饷。当得知伊犁被叛军攻占后，他马上赶到特讷格尔（今新疆维吾尔自治区阜康县东），会同定边右副将军萨喇尔商议进剿阿睦尔撒纳。这一举动深得乾隆帝的嘉许，遂命兆惠为参赞大臣，随同达尔党阿出征。至此兆惠终于不用再总理粮饷，做后勤工作了，虽然这些工作也很重要，但是兆惠一直渴望上战场，去前线战斗，报告也打了几次，只是乾隆一直没批。

在之后的平叛过程中，兆惠表现得非常出色，尤其是乌鲁木齐突围战，使他声名大震，乾隆帝也以此而知兆惠可担当讨敌重任，兆惠从此成为清军驰骋边疆的主要统帅之一。在平定厄鲁特叛乱之后，他又马不停蹄地赶往天山南部对付大小和卓，对于这次的平叛，他有相当大的决心，接到命令后就向乾隆上奏说，到库车后，一定全力剿贼，不完成这件事，就不回京见圣上。

小和卓从库车逃跑之后，直抵阿克苏，史书记载，"（阿克苏维吾尔族人民）闭城拒敌"，小和卓又到乌什去，还是不被接纳，无奈之下，只得又窜回与库车临近的叶尔羌，大和卓则逃到喀什，与小和卓互为犄角之势以抗清军。兆惠抵达阿克苏后，屯兵数日，大军也没到，但是朝廷一再催促，他只好留下副将富德驻守阿克苏，仅率3000多人就去进攻叶尔羌了。

叶尔羌是南疆重镇，四面有十二个城门，一万多叛军据守，小和卓到了以后，下令彻底坚壁清野，将城外庄稼割光，居民全部迁入城内，并且掘壕筑垒，修筑工事。在兆惠到了以后，曾经派兵从东、北、西三城门出城迎战，大败之后，缩到城里，再也不出来了。

兆惠知道叶尔羌城非常坚固，驻守的叛军人数众多，不能强攻。于是率军临葱岭南河为阵。葱岭南河即喀喇乌苏，汉语译为黑水，所以后人称兆惠的营地为"黑水营"。兆惠在黑水扎营后，派人扼守大小和卓联络的通道，切断了他们的联系。又在探知小和卓部落的牧群在城南英奇盘山下后，准备渡河袭取，充实清营的军需。随后，兆惠留少数清兵守黑水营，亲自率领1000多人渡河，谁知他带着400骑兵刚过去，桥就塌了。叛军倾巢出动，并抄了渡过河的清军的后路，兆惠知道中了计，震惊之余，马上冷静下来，率400人浮水过河，沿河岸向黑水营方向且战且退。在叛军的围攻下，清军被截成数队，兆惠左右冲杀，两次换战马，身体多处受伤。清军伤亡惨重，经过浴血奋战，天黑时才退回黑水营。

此后的五天里，小和卓霍集占开始了"大反攻"，清军以2000人之数力战，使叛军伤亡惨重。霍集占见攻不下来，干脆派兵围住黑水营，准备困死清军。从这年的十月到第二年正月，黑水营被围了整整三个月，叛军为进攻黑水营想尽了办法，先是用炮弹，不过清兵营地是依树林而建，铅弹全打进了树干里，兆惠命士兵伐树，把铅弹拿出来反击叛军，叛军又在上游引水灌营，清军则在下游挖沟泄水。叛军接着挖地道，也被清军击退。时间长了，清军的粮食逐渐短缺，幸好当地人有窖藏粮菜的习惯，再加上长期受准噶尔部的抢劫，当地人家家都挖窖储存物资，因此清军在掘井解决饮水问题时，发现了二十多窖粮食。正是这些救命的粮食，使得疲惫不堪的清军在兆惠的正确指挥下等到了援军。

黑水营刚刚被围困后，兆惠就派出 5 名士兵突围分路赴阿克苏告急，又派人传令防御喀什噶尔的副都统爱隆阿到阿克苏与富德会合，一起前来增援。富德在接到兆惠的急报后，马上率 3000 骑兵南下支援，在距叶尔羌 150 千米的地方遇到霍集占优势兵力的阻击，双方激战四昼夜，叛军越聚越多，正在危急关头，巴里坤办事大臣阿里衮与爱隆阿会合后及时赶到，与富德三路大军会师，之后在富德的统一指挥下，杀退了叛军，霍集占率残部退守叶尔羌，长达三个月的黑水营之围遂解。

清军在黑水营之围中表现出的顽强斗志，极大地震慑了霍集占叛军，使他们从此士气低落，一蹶不振。清乾隆二十四年（1759）六月，清军集结在阿克苏、乌什和阿瓦提的士兵已达 2 万人，于是开始了全面的平叛战争，兆惠从乌什进攻大和卓驻守的喀什噶尔，副将军富德则率部由和阗进攻叶尔羌。大小和卓明白大势已去，不战而逃。九月，大小和卓在清军锲而不舍的追击中，逃入巴达克山汗国境内以后，被巴达克山汗素勒坦沙逮捕斩首，素勒坦沙将两人首级和家属交给清政府，这对野心勃勃的兄弟终于落了个身首异处的下场。

至此，大小和卓叛乱终于得到平定。为了确保对西北地区的行政管理和军事防御，清乾隆二十七年（1762），清政府在新疆设总统伊犁等处将军（简称伊犁将军）。伊犁将军是最高军事行政长官，下设都统、参赞、办事领队等各级大臣，率军分驻新疆各地、管理地方军政事务。天山南北成了中央政府直接统辖的行政区域。以后清政府采取的鼓励垦荒、兴修水利、开采矿产等各项政策，对发展边疆地区的经济、文化和交通，巩固中国多民族国家的统一、增强中华民族的向心力和凝聚力都产生了不可替代的积极作用。

贵族未必都无能

　　乾隆皇帝对中国历史的最大贡献是基本奠定了中国近代的版图。所以乾隆晚年自封"十全老人"，有"十全武功"，以此夸耀自己的军功。

　　就是在这样辉煌的映照下，才使得乾隆盛世显得熠熠生辉。什么是封建社会的盛世？简单而概括地说就是社会物质财富的丰盈、学术文化的恢宏、君主专制的高度完善和多民族国家统一的最终完成。然而，无论任何盛世，载入史册的都是封建最高统治者皇帝的"文治武功"，而所有这一切，实际上离不开朝中众多的文臣武将的参与。康熙和雍正朝的辉煌，离不开纳兰明珠、李光地、张伯行、李卫、田文镜等众多重臣的尽力辅佐，而乾隆朝也必须有这样的人支撑出一个盛世，他们之中的代表人物就是军机处首辅傅恒。

　　"首辅"一词，本是明代后期对内阁首席大学士的称谓，清雍正以后，国家大权掌握在军机处，军机处的领班大臣也相当于明时内阁的首席大学士，因此也被称为首辅，这个职位相当于现在的国务院总理。而傅恒不满 30 岁，就坐到了大清首辅的位子上，如此年轻的首辅，在历史上是不多见的，同样，没有皇帝信任，即使再有能力，也未必能坐上这个位子。

傅恒，姓富察氏，满洲镶黄旗人。曾祖哈什屯为顺治朝内大臣，祖父米思翰为康熙朝户部尚书，父亲李荣保亦官至察哈尔总管，他自己也曾被授予蓝翎侍卫，富察氏连续四代都曾侍奉皇帝，因此成为清代唯一的一个侍卫世家。更重要的是，傅恒的亲姐姐是乾隆帝的第一个皇后——孝贤纯皇后。无论在正史还是野史，孝贤皇后都被描绘成一个臻于完美的贤妻良母，而在乾隆后宫三千佳丽中，她恰恰也是最受乾隆重视的一个。可是红颜薄命，这么一个完美的人，在 34 岁时因两个皇子连续夭折而忧郁成疾，终至不治。在悼亡妻之际，乾隆曾写下哀思缠绵的《述悲赋》，其中有"痛一旦之永诀，隔阴阳而莫知""入椒房兮阒寂，披凤幄兮空垂"等感人至深的悼亡之词，可见这份感情既真且深。

孝贤纯皇后和乾隆皇帝的深挚情谊，对富察氏家族来说非常重要，因为乾隆把这份情意逐渐转移到了政治领域，他曾明确表示："朕之加恩于傅谦兄弟者，乃因皇后加恩……即大学士公傅恒之加恩，亦由于皇后。"这就是傅恒一直青云直上的原因，这个皇帝的正牌小舅子从最初被授予侍卫，累进总管内务府大臣、户部右侍郎、军机处行走、内大臣、户部尚书、汇典馆总裁到侍卫内大臣保和殿大学士，这个过程只有六年多的时间。要用现在的话来说，傅恒当时就是个偶像派，钻石王老五，根据史书的记载他还十分英俊儒雅。

但是不能否认的是，乾隆并不是一个昏君，在用人方面有自己的尺度，他很看重一个人的能力，而傅恒如果没有能力，只是一个纨绔子弟，是个草包，他也许只会赐他富贵，而不会委以重任。所以，傅恒其实是一个非常有才华、有能力的治国良臣。显赫的家世使他有了荣登内阁的机会，而在高位上二十年不倒并受到始终如一的重用，则是源于他出色的能力。清代著名诗人袁枚就在他的《小仓山房诗集》里这样评价过傅恒："恩虽外戚才原大。"

首先，傅恒精通满文，当时满族贵族受到汉族同化，不少已经习惯讲汉语，但是傅恒的汉语好像远远没有满语流利，表现之一是如果在朝堂上参与了一些问题的争论，大家本来用的是汉语，傅恒一着急就说满语。当然，满语流利并不奇怪，关键是他称得上是一位满语研究专家，曾奉命与满汉儒臣重定满族文十二字头，为汉人学习满文时正确发音提供了方便，还曾主持创制了三十二体满文篆字，并以新创字体亲自缮写《御制盛京赋》。这种才华，连清代著名的历史学家、诗人赵翼都不止一次地表示心服口服。此外，傅恒还先后主编《同文韵统》、《御制增订清文鉴》、《御批历代通鉴辑览》、《御批通鉴辑览明记》等书。他与允禄一道奉敕编撰的《西域同文志》，是研究新疆、青海和西藏地区的地理、历史和少数民族语言的重要的工具书。

除了学问上拔尖之外，傅恒还具有极强的办事能力，"政务练达"。大到军事决策、政令的制定和施行，小到乾隆皇帝出巡的路线、日程安排、朝中各种典礼仪式的拟定，凡所经办。在对政务的处理上，傅恒经常与乾隆不谋而合，有时候他甚至能考虑到皇帝前面去，为此乾隆经常特别高兴，多次批阅道："你说的跟我想的一样，就这么办吧"，"你说的都这么详细了，还有什么可以讨论的，该怎么办就怎么办吧"。当然这绝不是因为傅恒是一个善于投机之人，善于揣摩皇帝的心思。且不说能够始终如一地猜对皇帝的心事本身就是一件非常有难度的事，事实上傅恒提出的很多建议都是很有建设性的，只善于投机的人是想不出来的，并且他自己在做这个事的时候，绝对能够做好，"大小事务，均得妥协就绪"，比那些光说不练只耍嘴皮子的弄臣强倍千倍。

傅恒受到皇帝的赏识，还在于他富有战略眼光，敢于力排众议坚持正确主张。当年准噶尔内讧，乾隆决定对达瓦齐出兵一举平定准噶尔时，满朝文武都不同意打这几场仗，如此谨慎的一个重要原因是清雍正九年（1731）清政府对西北用兵时曾经打过败仗。其实大臣们这样的心情也是可以理解的，西北的叛军自知实力不强，总是像打游击一样，对一些地方驻守的清军骚扰一次，很快又溜得不见人影了，清政府劳师动众地跟他们打一仗，即使胜了，也是一时之胜，在当时看来，完全平叛是不太可能的，胜了一次都没有什么效果，要是打个平手那就相当于打了败仗，更何况雍正年间那一次是个结结实实的败仗呢？

就是出于这些顾虑，满朝文武大臣鲜有主战派，都纷纷劝说乾隆，大意是说不要打，要让新疆的叛党完全销声匿迹是不可能的，不如该招抚的招抚，睁一只眼闭一只眼算了，兴师动众，要耗费多少军粮、伤亡多少士兵，不能不考虑这些啊。从当时的情形来看，这些人的建议不无道理。但是这让主战的乾隆非常恼火，他一直想远效三皇五帝、近效圣祖康熙，做出一番事业，成为一个留名青史的皇帝。如今却遇到了阻碍，虽然他是皇上，可以独裁，但是当光杆司令也下不来台啊，何况他又不是机器人，能够面面俱到，把事情交给不愿意作战的大臣去办，又怕他们不尽心。

这个时候，傅恒站出来了，他说：我认为应该打这个仗，我奏请圣上命我单独负责办理军务——满朝文武，只有傅恒一个人坚决支持发兵。之后，傅恒全身心投入前期备战的准备工作中去。他带领军机处官员，"日夜随侍，候报抄录"，开战后，又积极协助乾隆皇帝在后方运筹帷幄、制定正确的战略战术以及调兵拨饷，保证必要的军需等工作，乾隆曾说："至同朕办理军务者，惟大学士公傅恒与朕一心，日夜不懈。"这个话说得很重，对傅恒来说，是一种赞赏，对其他大臣来说，就相当于一个耳光，潜台词就是：你们都不跟我一条心，不支持我打仗。傅恒的坚定支持，使乾隆深受鼓舞，他称傅恒"朕之张华、裴度也"，西师之役结束后，绘功臣像于紫光阁，傅恒虽未赴前线，但乾隆坚持将其放在首席，就是因为这一点。傅恒故去多年后，乾隆仍对此念念不忘，作诗曰："西师两用兵，同心却众论。坐谋无不协，用藏建大功。"所以，准噶尔部被顺利平定，前线的士兵将领自然功不可没，但是后方的傅恒也有资格得到军功章的一半。事实上，他不仅只是个幕后英雄，在乾隆皇帝自诩的十全武功中，发生在傅恒为首辅期间的就有五次，即初定金川、两平准噶尔、一定回部及征缅之役。傅恒作为当朝第一臣，与其他外戚不同，没有在京城坐享富贵，而选择了为国家出力，曾先后经略金川、奔赴平准前线、往征缅甸，对于战争的顺利进行，发挥了重要作用，对国家统一局面的最终形成，也是功不可没的。傅恒去世时，乾隆亲临祭悼，谥号"文忠"，大清王朝300年的历史，傅恒作为大臣，功绩也是出类拔萃的，无怪乎乾隆皇帝对其用情至深。

傅恒身为大学士九卿之首，又深得乾隆帝信任，对朝廷用人的意见尤其被乾隆所重视。对于用人问题，乾隆是非常重视的，他认为："国家用人行政，二者并重，而政事必得人而理，先务尤在人才。"但是身为皇帝，乾隆政务繁忙，日理万机，尽管重视选拔人才，却也苦于没有那个时间和精力亲力亲为，因此亲信大臣的举参保奏就非常重要。尤其对于某些重要官缺的补放，甚至是封疆大吏的选派，乾隆事先常常要与傅恒商议，而后者提出的建议，也往往能够为皇帝所采纳。傅恒理解皇帝重视人才的理念，也同样非常重视人才的选拔。

傅恒选拔人才有几个重要特点：首先，用人必先知人，也就是说，用一个人的前提是对他的为人不管是品性还是才能都要有大致的了解。傅恒执掌军机处二十余年，同时兼理过吏部、兵部、户部和理藩院等部院事务，与军机章京和各部院官吏都有多次直接接触，对于他全方面了解这些人，很有益处，另外，他也曾经几次出征，对沿途的地方官吏也有一定程度的了解，许多贤吏能员都是在直接接触中受知于傅恒，然后被保举并委以重用的。

此外，傅恒还有一个主要职责，就是带领官吏引见，这也是他了解官吏的一个重要途径。乾隆非常重视官吏的引荐，通常一个被推荐的人在见皇上之前，都要见一个大臣，也就是说过一遍筛子，傅恒就是这个负责过筛子的，他不仅注意观察和了解被引见者的才貌、性情和学识，并试图通过他们了解更多的官吏。还善于利用心理战术，对被引荐的人和颜悦色，完全没有架子，当然他平时也是这样的人，从不仗势欺人，对任何朝中大臣都彬彬有礼，不摆架子，是个很低调的贵族，因此大臣们都愿意跟他共事。言归正传，傅恒的温和使被引荐的人较为放松，出言就少有忌讳，这样，傅恒便可以得到正式引见时乾隆皇帝所无法得到的一些信息，极大地拓展了傅恒了解和考察官吏的视野。

傅恒非常重视被荐官吏的品德，尤重"直"字，如陆郎夫、舒赫德、程焘等均以"直"见称于世，雍乾时期著名直臣孙嘉淦，辞职后能够重新出仕，就是由于傅恒的力荐。尽管傅恒早逝（傅恒的生辰不可考，大致在1720年左右，他于1770年去世，不满50岁），但是他重用直臣的影响，一直辐射到了多年以后，乾隆中后期，官场贪污成风，傅恒所荐直臣，不仅能独善其身，也往往能够对某些贪官污吏予以抵制，在一定程度上遏制了贪风的蔓延。如孙士毅，在贪吏满天下的情况下，"独以廉著"。

傅恒也十分重视文人士大夫，著名史学家赵翼入值军机处时，在汉军机章京中，最为傅恒所厚待，对傅恒也有较为深刻的认识和了解，他曾说："文忠不谈诗文，而极爱才。"当时许多文坛名宿都曾受到傅恒的赏识与举荐，如著名诗人袁枚，被别人举荐后，不仅顺利过了傅恒执掌的"筛子"，两人还从此交好，经常一起聊天。清兵入关后，尽管经历了多年的融合和交流，但是许多满蒙官吏仍对汉人有成见，傅恒虽为满族人，却能对这种倾向加以抵制，唯才是举，毫无"门户"之见，是非常难能可贵的。

事实上，傅恒举荐的人多半是文武双全之臣，乾隆朝的许多名臣良将如孙嘉淦、岳钟琪、卢焯、阿桂、毕沅、孙士毅、阿尔泰等人都得益于傅恒的举荐。即使文臣如近年影视剧中较火的乾隆朝名臣纪昀、刘墉，也都受过傅恒的保护和推举。作为盛世的首辅，二十多年的时间里，傅恒积极承担并出色地完成了举贤荐能的责任，为朝廷选拔了一大批德才兼备的文臣武将，史载："（傅恒）当朝轴者几三十年，惟以尊奉前辈、引擢后进为要务，故一时英俊之士多集于朝。"正是这群才识卓著的文臣武将的鼎力协助和积极参与，才最终成就了乾隆盛世，傅恒功莫大焉。

最寒酸的宰相府

乾隆时，北京的驴市胡同有一个充满传奇色彩的刘氏家族，从刘统勋开始，祖孙三代都是朝廷大员，作为汉人家族，在清朝这种情况并不多见。熟悉北京胡同名称变迁模式的人不难想到，驴市胡同就是今天位于东四西大街的"礼士胡同"。刘统勋家族的原址就在礼士胡同四十三号院。可是清朝时满汉分城而居，为什么汉臣刘统勋就住在了内城？这个例外中的例外，就是因为刘统勋为官成绩卓著，乾隆皇帝赏赐他一块安家的地方，特准其在内城居住。不过，刘统勋却没有好好利用这黄金地段，他的家估计是历朝最寒酸的宰相府，史书记载，他去世后，乾隆亲自去府上吊丧，轿子居然进不了门。

就汉大学士而论，乾隆朝不下数十人，而刘统勋无疑是最受乾隆帝青睐的。要说乾隆皇帝对傅恒的起用和重用，与孝贤皇后有很重要的关系，那么他为什么如此厚待身为汉人的刘统勋呢？其实，乾隆重用刘统勋跟傅恒都有一个共同的原因，那就是乾隆即位之初的困境。

俗话说，一朝天子一朝臣，新皇帝登基以后，一般都会对朝臣来一次大换血，以此确保自己的权威，不过这需要有合适的人选才行，而乾隆刚即位时，这样的人很少，所以，一切政令决策的实施都得靠雍正时的旧臣，尽管暂时没有出什么纰漏，但是乾隆仍然感觉不舒服，总觉得这些人不是他需要的。

首先，他们中的一些重要人物，缺乏进取心而日趋保守，这就很难合一个刚上台憋足了劲儿要大干一场的新皇帝的心意，还有的人没有什么责任心，做一天和尚撞一天钟，遇事敷衍塞责，甚至有人无视国法，劣迹累累。其次，也是乾隆皇帝和任何一个皇帝都不能容忍的，就是群臣聚结朋党。

当时，满汉大学士领班鄂尔泰和张廷玉各立门户，明争暗斗，使得朝堂上下一片乌烟瘴气。鄂尔泰和张廷玉都是雍正时的重臣，鄂尔泰在对西南土司的改土归流工作中起到了关键作用，是一个领军人物；张廷玉则是军机处规章制度创建者，众所周知，军机处在刚成立时没什么秩序和可循的制度，正是在张廷玉的努力下，才完善起来。鄂尔泰和张廷玉对雍正皇帝忠心耿耿，自始至终都受到雍正的信任和重用，在雍正朝，两人都是红得发紫的人物，雍正曾留下遗诏，允许二人身后配享太庙（太庙是中国古代皇帝的宗庙，最早太庙只是供奉皇帝先祖的地方，后来帝后和功臣的神位也可以被供奉在太庙。有资格配享太庙的臣子，必须对江山社稷有极大的功劳，才可以经皇帝允许，在死后享用太庙的待遇）。配享太庙，是一个臣子无以复加的荣誉，从大清开国到雍正朝整整一百年，能身列太庙的只有武勋王扬古利、怡贤亲王胤祥等十二人，其中无一汉臣。可惜两人不知道珍惜，反而搞起了门户之争。到乾隆时，两家门第鼎盛，门生故吏，遍布朝野，结党成群，营私舞弊，乾隆纵使再看不惯，一时也无法对这两个三朝老臣下手。

正当他恼恨不已的时候，刚刚上任不久的督察院左都御史刘统勋上疏请求皇帝遏制张廷玉与吏部尚书协办大学士讷亲的权力，此疏轰动朝野。针对张廷玉，刘统勋说，朝廷在用人方面存在很大的弊端，安徽桐城张氏家族入朝为官者有十九人之多，就连张氏的姻亲桐城姚氏也有子弟十人在朝为官，为防止"满招损"的可能，"保全"三朝老臣的清誉，建议三年之内除皇帝特旨擢用外，张氏亲属子弟"概停升转"。对于讷亲，刘统勋认为，作为宰辅培养的讷亲在个性上是有弱点的，请求皇帝加以训示，并且他兼职过多，权力太重，这也是不合适的。讷亲是康熙初期四大辅政大臣之一遏必隆的孙子，可谓名门之后，乾隆开始是把他作为宰相来培养的，可是他掌管吏部，协理户部，同时身兼领侍卫内大臣及军机大臣等职，渐渐权势冲天，成了除了鄂尔泰和张廷玉之外，百官全力巴结的另一个对象。

于是，在清乾隆六年（1741）的一天，朝中大臣被郑重地叫到皇帝面前，共同"聆听"刘统勋的这份奏章。在群臣面前，乾隆对这奏章显得并不看重，回复得也很有水平："我想啊，要是张廷玉和讷亲果然恃宠而骄、作威作福，群臣肯定不敢上疏告状啊，现在刘统勋敢说，证明他二人并没有那么大的声势嘛。再说张廷玉亲族人多，当官的也多，这没有什么可奇怪的，至于讷亲，我会好好教导他，职务太多的问题，如果有必要减少的话，等时机成熟的时候，我会考虑。"

乾隆的话算是给足了张廷玉面子，对讷亲也没有责怪，所以表面上看，刘统勋的上疏什么效果也没达到，有多此一举的嫌疑。但是仔细想想就不是这么回事了，不重要的奏章，乾隆为什么会跟朝臣公开？他只是不想立刻下手，何况张廷玉是雍正留遗诏有资格配享太庙的人，不能轻易动他。讷亲又是自己一手提拔的，现在处理了，不是搬石头砸自己的脚吗？正是这些原因，乾隆把话说得像是在为二人脱罪。但是众大臣都是在官场混久了的，要是还不明白皇帝的个中深意，不就白吃了那么多年的官饭了。

所以刘统勋此次上疏，是有一定效果的，更重要的是，乾隆皇帝记住了他，记住了这个敢在朝中官员结朋聚党的时候弹劾朝中权势熏天的大臣的小御史，并从此开始将其作为亲信着力提拔，使其成为乾隆一朝少有的能臣和名臣。在当时，乾隆需要的就是像刘统勋这样无所依傍、有棱有角，为维护和强化皇权不惜粉身碎骨的忠直之臣。

说起刘统勋，很多人都感到陌生，但是对他儿子的名字则是如雷贯耳啊，那就是大名鼎鼎的刘墉刘罗锅。事实上，尽管刘墉在目前的影视剧中很火，很得人心，但那毕竟只是一个艺术形象，其事迹多是后人附会杜撰，历史上的刘墉虽然也是一个不向权臣低头的正直官员，但是他多数情况下只是选择自保，并且始终没有进入清政府的核心权力机构军机处，就算他有足够的才华和胆识，也根本没有与权臣和珅正式面对面较量的机会。比起父亲刘统勋，刘墉对乾隆朝的贡献差得远了。乾隆一朝，最称职、最符合儒家精神的汉人宰相就是刘统勋，他是"清""慎""勤""能"的楷模。

刘统勋，山东诸城人，也算是年少得志，清雍正二年（1724）中进士时才25岁，他在雍正朝先后供职翰林院与詹事府，并在南书房充当皇帝的文学侍从，主要做文书工作。1741年上疏要求限制张廷玉、讷亲的事件过后，开始受到乾隆的着力栽培，五年后，受命代理漕运总督，再三年，又被任命为工部尚书；1752年，刘统勋终于入值军机处，众所周知，自从朱元璋废除宰相一职后，历史上就没有了这个职位，但是他设了内阁，明朝时内阁大学士的地位就相当于宰相，清承明制，虽然也有内阁，却不再有重要的权力，尤其是雍正之后，掌握国家核心权力的是军机处，当时的人都说，身为内阁大学士却没有在军机处任职，算不上是真宰相。

此时的刘统勋终于成了一个"真宰相"，可是不仅在京的住处简陋，就是他的老家，刘统勋考中进士的时候，老家有十亩薄田，去世的时候老家仍是薄田十亩。他为官数十载，大部分时间都是做京官，在中央机构内任职，但一直过着简朴的生活，跟那些穿金戴银、攀比富贵的官员们相比，显得非常寒酸。即使是出差，他也绝不铺张，清乾隆二十六年（1761），黄河开封段决口，刘统勋以大学士身份奉命前往勘察，只带了两个仆人，沿途在驿站用过的马不过六七匹。当时，哪个京官外出，不前呼后拥，带着一票人，到了地方上，好吃好喝，还得捞上一笔。清康熙二十八年（1689）时，江南大水，淮安告急。朝廷派两名钦差前往运河泰州段监督堤工。这两个钦差带了数十名随从，光是穷摆谱也就算了，还肆意扰民，甚至为非作歹，幸亏施世纶及时"修理"了他们，这些人才老实起来。如今再看刘统勋，简直是天壤之别，作为一个大学士，一个钦差大臣，他的"排场"实在太令人感慨了。

刘统勋的廉洁，不仅表现在自身节俭，更重要的是，他能在任何时间、任何场合都拒绝任何形式、任何名义的贿赂。有一次，他一位老友的儿子入朝为官，想让刘统勋念在两人往日的情谊上多多照顾，这个老友怕自己出面让刘觉得难堪，就派仆人登门送上黄金千两。刘统勋见到了仆人和黄金，觉得很反感，但是也是顾念朋友的情谊，就耐下性子对那个仆人说：你的主人因为世交的情谊让你来问候我，我非常领情，但是我为国家办事，该如何做心中有数，怎么能收他的东西，你回去告诉你家老爷，我们的故交中有很多人需要钱，这些金子就送给他们吧。仆人听后，深受感动，携金而归。

还有一次，一个有所请求的人深夜带厚礼到刘府。刘统勋深知其中之奥妙，让门人说，老爷已经睡了，不能会客，让客人留下姓名即可，除此之外什么东西都不能收。第二天一大早，刘统勋就到政事堂，传来昨天夜访的人，严厉地说，深夜叩门，没有贤者会做这种事，你有什么事要禀告，趁大伙都在时说吧，即使是说我的过失，也没有什么不可以的。那个人面带愧色，支支吾吾，什么话也说不出来。

俗话说，身正不怕影子歪，刘统勋严于律己，自己不做亏心事，就能理直气壮地要求他人也要守法，尤其对那些贪赃枉法者从不宽容，处理过多起贪污大案。史载，他在任都察院左都御史时，广东粮驿道明福、云贵总督恒文、云南巡抚郭一裕、山西布政使蒋洲、西安将军都赉、归化将军保德、江苏布政使苏崇阿、江西巡抚阿思哈等人贪污受贿案，都是经刘统勋外出审查处理的，"皆论如律"。

在开封视察河工的时候，刘统勋也经常借机微服私访，缉拿贪官污吏。据说贪官们在赌咒发誓的时候常常说："如果说话不算数，就让我出门撞上刘统勋。"乾隆帝曾称赞他说："统勋练达端方，秉公持正，朝臣罕有其比，故凡审决大狱，督办大工程，悉命统勋前往莅事，无不治者。"可见，刘统勋确实是个难得的清官，据说他的书房里有一副对联是这么写的："计利应计天下利，求名应求万世名！"其人节操，可见一斑。

纵观刘统勋的为官生涯，似乎总是与河工密不可分，他不仅在视察河工时借机惩治贪官污吏，对于治河本身，也有自己的看法，是一个治河能臣。清乾隆十八年（1753），河工道员李礅、张宾等人贪污案被揭发，刘统勋借此机会提出，稽查河工工料计算不清的话，徇私舞弊的事情就永远难以根除，所以应该制定一套比较严格的财务纪律和报销制度。

这个提议真是切中要害，因为谁都知道，当时关于治河的职位可是肥缺，许多人只是想得到这个职位后多贪点钱财，至于治得好治不好他们根本就不关心，甚至还有意不好好治，因为治好了，朝廷就不拨款治河了，他们的财路就断了，为了钱不顾百姓的死活，用心何其毒也！而刘统勋深知，制度不改的话，这些人还要贪下去，百姓还要受苦，所以经过深思熟虑向朝廷提出了关于河务的财政和工料管理的四点建议，很快得到批准，实行后，河工中历来存在的公然贪污和浪费现象暂时有所好转。

清乾隆二十一年（1756），刘统勋被派往治河工地勘测，主持加高堤坝的工程。一年后，他又前往徐州督修近城石坝。此时刘统勋已年近花甲，但他事必躬亲，一般都是亲自到工地，风餐露宿地监督堤坝的工程。有一次，他去杨桥工地视察，发现那里加固堤坝的工程已经逾期一个多月，负责人说柴火供应不上，没法开工。刘统勋没有放过这个细节，多年的经验使他敏感地觉得这其中肯定有猫腻，于是再次微服私访，到运柴的必经之路去，发现几百辆装满柴火的车辆就停在路边，赶车的人愁眉苦脸，刘统勋一问，他们大老远赶来，可是河员必须要收"好处费"才肯付钱买他们的柴火，他们原本是穷人，来时带的一点钱已经花完了，此时身无长物，连饭都吃不上了，要是再把柴火拉回去，就更是雪上加霜了。刘统勋听后大怒，立即返回工地，对有关河员进行严惩，杨桥堤坝很快就完工了。

刘统勋之所以受到乾隆的赏识，还在于他在军事上独到的战略眼光。尤其是在第二次金川之役上，乾隆要发兵时，刘统勋认为金川自然条件恶劣，建议改用政治手段解决，比如招抚等。可是乾隆好大喜功，又觉得跟两个土司谈判太丢面子，于是不听劝告，坚决用兵，及至木果大败，他才急了，连忙问计于刘统勋：继续打吗？要不撤兵吧。刘统勋则坚决地说，没有打之前可以撤，现在不行了，否则定会助长土司反叛的气焰，不如一鼓作气，直接灭了他们。乾隆又问：可是主帅令人失望，卿家有合适的人选吗？刘统勋沉静而坚决地说，有，阿桂一定会打胜。这次乾隆听了劝告，马上派阿桂为元帅，真的打了胜仗。

可见刘统勋同时也有识人的眼光，阿桂后来成了清廷重臣，乾隆后期，只有他始终不与权臣和珅同流合污，一直想办法采取措施挽救大清的颓势。

说到识人，刘统勋还有一个重大的贡献。我们都知道，中国文化史上的大工程《四库全书》的总纂官是纪晓岚，而总领导则是刘统勋，当然总裁不管编书的具体事务，贡献最大的还是纪晓岚，关键是，纪晓岚是刘统勋极力向乾隆推荐的，前者奉旨编书前正在乌鲁木齐遭流放呢。

对于恩师的恩情，纪晓岚始终念念不忘，他与刘墉是极好的朋友，亲如兄弟，与刘统勋则情同父子，纪晓岚接到任务后就　直想将《四库全书》漂漂亮亮地编纂完成，报答恩师的知遇之恩，谁知清乾隆三十八年（1773），刘统勋在上朝的途中逝于轿中，没能看到《四库全书》成书。纪晓岚强忍悲痛，为恩师写下一副史上著名的挽联：岱色苍茫众山小，天容惨淡大星沉。此联句奇语重，非刘统勋不足以当此殊誉。

而乾隆得知刘统勋去世后，亲自到刘府吊唁，看丧事办得非常简单，哀恸不已，回宫后，终于忍不住，失声痛哭。大臣赶忙劝慰，乾隆说："像刘统勋这样的朝臣，才不愧为真宰相。朕失一肱股，怎能不肝肠寸断啊！"遂赠刘统勋太傅，祀贤良祠，谥号"文正"。

不要小看"文正"这个谥号，对于一个大臣来说，谥号是一个人死后皇上用最简单的两个字对他一生的盖棺定论，可是这两字却并不是随便就给的。一般都是由礼部拟定，选八个字或十六个字，再由内阁审核，选四个字或八个字，然后让皇上决定。武将第一个是"武"，比如岳飞的谥号是"武穆"，文臣的谥号一般第一个字是"文"，如左宗棠的谥号是"文襄"。不过唯有翰林出身或官至大学士者，方得谥"文"，而"文正"二字联璧就太难得了，礼部是不敢这么拟的，只有皇上才有权力，清朝300年的历史，得谥"文正"二字者，不过汤斌、刘统勋、朱珪、曹振镛、杜受田、曾国藩、李鸿藻、孙家鼐八人而已。乾隆给刘统勋这个谥号，可见对他的重视。

刘统勋从清乾隆六年（1741）受到乾隆的重视，至清乾隆三十八年（1773）去世，勘案、修河、督兵，重任不断，功劳无法计数，最终死在清晨入值的轿中，可谓鞠躬尽瘁、死而后已。1774 年以前，傅恒、刘统勋、尹继善、刘纶、来保等正直大臣，使朝纲一振，可以说，是这些人辅佐乾隆托起了一个盛世，刘统勋是他们中最后一个去世的，他的去世标志了一个时代的结束。史家以为，清乾隆三十九年（1774）是清朝的一个转折点，此后，国势江河日下，大清的衰落已是不可避免。

第五章
国富民强四海升平
盛世风华光耀四方

冬寒夺去了无数战士和牧民的生命，往往早晨醒来的时候，几百个围在火堆旁的男人、女人和儿童已经全部冻僵而死，境况凄惨。天灾已经很不幸，偏偏这时俄国军队和哈萨克骑兵联合了2万人，又堵住他们前进的道路。回归队伍遇到了前所未有的困难，有人动摇了，幸好渥巴锡及时召集各部首领，动员大家团结抗敌，坚持到底："如果再走回头路，每一步都会碰到亲人和同伴的尸骨，俄罗斯是奴隶的国度，而中国是我们的理想之邦，让我们奋勇前进，向着东方，向着东方！"坚强的土尔扈特人受到了极大的鼓舞："回归祖国，决不回头！"

向着太阳升起的地方
——土尔扈特部的东归壮举

1771 年 1 月的一天，寒风凛冽，伏尔加河东岸的熊熊大火染红了碧蓝的天空，无数的房屋甚至辉煌的宫殿都在火海中呻吟，而曾经居住在里面的人们却没有去扑火，没有去拯救，只是毫不留恋地看了最后一眼，然后毅然决然地向前方远行。

几天后，在伏尔加河和乌拉尔河之间的草原上，迤逦着一支长长的队伍，队伍的中间是老弱妇孺，他们乘着早已准备就绪的马车、骆驼和雪橇，两侧则是全副武装的骑兵，寒风呼啸，白雪皑皑，这样的队伍非常引人瞩目，虽然没有喧闹，没有混乱，空气中却弥漫着一种紧张的气氛。

是的，这是一次东迁，也是一次逃亡，后来的爱尔兰作家德尼赛在形容这次逃亡时说："从有最早的历史记录以来，没有一桩伟大的事业能像上个世纪后半期一个鞑靼民族跨越亚洲草原向东迁逃那样轰动于世，那样令人激动的了。"几天前的大火，就是他们放的，他们亲手放火烧掉了自己多年以来赖以生存的家园，没有惋惜、没有不舍，只有义无反顾……这个鞑靼民族，就是蒙古土尔扈特部。

明朝末年，我国北方的蒙古族分为三大部：在今内蒙古地区的是漠南蒙古，在原外蒙古一带的是漠北喀尔喀蒙古，游牧于天山以北一带的是漠西厄鲁特蒙古。厄鲁特又称卫拉特，又分为四部，即和硕特（游牧于今新疆乌鲁木齐地区）、准噶尔（游牧于今伊犁河流域）、土尔扈特（游牧于今新疆塔城地区及俄罗斯境内乌拉札地区）、杜尔伯特（游牧于今额尔齐斯河流域）。

起初，厄鲁特四部之间虽有联盟甚至还有所谓的"盟主"，却并不互相统属，属于平级，盟主也只是偶尔做个和事佬，并没有真正的权力统辖各部，而四部之间实力相当，虽然矛盾摩擦在所难免，却也没有大冲突，算得上是相安无事。但是渐渐地，这种平静就被打破了。伊犁的准噶尔部强大起来，首领巴图尔洪台吉逐渐取代和硕特领主地位，成为厄鲁特联盟盟主，这个盟主不再是摆设，他倚仗自己的势力，欺凌、剥削自己各部的首领和人民，终于引起了公愤。

与此同时，沙俄的侵略扩张势力伸展到了西伯利亚南部土尔扈特部以北地区，在原为厄鲁特蒙古辖地和传统牧地上，建立了托木斯克、叶尼赛斯克、克拉斯诺亚尔斯克等一系列哥萨克军事堡垒。当地的牧民不停地被剥削、抢劫，处境悲惨，而与这些军事堡垒相邻的土尔扈特部也时时处在沙俄的威胁中——以俄国人的军事实力，土尔扈特人很难自保，所以牧民的生存就成了问题。

在前有狼后有虎的情况下，土尔扈特部首领和鄂尔勒克跟附近一部分和硕特、杜尔伯特部众，共约19万人，于1628年离开了塔尔巴哈台和额尔齐斯河中游西岸的原游牧地，经过长途跋涉和无数次惨烈的战斗，击败了途中阻拦的诺盖人，终于越过哈萨克草原，于两年后向西迁徙到了伏尔加河流域下游南北两岸的广大草原上。

经过生存的威胁、不断的战斗、长途的迁徙，土尔扈特人终于找到休养生息的理想地点，在这里逐水草而居，可以放牧，发展畜牧业，生存的问题得到了很好的解决，从此，土尔扈特人终于开始了平静的生活，他们遵循古老部落组织的习惯和观念生活着，他们按蒙古习俗生活。

最值得提及的是，土尔扈特人西迁伏尔加河后，一直保持和加强与厄鲁特部及中原地区的联系，从无间断。1640年，土尔扈特汗和鄂尔勒克带领他的儿子们不远万里赴塔尔巴哈台参加了厄鲁特蒙古与喀尔喀蒙古首领会议，制定了著名的《蒙古卫拉特法典》，其主要规定就是蒙古各部要团结一致，共御外敌。会后，和鄂尔勒克将女儿嫁给准噶尔部巴图尔为妻，巴图尔亦将女儿嫁给和鄂尔勒克之孙朋楚克。多年后，和鄂尔勒克的重孙阿玉奇又将女儿嫁给巴图尔之孙准噶尔部首领策旺阿拉布坦。

此外，土尔扈特部对清廷的朝贡不断。清顺治三年（1646），和鄂尔勒克之子书库尔岱青等人随着青海和硕特蒙古的顾实汗所进表贡"附名以达"。此后就不断遣使进贡。

从顺治皇帝到乾隆皇帝时，土尔扈特与中原的联系从未间断，尤其阿玉奇为汗时期，和清政府的关系更加密切，使节表贡不绝。康熙平定噶尔丹叛乱时，阿玉奇派人协助策旺阿拉布坦截断噶尔丹的后路，后噶尔丹兵败身亡，他又遣使至清政府祝捷。使臣一再传达阿玉奇的意思，表示土尔扈特是远离祖国的大家庭成员之一，并非沙俄属国，并为皇帝绘制伏尔加河下游所属分布图。

土尔扈特对祖国的真诚，感动了康熙皇帝，他对使者十分重视和热情，每次来使回去前，均隆重相送，并赏赐大量金银财物、罗绫绸缎。后来还决定派内阁侍读图理琛等为使臣，前往伏尔加河流域，探望土尔扈特部。图理琛一行 34 人，经过两年多的时间，克服层层阻挠才达到伏尔加河，受到土尔扈特的同胞的真诚欢迎，他们欣喜万分，充分流露出思念祖国故土之情。

图理琛访问团是清政府派往中亚的第一个使团，给土尔扈特蒙古族带去了祖国的慰问和情谊，这是清政府争取土尔扈特的重大措施，也是促使土尔扈特部以后下决心离开伏尔加河流域回归祖国大家庭的一个重要因素。

雍正朝时，又于 1730 年和 1731 年两次向伏尔加河流域派遣使团探望土尔扈特亲人。清乾隆二十一年（1756），俄国对土尔扈特的控制已经加强，但土尔扈特汗敦罗布喇什仍遣使吹札布到承德避暑山庄觐见乾隆，向乾隆呈献了方物、贡品、弓箭袋（今存中国历史博物馆）。乾隆多次面见吹札布，详细询问了他们的处境及与俄国的关系。吹札布说明了早年西迁的原因，申诉了土尔扈特部众遭受俄国压迫的痛苦，并转达敦罗布喇什的话："非大皇帝（乾隆）有命，安肯自为人臣仆！"只是，这个时候，远离故土的土尔扈特人似乎已经身不由己了。

在土尔扈特部西迁之初，他们度过了一段平静的日子。但是阿玉奇汗逝世后，土尔扈特部落危机日益加剧，沙皇开始直接干预土尔扈特部汗位的继承，想迫使他们称臣，大量征调土尔扈特兵丁，叶卡捷琳娜女王甚至发出指示"十六岁以上者尽行出征"，仅 1768~1769 年沙俄对土耳其的第一次战争中，就强征大批土尔扈特人替俄充当炮灰，七八万土尔扈特人战死沙场，生还者不足十之一二，这对于一个仅有 30 万人口的部落来说，无异于灭顶之灾。土尔扈特部一片惊骇之声："汗国的末日到了！"

这样的危机使土尔扈特部的第七代首领渥巴锡心急如焚，他知道这时的土尔扈特部面临着两种选择：一是忍受压迫，直到被沙俄灭族；另一条路是反抗，回到祖国的怀抱。

1771 年 1 月 15 日，渥巴锡在经过了几次与各部落头领们的秘密会议后，在雷恩沙漠附近别尔图地区集结了土尔扈特军民，向他们宣布东返的决定："俄国女皇已下命令，把我的儿子和各部落头领的儿子们送到彼得堡做人质，然后从土尔扈特部落选出一万名子弟，再为他们打仗。如果顺从他们的话，我们的汗国就没有了未来，所以，我要带领大家回归祖国，到东方，到太阳升起的地方去寻找新的生活。"实际上，在外敌的长期侵袭下，摆脱沙俄的压迫，重返祖国故土是土尔扈特人民心中的夙愿。经过渥巴锡的动员和号召，更加坚定了他们东归的决心，他们高呼："我们的子孙永远不当奴隶，让我们到太阳升起的祖国去。"

其实，按渥巴锡等人的原定计划，在伏尔加河结冰后进行，因为伏尔加河西岸还有一万户同胞，可以跟他们一起东返。遗憾的是，由于这年冬天气温较高，伏尔加河未能早日结冰，而东返的消息又被泄露，为顾全大局，渥巴锡不得不忍痛决定立刻行动，西岸的土尔扈特人民永远地留在了异国他乡。两天后，就有了那一把熊熊烈火，土尔扈特人民以此表示破釜沉舟的决心。

1771年1月17日，土尔扈特人民在渥巴锡的率领下，踏上了重返祖国的征途，离开生活了将近一个半世纪的异乡。土尔扈特人的行动，使俄国地方官员束手无策，俄国在伏尔加河的统治秩序陷入瘫痪状态。俄国女皇叶卡捷琳娜二世大发雷霆，命令奥伦堡省长莱莫斯多尔普立即采取行动追击和堵截土尔扈特人东返的队伍。

敌强我弱，渥巴锡把人马分成三路，采取乘敌不备、先发制人的方针，抢渡雅依克河，迅速摆脱敌人。2月1日，全部队伍渡过了雅依克河，进入了大雪覆盖的哈萨克草原，向恩巴河挺进。土尔扈特人进入哈萨克草原不久，北侧外翼的部队遭受到沙俄指使的哈萨克骑兵的突然袭击。由于土尔扈特部队以分散的队形，保护中间的妇孺和大批牛羊前进，在遭受袭击时，因战线太长，没有来得及集中力量，便展开了白刃格斗，整整9000多名战士壮烈牺牲，用鲜血和生命保卫了大部队的安全。

3月，土尔扈特队伍到了恩巴河东岸，迎来了难忍的风寒，冬寒夺去了无数战士和牧民的生命，往往早晨醒来的时候，几百个围在火堆旁的男人、女人和儿童已经全部冻僵而死，境况凄惨。天灾已经很不幸，偏偏这时俄国军队和哈萨克骑兵联合了2万人，又堵住他们前进的道路。回归队伍遇到了前所未有的困难，有人动摇了，幸好渥巴锡及时召集各部首领，动员大家团结抗敌，坚持到底："如果再走回头路，每一步都会碰到亲人和同伴的尸骨，俄罗斯是奴隶的国度，而中国是我们的理想之邦，让我们奋勇前进，向着东方，向着东方！"坚强的土尔扈特人受到了极大的鼓舞："回归祖国，决不回头！"。

4月，土尔扈特人终于冲破了敌人的阻截，可是已经吃了败仗的哈萨克人为了掠夺土尔扈特部落的财产，采取散兵游勇方式不断袭击土尔扈特老弱妇孺的队伍。土尔扈特人只好改走沙漠地区，由于缺乏水源，渴死的、生病的，不计其数，部落牺牲了几万人，损失了几十万头牲畜。英勇的土尔扈特人民掩埋了同胞们的尸体，又悲壮地踏上了归程。

6月，经历过严寒威胁的土尔扈特人又迎来了酷热的夏日，日子成了煎熬，生存成了梦想，而那阴魂不散的哈萨克人又以5万的人马，切断了他们通往祖国的道路。情况万分危急，渥巴锡在紧张之余无比冷静，他立即派出使者与对手谈判，送还在押的1000名哈萨克俘虏，得到了停战三天的休整机会。在第三天的傍晚，调整兵力，猛攻哈萨克联军，在牺牲了无数英勇战士的生命后，成功突围。

7月，土尔扈特部落越过俄国的边界小堡——坑格勒国拉，终于踏上了祖国的领土——伊犁西南塔木哈卡伦附近，结束七个月、一万多里的长征，17万人，整整17万人，在无数的围追堵截、疾病侵袭、寒冬炎夏之后，仅剩下6万多人，不足半数。他们形容枯槁，衣衫褴褛，靴鞋俱无……

有的大臣认为，土尔扈特人名为回归，实则心怀不轨，不能相信他们，乾隆在认真听取意见并研究大量材料之后，认为土尔扈特人是真心归顺的，告诫众人不必心存疑虑，并进而制定了收抚土尔扈特部落的方针。7月27日，清军总管伊昌阿·硕通，在伊犁河畔会见了刚刚抵达的渥巴锡以及土尔扈特主力部队和家属。随后，渥巴锡等人到伊犁与参赞大臣舒赫德会见。舒赫德向渥巴锡传达了乾隆皇帝愿意接纳土尔扈特人的旨意。此后，清政府驳斥了沙俄的一切无理条件，在对方可能违反《尼布楚条约》发动战争的威胁下也没有屈服，俄国人才终于识趣地闭嘴。

土尔扈特人东归，受到清政府和全国各族人民的欢迎。乾隆命舒赫德等"分拨善地安置，乃购运牛羊粮食，以资养赡，置办衣裘庐帐，俾得御寒，并为筹其久远资生之计，令皆全活安居，咸获得所"。新疆、陕西、甘肃、宁夏、内蒙古等地各族人民还提供了马牛羊20余万头、米麦4万多石、茶叶2万余封、羊裘5万多件、棉布6万多匹、棉花6万斤以及大量毛毡庐等物资，体现了各族人民的友谊与祖国的温暖。这些物资及时帮助了土尔扈特人民渡过了难关，使他们皆安居得所。为计之长久，休养生息，帮助土尔扈特人民发展生产，重建家园，乾隆下旨，划拨土地、发放种子，从各地牧群中挑选有繁育能力的牛羊数十万头让他们放牧饲养，连续8年免除赋税。并且直到1871年，国家百年未征土尔扈特部兵丁。

同年十月，乾隆在木兰围场接见了渥巴锡汗，并亲切地与他交谈，之后邀请他一同赴避暑山庄，并多次赐宴，邀他参与宗教法会，以及灯宴、观火戏等重大宫廷娱乐活动。为了纪念土尔扈特部回归，乾隆皇帝特命在如今有"小布达拉宫"的普陀宗乘之庙前，竖立《御制土尔扈特全部归顺记》、《优恤土尔扈特部众记》两石碑。

对于清朝政府的妥善安置以及各族人民热情的支援，土尔扈特人民非常感动，清政府同厄鲁特蒙古人民的关系更加密切起来，全国各族人民的大团结也再一次得到加强。东归壮举中，土尔扈特人民战胜了难以想象的艰难困苦，承受了极大的牺牲，用勇敢和智慧完成了18世纪人类最伟大的万里长征。在世界，在中华民族的光辉史册上都有着不容置疑的光辉价值。

中国历史上第一次人口大爆炸

　　乾隆即位时，康熙、雍正此前 70 余年的治理已经为他奠定了雄厚的基础，而乾隆本身也是一个雄才大略的皇帝，他自幼天资聪颖，"幼读诗书，颇谙治理"。当了皇帝后，更是汲取了祖父和父亲治国的经验和教训，开始一展身手。乾隆统治期间，是中国封建帝国历史上空前繁荣的一段历史，军事、经济、政治、文化等方面都达到中国历史上的一个高峰，不仅在中国，与同时期世界各国比较，也都可算是世界强国。

　　当时中国的人口和经济总量约占世界的 1/3，尤其是人口，从康熙时的 2000 万左右突破了 3 亿大关，增加了十几倍。这样的增长是要有经济后盾做支撑的，经济发展才是硬道理，这话不仅在现代是真理，那个时候也是，所以乾隆的自豪不是没有道理的，因为他的确创造了一个不折不扣的皇皇盛世。

　　中国封建社会的人口急剧增长，不像现在可能成为社会的负担、发展经济的障碍，那时候人口越多对促进垦荒、发展生产就越有好处，人口的大幅度增长也是统治者引以为自豪的事情——没有足够的耕地和银子怎么能养活这么多的人？

中国历史上，概括起来，曾经出现过三大盛世局面——西汉"文景之治"到"武帝极盛"的盛世、大唐"贞观之治"到"开元全盛"的盛世以及清代的"康乾盛世"，而人口的出生高峰恰恰与这三次盛世交织在了一起，可见人口增长与盛世局面的密切关联。

据史料统计，秦始皇统一中国后，我国的人口为 2000 万~3000 万，经过秦末的战乱以及天灾，西汉初的人口大约降到了 1500 万~1800 万。楚汉相争的局面结束后，汉高祖通过推行休养生息政策，大力发展生产力。文景两帝即位后，又在此基础上进一步采取了轻徭薄赋，与民生息的措施，从而出现了"文景之治"的盛世局面，到了西汉末年，全国人口已经达到了大约 6000 万，是中国历史上的第一个人口高峰。

隋炀帝时，全国人口为 4500 万左右，唐初推行均田制和租庸调制，休养生息，使百姓得以安居乐业，相继出现了"贞观之治"和"开元盛世"，人口也持续增长，到唐玄宗时高达 5300 万，是中国历史上的第二个人口高峰期。

从以上的统计数字中可以看出，大凡盛世，人口必有所增长和突破，西汉和唐朝时都体现了这一点，尽管在当时，人口增长幅度不可谓不大，但是跟后来的康乾盛世相比，则是"小巫见大巫"了，清乾隆六年（1741），在籍人口总数为 1.4 亿左右，这是中国历史上全国总人口数第一次达到 1 亿以上，这个突破不小吧，可是到了清乾隆五十九年（1794），全国人口总数增长到了 3 亿！这个中国历史上的第三次人口高峰远远超过了前两次，称其为"人口爆炸"，实至名归。

抛开经济刺激的原因先不谈，对于人口的增长，还有另外一个重要原因，那就是明末开始从美洲传入中国的美洲高产旱地农作物玉米、红薯、马铃薯等在乾隆时期的普遍种植。15 世纪，郑和下西洋，据说曾派副将到美洲，哥伦布则把美洲大陆的情况传到了欧亚大陆，欧亚大陆与美洲大陆的联系，对人类社会的发展影响是不可估量的，其中一个就是美洲的几种农作物对亚洲国家的贡献，它们是玉米、甘薯、马铃薯等。

甘薯（又称红薯、番薯、白薯等）、玉米（俗称包谷）、马铃薯（民间俗称土豆）在北方地区，可以与冬小麦构成一年两季收获，从而提高了土地利用率。它们的单位面积产量，也比中国传统的谷子、高粱、小麦要高出许多，其秸秆、秧蔓又是极好的饲料、肥料，而众所周知，麦秸、稻秆是不能做饲料、肥料的。这几种农作物的引进，还增加了我国农作物与土地适应性的选择范围，比如在南方不适宜种水稻的丘陵或少雨地区，番薯、玉米正好可以大显身手。此外，它们也极大地提高了老百姓抵御天灾的能力，玉米耐储存，丰收年份的玉米储存起来，可以补充歉收年的口粮，而土豆、红薯的淀粉则可制作成粉条长期储存。

这些优点是当时的老百姓最为看重的，而新作物的引种和推广，主要就是依靠广大农民群众的试种和扩大生产。比如勤劳而敏慧的农民大众，一旦看到玉米是一种适合于旱田和山地的高产作物，就很快地吸收利用。安徽《霍山县志》（1776年）说：四十年前，人们只在菜圃里偶然种一两株给儿童吃，现在已经延山蔓谷，西南二百里内都靠它做全年的粮食了。马铃薯和玉米、番薯等从美洲传入的高产作物成为贫苦阶层的主要食品，对维持中国人口的迅速增加起到了重要作用。

乾隆时期，非常重视对高产粮食作物的推广，尤其是甘薯和玉米（马铃薯适合在原来粮食产量极低，只能生长莜麦的高寒地区生长，所以在内蒙古、河北、山西、陕西北部很快普及）。甘薯被引进之初，只在闽粤沿海地区种植，乾隆年间逐渐推广至山东、河南等省。清乾隆四十一年（1776），山东按察使陆耀总结了甘薯种植经验，编印了《甘薯录》，乾隆帝仔细阅读后，非常高兴，立即命令北方各省督抚广为刊印、传抄，以便对甘薯加以推广应用。陆耀因为这个功劳，升任湖南巡抚，可见乾隆对于农作物推广的重视。至于玉米，也是在乾隆年间，随流民进入山区，遍及两湖、陕西和四川等省。在四川尤盛，史书记载："川楚人多，遍山漫谷，皆包谷矣。"

因此，中国人口在十七八世纪的成倍增长（包括同期世界人口的迅速增长），美洲的甘薯、玉米、土豆这三种作物帮了大忙。康熙、乾隆时期，尤其乾隆年间，正是甘薯、玉米、马铃薯引进我国并遍地开花之时，而正是这几种新的高产农作物，大大提高了我国的粮食产量。民以食为天，粮食产量持续增加，百姓有饭吃再加上皇帝的好政策，社会自然就安定了。

不过，在刺激人口增长的因素中，经济的因素还是首当其冲，经济的高速增长是人口高速增长的主要原因，而经济的发展也有赖于社会的稳定和决策的正确，在封建社会，这两个条件能否实现就与统治者密切相关了，尤其是处于金字塔顶端的皇帝，历史证明，乾隆皇帝做到了这一点。

乾隆非常崇拜自己的祖父康熙，事事效仿祖父，康熙修园林，他也修；康熙六下江南，他也六下江南；康熙举办千叟宴，他也举办；康熙当了 61 年皇帝，乾隆这次不敢超过祖父，硬是在当政 60 年后退位又当了三年太上皇。但是，崇拜归崇拜，他对于祖父为政的弊端也有比较深刻的认识，他觉得康熙治国政策过宽，尤其是晚年以后，受道家无为思想的影响，认为多一事不如少一事，所以对违法的官员和百姓往往从宽处理，这在有些时候的确能起到赢得人心的作用，可是时间长了，官民都不怕违法了，国家还怎么治理？

至于父亲雍正，一上来就铁腕治国，对于康熙时的弊端有了矫正，起到了积极的作用，但是此后一直从严治国，这样又有了矫枉过正的嫌疑，官员和百姓未免会有所抱怨，因此也是不可取的。

鉴于这些经验和教训，乾隆在上台以后，力图避免这些问题，采取刚柔相济的治国策略，首先对贪官绝不姑息，据相关史料记载，清朝 300 年的历史，二品以上的官员，因贪污问题而被处以斩刑、绞刑或被赐自尽者，共计 41 人，而在乾隆一朝就有 27 人之多，占了全部人数的 67%。至于受到"抄家没产""充军发配""降职罚薪"的官员，那就不计其数了。从这些数字中可以看出，乾隆治贪的决心是不输给他父亲的，乾隆时期，惩办贪官之众乃历朝之罕见，很多封疆大吏、权臣名将都纷纷落马，他们的党羽下场也很凄凉。这在相当长的一段时间里，营造出了一个吏治清明的政治环境，对稳定民心和社会秩序影响极深。至于乾隆后期宠信、姑息权臣和珅，使官场又形成了一个以和珅为首的"贪污网"，为清朝的衰亡埋下了伏笔，那就是后话了。

在经济上，乾隆非常重视农业的发展，认为"务本足国，首重农桑"。他减免农民的租税，提倡开垦荒地，注重农业耕种技术的提高，兴修水利设施。到乾隆中叶时全国的耕地面积达到了700万顷，比顺治末年增加了30%。这里面还有一个很重要的原因，就是乾隆一直坚持继续推行雍正时"摊丁入亩"的土地政策。乾隆时，摊丁入亩已经通行全国，对经济发展起了重大的作用，商业和城镇的发展也十分兴旺。

乾隆治贪有决心，对百姓却是非常体恤的，这一点集中体现在坚持轻徭薄赋的政策上，乾隆时期，曾经五次普免钱粮。所谓普免钱粮，就是对全国各省的土地免征田赋、丁银，这是一件大事，是清朝之前的任何一个朝代都没有实施的大动作。康熙时曾经有过一次就已经很了不起了，乾隆却做了整整五次！在乾隆统治的60年里，五次普免全国的钱粮，三次普免全国的漕粮。各地遇有水旱雹灾地震等害，也多加赈济和减免额赋，并一再废止各地的多项杂税，累计免征白银1.4亿两，免征粮食1200万担。这不仅表明了他对百姓的体恤，更重要的是，国库有钱他才能这么做，由此反映出当时国库储备的充足与经济的高度发展。

事实上，乾隆时期的社会经济已经达到了一个相当高的程度，耕地11亿亩左右，人口总数在3亿以上，从耕地到人口均超过以前任何一个历史时期。耕地增长与人口增长互为因果，两者又与经济发展形成良性互动，从而取得了重大的成就。乾隆王朝统治下的中国，政局稳定、经济繁荣、疆域辽阔、国泰民安，是当时亚洲乃至世界的政治、经济、文化中心，在中国封建社会的历史长河中是一个"前不见古人"的空前辉煌时代。

盛世千秋千叟宴

　　千叟宴，顾名思义，就是超过一千个老翁一起参加的宴会，只不过，这样的宴席只在特定的时期出现过，已经成为历史，不可复制。这个特定时期，指的是清代的康乾盛世期间。与今天的正式宴会不同，千叟宴的与宴者不用穿西装，不用打领带，但是必须够岁数——60岁以上，也就是说，过了这个岁数才有资格参加皇帝在紫禁城举办的宴会，这标准要是搁到今天，谁也请不起这个客，因为据官方统计数字，中国60岁以上的人口已经达到了1.4亿，虽说男的平均寿命比女的短，那也有个五六千万吧。而古代就不一样了，由于医疗条件、经济条件等各种各样的原因，人们的平均寿命只有四五十岁，甚至更低，因此当时活到60岁以上的老人，就是不折不扣的寿星了，不过，虽然这个年龄段的比例比较低，要是将全国的都集中起来，也是一个不小的数目，所以康熙举办这个宴会时，着重邀请的还是当朝的或已经退休的王公大臣、皇亲国戚，少数是从民间各地选出来的在当地比较有名望和影响的寿星，乾隆时条件才进一步放宽，扩大"选拔"范围。

　　毋庸置疑，康熙和乾隆祖孙俩无论是寿命还是登基时间在历代帝王中都是最长的，尤其是乾隆，整整活到了88岁，在今天来说，也不多见的。长寿就长寿吧，他们为什么要大费周章地总是请客呢，请的还是全国各地的老头子。原因还真是不少，总结出来，至少有三条：第一，虽然那些辉煌的成就已经证明，康熙和乾隆都是雄才大略的皇帝，是不折不扣的人中之龙，但不能否认的是，他们同时也是人，晚年的时候，都是老人。一般老年人有的心理活动，他们也有，比如，老年人怕冷清、怕被人冷落，喜欢热闹、喜欢恭维，特别爱听人家夸他德高望重、老当益壮，当然这不是绝对的，不过对于康熙和乾隆来说，应该是有这种心理的，所以他们愿意请人吃饭，尤其愿意请那些老头，大家坐在一起，人多热闹不说，看着也高兴，尤其是这些白胡子老头一口一个"皇恩浩荡""我主英明"，听着心里多受用啊。从这点来说，晚年的康熙皇帝和乾隆皇帝也只是两个普通的老人。

　　第二个原因就比较现实了，说白了就是有钱。康乾盛世时国家有钱，有钱才能摆阔。当时，国家经过多年的治理，人们的生活水平有了极大的提高，经济发展也非常迅猛，国库里有钱，官仓里有粮，所以两个皇帝有底气这么折腾，而这个时候也是清代最大放异彩的时刻。

　　至于第三个原因，也很明显，说直接点就是笼络人心，清朝在进关以后，就从大方向上表示满族文化的确不如汉族，也非常愿意学习汉族人的先进文化，所以从顺治到乾隆四代皇帝受儒家文化的影响非常深远，而儒家文化的核心之一是什么，就是"孝"啊，所以康熙和乾隆找来这么多老头，请他们在皇宫吃饭，是在告诉他们，也是告诉天下人，我们也尊老敬老。当然这么做，也更有提倡孝道、推行儒家仁孝思想的目的，能够进一步促进民族融合。

举办千叟宴，也体现出了中国传统文化的一个特点，就是食文化已经被渐渐地赋予了政治色彩，千叟宴不仅仅作为一次吃的盛宴将中华食文化发挥到了极致，更是空前地强化了民族的团结，在中华民族大融合的历史上留下了重重的一笔。说起千叟宴，不能不提满汉全席，因为千叟宴是满汉全席的一种。

满汉全席，听名字就容易理解，就是集满族与汉族菜点之精华而形成大宴，"大"可以从"全"字体现出来，"全席"，如此口气，规模怎会小呢。全席共计有冷荤热肴196品，点心茶食124品，肴馔320品，全吃下来，需要三天的时间。满汉全席取材广泛，用料精细，山珍海味无所不包，烹饪技艺精湛，富有地方特色。突出满族菜点特殊风味，烧烤、火锅、涮锅几乎是不可缺少的菜点；同时又展示了汉族烹调的特色，扒、炸、炒、熘、烧等兼备，实乃中华菜系文化的瑰宝。中国历代皇朝的宫廷宴席，五花八门，耗费巨大，清代的满汉全席无疑已经到了高峰，这也是清代的民族大融合对于饮食文化的一个显而易见的影响。

满汉全席被分为六种：蒙古亲藩宴、廷臣宴、万寿宴、九白宴、节令宴、千叟宴。

蒙古亲藩宴是清朝皇帝为招待与皇室联姻的蒙古亲族所设的御宴。

廷臣宴是于每年元宵节后一日即正月十六日举行，由皇帝亲点大学士、九卿中有功勋者参加的宴会。

万寿宴是清朝帝王的寿诞宴，也是内廷的大宴之一。

九白宴始于康熙年间，康熙初定蒙古外萨克等四部落时，这些部落为表示投诚忠心，每年以九白为贡，即白骆驼一匹、白马八匹。以此为信。蒙古部落献贡后，皇帝御宴招待使臣，谓之九白宴。

节令宴指清宫廷按固定的年节时令而设的筵宴。如元日宴、元会宴、春耕宴、端午宴、乞巧宴、中秋宴、重阳宴等，皆按节次定规，循例而行。

在这六种满汉全席中，无疑千叟宴是规模最大的一种，不折不扣的千人大宴。康乾时期，千叟宴共举行过四次：

第一次是在清康熙五十二年（1713），康熙皇帝花甲大庆时举行，赴宴者2800余人，意在"享祚绵长，与民同乐"。

第二次是在清康熙六十一年（1722），赴宴者1000余人，席上康熙皇帝作《千叟宴诗》，群臣奉和。凡参加会宴的老人年龄在70岁以上皆赐以玉鸠杖。玉鸠杖是以玉鸠为饰的手杖。《后汉书·礼仪志》载，年七十者授玉杖。杖端以鸠为饰。鸠为不噎之鸟，欲老人不噎也。据说这个传统是刘邦留下来的，当年楚汉相争时，刘邦在洛阳、荥阳之间吃了败仗，非常狼狈，逃跑时见楚军追杀过来，就藏在了灌木草丛中。楚军跑到灌木丛前，正要搜索，听到树上有许多鸠鸟在叫，就说："里面肯定没有人，到别处去搜吧！"刘邦便得了一条生路，他建立西汉以后，念念不忘鸠鸟的救命之恩，同时也认为鸠鸟是一种幸运鸟，便命人把这种"幸运鸟"的形象刻在手杖上，赠送老人。于是送玉鸠杖成了汉代尊老敬老的传统，对于年满70岁的老人，官府都要出面赠送以祝其长寿。

第三次是在清乾隆五十年（1785），《四库全书》编成，已过七旬的乾隆皇帝喜得五世元孙时举办，赴宴者 3000 余人，还有少数民族和属国使节中的老人参加，均得赏赐。

第四次也是规模最大的一次，是在清嘉庆元年（1796），年逾八旬的乾隆作为太上皇举办，赴宴者达 5900 余人，臣民年 70 以上都可以参加。百岁以上的老人被赏六品顶戴，90 岁以上的乡民被赏七品顶戴。

四次"千叟宴"均由礼部主持，光禄寺供置，精膳司部署，皇帝一句"赐宴"说得轻松，可苦了负责筹备的一线官员，因为不仅准备时间很长，程序也极为烦琐，地方官也不得安宁，因为他们要负责传达中央指示，然后提供入选名单，光有人名还不行，还得都附带简历，至少前三次的宴席选拔的意味很浓，即使是第四次条件放宽了估计也得先报名。毕竟是皇宫的宴席，参加的话，政治上必须可靠，原则上祖宗三代以内不得有叛国行为，另外，天下没有免费的宴席，尽管你吃这顿饭不用花钱，那你至少对国家对人民稍微有点小贡献吧，这个贡献就是需要放在简历里的主要内容，以便各级官吏审核，经过层层筛选，终于确定了名单，立刻行文知会，有幸入选的至少半个月就得到京城，因为要学习进宫、面圣的礼仪，让他们做好思想准备，乡下老儿，即使是大户出身，又有几个见过皇上的，那个时候，皇上在百姓心里不是人，是神，不教教规矩就进宫，万一"客人"一激动忘了下跪，那不是对皇上的大不敬，这个罪过怎么处理好，所以这项工作马虎不得。

接着就是准备必要的器具了，几千人吃饭，要桌子、椅子吧，凑不够就得现做。另外吃饭得有盘子、碗吧。还有，轿子轿夫得有所准备啊，那么多老头进京吃皇上的宴席，不能让他们从旅馆走到紫禁城的乾清宫（或者畅春园、宁寿宫、皇极殿）吧。再者，赏赐的物品就有恩赉、诗刻、如意、寿杖、朝珠、缯绮、貂皮、文玩、银牌等数十种，多达万余件，数量不能少，种类也不能少，皇上一高兴，赏这个、赏那个，你没准备，就是不给皇上面子，吃不了兜着走。

更重要的是，准备来准备去，不都是为了吃饭吗？御膳房的人事调配、菜点制作，就是关键，你要做得不好吃，不给全国人民都留下话柄了——皇上的厨子做得跟咱家里的差不多，特一般。光考虑口味还不行，皇帝请客的饭局，规模之大、人数之多、菜肴之丰、食品之精，盛况空前，御厨们的工作量想必也是极其惊人的，御膳房不知是如何的热火朝天？为开这数千人的宴会，炒这数万盆的菜肴，得多少厨师、采买、小工，恐怕至少也得需要三五千人，忙上两三个月，才能保证这顿饭不出纰漏。

可见，在准备千叟宴的过程中，一线的工作人员压力是非常大的，干得好或者说没出什么问题，可能事后有点赏，可能累了半天什么都没得到，但是稍微出点差错就有丢饭碗甚至掉脑袋的危险，总之，都不容易。

万幸，紧锣密鼓的筹备后，千叟宴如期举行了，以乾隆最后举行的一次千叟宴为例，宴分二等，分别接待王公、一二品大臣、高寿老人、外国使节和三至九品官员、其他老人，开宴前，5000多老头在指定位置肃立静候。然后高奏中和韶乐，皇帝出轿升座。再奏丹陛大乐，众人分班行三跪九叩之礼，接着依次入席。再下面是"展揭宴幕"，即给皇帝献上菜点果奶15品后再揭开几百张席布，之后正式开席。

食单：

一等席面：火锅两个（银锡各一）、猪肉片、羊肉片、鹿尾烧鹿肉一盘、羊肉乌叉一盘、荤菜四碗、蒸食寿意一盘、炉食寿意一盘、螺丝盒小菜二个、乌木筋一只，另备肉丝烫饭。

二等席面：火锅两个（俱为铜制）、猪肉片、羊肉片、羊肉一盘、烧肉一盘、蒸食寿意一盘、炉食寿意一盘、螺丝盒小菜二个、乌木筋二只，另备肉丝烫饭。

从食单上可以看出来，火锅是主打，乾隆皇帝最喜欢吃火锅，他的冬季食单上写有：野味火锅、羊肉火锅、生肉火锅、菊花火锅等。乾隆六次南巡，所到之处，接待官员都为他准备火锅。千叟宴上摆宴席800桌，每桌都有火锅，锅具形式有双环方形火锅、蛋丸鱼圆火锅、分隔圆形火锅等，最引人注目的是，800张桌子上有1600个个火锅，其规模堪称登峰造极。

当然不只是火锅，皇帝邀请的这些客人们也迷失在味道奇美的满汉全席中了，老人们一面称赞着"多亏大清的政策好"，一面争先恐后地大快朵颐、狼吞虎咽，他们吃得浑身热血沸腾，内心波涛汹涌，进而想起进皇宫之有幸、得睹天颜之激动，恐怕都会发出此生无憾的感慨吧。

席间不乏饱学鸿儒在乾隆的鼓励下纷纷吟诗作对，赞美这场亘古未有的豪华盛宴、歌颂乾隆大帝的千秋功德，于是"宾主皆欢"。据说席上乾隆亲自为90岁以上的老人敬酒，知道有一个老人已经140岁后，慨叹之余，出了一个上联，让纪晓岚对："甲重开，外加三七岁月"，纪晓岚眉头一皱："稀双庆，内多一个春秋"。堪称绝对，自古

以来，花甲之年，指 60 岁，重开，就是 120 岁，"三七"岁月指 21
岁，全加起来刚好是 141 岁；至于古稀，根据中国人的传统说法，无
疑是 70 岁，双庆就是两个古稀，140 岁，多一个春秋，就是 141 岁了
呗。说起纪晓岚，他也不简单，乾隆举办了两次千叟宴，他都有幸参
加了，八年后，他因 80 大寿将居住的阅微草堂装修一新，大门上的对
联由好友刘墉亲笔题写：两登耆宴今犹健，五掌乌台古所无。前一句
赞他有幸出席了两次千叟宴，后一句则是写他五次专任或兼任都察院
左都御史的殊荣，有这种经历的人毕竟是少数。

　　这场浩大酒局，被当时的文人称作"恩隆礼洽，为万古未有之
举"，至今仍是康乾盛世的辉煌事例之一。因为，只有在康乾时期举行
这样的宴会，才是理所当然，才是名至实归，才是民心所向，也才能
让人心悦诚服，这就是盛世的威严与辉煌。

瓷器要玩儿"清三代"

　　今天的收藏界有一流行语："瓷器要玩儿清三代。"意思就是清三代的瓷器集收藏家们万千宠爱于一身。这里的"清三代"指的就是清朝时的康熙、雍正、乾隆三朝，也就是我们常说的康雍乾盛世时期。康熙在位 61 年，乾隆在位 60 年，雍正承上启下 13 年，三人共同的努力使清朝国富民强、经济发展迅猛，手工业也有了极大的飞跃，最主要的表现就是制瓷业的发展。

　　康熙时期的青花、五彩、红釉、素三彩，雍正、乾隆时期的粉彩、斗彩、珐琅彩以及五光十色的各种颜色釉，都取得了空前的成就。清人蓝浦在《景德镇陶录》中写当时的瓷业是"器则美备，工则良巧，色则精全，仿古法先，花样品式，咸月异岁不同矣。而御窑监造，尤为超越前古"。

　　工艺如此精巧的瓷器，让我们看看清代的人们主要用它们做什么：做饮食、盛器和日常用具，如盘、碗、杯、碟、盅、盏、壶、瓶、罐、洗、缸、盒以及凳、桌、枕、烛台等；做摆设及玩赏品，如花瓶、花樽、花觚、壁瓶、桥瓶、插瓶、花盆、花托、鼻烟壶和瓜果、动物像生瓷、各类仿工艺品瓷器以及陶瓷雕、瓷塑等；做文具和娱乐用品，如砚、水盂、印泥合、笔筒、笔、笔架，等等。

可见，在当时，瓷器渗透到了人们生活的各个领域，无论皇亲国戚、王公大臣还是寻常百姓都少不了它们，可它们毕竟只是生活用具，然而就是这些普通却又并不寻常的"生活用具"，让欧洲人痴迷了整整几个世纪，商人们为了炫耀自己从东方带回的"神奇"瓷器，通常都带着神秘的表情说，这些东西可以验毒，把有毒的食物或其他东西放在里面，它们就会忽然裂开，这种神奇的"功能"是制作时就设计好的。

无论传言是如何经不起推敲，欧洲人对这种滑润细腻、绚丽多彩、玲珑剔透，绘着美丽图案的中国瓷器都充满了神奇的幻想，他们称其为"China"，后来这个英文单词成了"中华人民共和国"的代称，可见瓷器对古代中国的影响有多么深远，以至于它能代表一个国家。

康雍乾统治的十七八世纪，欧洲市场上中国的瓷器同黄金一样贵重，也可以说比黄金还贵重，西方人的热烈追捧使瓷器成为王室贵族争相收藏的稀世之宝，甚至是国王们互相往来欲图表示友好或炫耀富贵的馈赠佳品。许多有钱却买不到瓷器的世袭贵族，不惜重金派遣专人万里迢迢到中国来定做瓷器，然后作为传世珍宝收藏。

当时北欧瑞典王国的一个地位显赫的贵族就是这样做的，同时他为了显示自己高贵的地位，严格地预先绘制了成套的图案，要求中国工匠必须依照这些图案烧制瓷器。他派遣的人乘船在海上漂泊了几个月，终于到了目的地，可是携带的图案被海水浸湿了，渗出一圈淡淡的水痕。

中国的制瓷匠人发现了图案上的水痕，感到很为难，来的人一再强调必须按照图案丝毫不差地烧制，但是这水痕是因为意外还是故意弄上的？被派遣来的人自己也说不清楚了。当时没有无线电话，匠人无法跟瑞典的那位贵族沟通，只好决定完全按照图纸去完成——你说完全一样就完全一样，无论水痕是故意弄上还是不经意弄上的都没有我们的责任。于是，工匠们便把水痕也当作图案的组成部分烧制在了瓷器上。

然后，那位瑞典贵族经过漫长的等待，拿到了有水痕的瓷器，为此他大发脾气，那个被派遣的人只好战战兢兢地说出了原因。贵族拿起图纸一看，发现上面真的有水痕，更令人吃惊的是，瓷器上的水痕跟图纸上的丝毫不差。这个美丽的误会令这个贵族立刻转怒为喜，不停地称赞中国制瓷工匠高超绝伦的技艺，得到消息后的亲朋好友也不断地来他府上要求看看这些宝贝，如今，这些瓷器依然在瑞典珍藏，被瑞典人视为无价的国宝。

其实不仅仅是烧出水痕的高超技艺令欧洲人惊叹，对于瓷器欧洲人始终都有挥之不去的神秘感，比如他们无论如何也想不明白，中国人怎么就能用泥土烧成如此致密洁白，轻轻叩击还有金属声音的东西。欧洲的许多王公贵族为了满足强烈的占有欲，发狂地逼迫骗人的炼金术士给他们仿制中国瓷器，他们根据传说中的方法试着把珍珠、贝壳磨成粉，加进陶器的原料里烧制，但是结果依然惨不忍睹，与中国的瓷器根本就不是一个档次。

投入了大量资金，用了无数的"能人异士"，却烧出这样不伦不类的东西，欧洲人在恼怒之余，对中国的瓷器更加好奇了，好奇心害死猫，却也激发了这些贵族们无限的想象力，有些人装成行家，说中国的瓷器既薄又轻、光鉴照人，绝对是用珍珠、贝壳磨成粉以后制作出来的，但是塑造成型后要把它们深深地埋在泥土里，一百年后才能挖出来，这时候瓷器就"成熟"了，因为每年都要埋许多瓶子，所以必须把日期标在瓶底上，才能知道何时去挖出已经成熟的瓶子。

得到制瓷方法，烧出精美的瓷器，对十七八世纪的欧洲人来说是一个遥不可及的梦想，可是在中国，制瓷的历史已经很悠久了，瓷器的前身最早可以追溯到 4200 年前的原始青瓷，不过真正意义上的瓷器则出现在东汉年间，在此后 2000 多年的时间里，瓷器逐渐渗透到社会生活的各个领域，越来越受到人们的重视，制作水平也在不断提高，发展到康乾时代，终于达到了巅峰，清三代，是我国古陶瓷史上的黄金时代。话又说回来了，清三代瓷器为什么如此受追捧呢？

原因有很多，最主要就是中国的制瓷业经过了 2000 多年的发展后，到清三代时期，由于工匠们吸收了无数前人制瓷的精髓，技术已经日臻成熟，通俗点说，就是到顶峰了，所以这个时期的瓷器无论质量、数量都已经令前代无法比拟，尤其是官窑瓷器更是代表了中国制瓷历史的最高水平。

既然水平无法超越，制作者就开始在品种和花样上下功夫，所以清三代瓷器品种繁多。除了前代的斗彩、五彩、素三彩外，康熙年间又出现了珐琅彩、粉彩和釉下三彩等新品种，瓷器的器型也非常丰富，各种装饰性瓷器都较元朝、明代大为增加，既有仿古又有创新，比如康熙时期的观音瓶、棒槌瓶等，雍正时期的牛头尊、四联瓶、灯笼瓶、如意耳尊等，乾隆时期则又出现了各种精巧小器，如鼻烟壶、鸟食罐、仿象牙等。

另外，清三代瓷器的纹饰也不拘一格，而且每朝各有特色，康熙朝的纹饰以山水花鸟、人物故事、长篇铭文为特色；雍正朝的纹饰则偏重图案化，流行绘桃果、牡丹、玉兰等，纹饰线条纤细柔和，有意思的是，画的人物中，男的一般都在渔、樵、耕、读，女的则都在琴、棋、书、画；乾隆朝纹饰更为复杂多变，但都有一个共同的主题——吉祥如意，纹饰必须有这种寓意，如百禄、百福、百子、福寿等。

所以说，制瓷工艺发展到清代，在康熙、雍正、乾隆三朝时期达到了历史最高水平，匠师们发挥智慧，精工巧制，使瓷器具有了极高的艺术价值。这就是如今的古董市场上，清三代瓷器集万千宠爱于一身的重要原因。

清代制瓷业，仍以景德镇为中心。这并不奇怪，不只在古代，也不只在清代，即使在今天，景德镇也是瓷器的代表、象征，讨论瓷器不谈景德镇，那跟没说差不多。景德镇就有这么个别称，代表其存在的意义——中国瓷都。

这四个字，概括了景德镇城市发展的历史特征，灌输了历代制瓷工匠的智慧和劳动，显示了景德镇对中国乃至世界陶瓷文化发展的巨大奉献。景德镇是中国古代四大名镇之一，是千年窑火不断的产瓷胜地，是世界上唯一的以单一行业发展起来的城市，这个单一的行业，当然是制瓷。

古人说天时、地利、人和，不过从制瓷业的角度来说，光是"人和"，即制作者手艺精湛是不够的，巧妇难为无米之炊，景德镇在这方面就显示出了优势，明《江西大志·陶书》中说"陶厂景德镇……水土宜陶"。这并不是自夸，景德镇的确"水土宜陶"，不仅当地的气候对制瓷业极为有利，地下还蕴藏着优质的瓷土矿。

在明末连年混战中，景德镇也受到严重破坏，窑场凋零，匠人四散。直到清顺治十一年（1654）才恢复生产，当然依旧是御窑厂。康熙时期，景德镇的御窑厂得到了比较充分的恢复和完善，产品质量已经比前代略有进步。清康熙十七年（1678），康熙派内务府官员至景德镇，驻厂督造，开创了以督窑官姓氏称呼官窑的先例，比如具有代表当时制瓷水平的"臧窑""郎窑"等。

康熙时的瓷器品种繁多，千姿百态，造型普遍古拙，胎体比较厚重，同样大小的器物，要比清朝其他时期的器物要重些。较大型作品采用分段成型整体组合的技法，修胎工艺精细，交接处不留痕迹。康熙五彩的主要颜色有红、黄、紫、绿、蓝、黑等，很少用青花，另外，令人物面部只用轮廓勾出而不填彩。

因为顺治年间才开始恢复生产，当时只是个过渡时期，所以康熙时期虽然制瓷技术有了一定的进步，模仿前代名瓷也是不可避免的，并且在相当长的一段时间是主流。在造型上模仿古代铜器，在风格特点上则模仿各大名窑的釉色纹饰。至于创新，在康熙中后期则有了明显的进步，尤其是清康熙四十四年（1705），郎廷极任江西巡抚，兼管窑务后，大力推动瓷器革新，豇豆红、郎窑红、胭脂红、祭红、洒蓝、瓜皮绿、孔雀蓝、豆青、金银釉等花色品种纷纷出现，给康熙时期的制瓷业增添了极为引人注目的一抹亮色。

当然这并不能代表康熙朝的最高水平，因为还有一个重大的发明，就是珐琅彩、粉彩。珐琅彩是国外传入的一种装饰技法，初期珐琅彩是在胎体未上釉处先作底色，后画花卉，特征是有花无鸟；粉彩是在康熙五彩的基础上受珐琅彩的影响而产生的新品种，其效果较淡雅柔丽，视觉上比五彩软，所以也称"软彩"。

雍正时期被认为是制瓷业的黄金发展阶段，这时，瓷器生产已经达到了历史最高水平，制作之精冠绝于各代。瓷器的总体特点是风格轻巧俊秀、精雅圆莹。值得一提的是，粉彩在这个时候最出彩，它把康熙五彩给取代了，时髦点说，就是"PK"掉了，成为釉上彩的主流。雍正瓷器一改康熙时胎体厚重、视觉上令人感觉笨重的特点，开始变得轻巧、精致起来，不能不说是一种突破。

清雍正六年（1728），唐英到景德镇御窑厂督导瓷器生产，此后到清乾隆十四年（1749），一直督管陶务，在清朝历任督陶官中，唐英的成就最为卓越。在他的努力下，青釉烧制技术达到历史上最高水平，仿官、哥、汝、钧等名窑制品也非常成功。而在康熙时出现的茶叶末、铁锈花等铁结晶釉，在此时则达到了极盛，这些成就的取得，固然少不了无数匠人的努力和钻研，但是唐英也是功不可没。

乾隆时期是康乾社会发展的顶峰时期，对于制瓷业也是一样，御窑厂内聚集了大量管理人才和能工巧匠，不过大概也是由于条件过于优越了——最优秀的匠人、最有力的财政支援、最好的管理人才，在某些方面反而有了倒退的表现，比如虽然制作精细，艺术格调上却显得烦琐华缛、堆砌罗列，事实使我们无法反驳这样一个真理——有时候完美也是一种缺陷。

不过幸好进步是主流，这个时候，粉彩已经取代了五彩，最流行的是在琢器上使用转心、转颈等技艺手段，匠人们技术高超，准确掌握了釉料的配制和火候的控制，以至于可以惟妙惟肖地模仿别的物质效果，仿木纹、仿竹器、仿漆器、仿金属器等，几可乱真。

　　总之，清三代，中国的制瓷业有了突飞猛进的发展，制瓷技术更趋娴熟精湛，品种尤为丰富多彩。高低温颜色釉"莹润纯全"，珐琅彩、粉彩精细秀雅，特别是康熙青花、五彩、三彩风格别致，雍正墨彩朴素清逸，釉里红发色纯正、鲜艳瑰丽，而乾隆瓷器以奇、巧、新、精取胜，玲珑和瓷雕等工艺瓷巧夺天工。造型精巧、装饰靡丽、瓷质莹润三者兼备，构成了康雍乾三朝瓷业的辉煌成就。制瓷业取得的巨大成就也对当时中国经济的发展产生了重大的影响，这一点，在对外贸易中得到了充分的体现。

　　当时的中国仍然是一个相对封闭独立的封建中央集权专制国家，在与国外的贸易中，中国是自给自足的小农经济，对国外商品的需求小，而与中国进行贸易的西方国家，则大量进口中国的瓷器、丝绸、茶叶——这些都是国际市场上的抢手货，由此造成了巨大的贸易顺差，出去的是瓷器和丝绸，中国人拿回来的却是源源不断的真金白银。

盛世修书之 《四库全书》

　　在中国古代史上，历代统治者讲求文治最常用的方法和最有效的手段，就是搜求典籍、编纂图书。在王朝的鼎盛时期尤其会这样做，盛世修书已经成了历代统治者遵循的文化传统，如唐代有经书定本《五经正义》以及《晋书》、《梁书》、《陈书》、《北齐书》、《周书》、《隋书》等纪传体史书；宋代有三大类书《太平御览》、《太平广记》和《册府元龟》以及编年体史著《资治通鉴》；明代有大型类书《永乐大典》；清康熙朝有仅次于《永乐大典》的大类书《古今图书集成》。多数的帝王都愿意这样做，可见这项工作并不是多余的，直接原因就是历代帝王都很难忽视一个最浅显的道理——马上得天下是可行的，但不能马上治天下，要想国家兴旺、统治稳定，需要两个条件，一是文治、一是武功。

　　对于武功，不需要多说，清朝的统治者也是一样，用武力取得了天下，用武力巩固天下，尤其是到了乾隆这一代，用十次战争，巩固了国家统治，奠定了中国近代版图，对于"武功"，乾隆的贡献是无与伦比的，所以他晚年自称"十全老人"，有"十全武功"，后人并不能因此就笑他自我吹嘘。而在"文治"上，乾隆也一直都没有忽视过。他在位期间组织了许多大规模的文化工程，例如下令编纂了《大清会典》、《周易述义》、《三礼义疏》、《皇朝通志》、《八旗通志》等书籍，校刊重刻了《十三经》、《二十二史》、《三通》等书籍。当然这其中最引人注目的还是《四库全书》的编纂。

《四库全书》共收入古书 3400 多部，共 7.9 万卷，其卷数是《永乐大典》的三倍，成为我国古代思想文化遗产的总汇，是中国古籍文化的集大成之作。这样大的一个工程，抛开需要最顶尖的人才不说，首先就得解决资金问题，如果没有统治者的重视和支持，毫不夸张地说，任谁也无法完成。

而乾隆皇帝之所以鼎力抓这个工程，从征书、选择底本，到抄书、校书，都一一过问，亲自安排并精心策划，同样也需要良好的社会背景。比如，当时正值康乾盛世的鼎盛阶段，天下太平，所以皇帝有这个"闲情逸致"过问修书事宜，试问如果前线一直打仗、天天告急，他还有心思管修书的事吗？早就满嘴起泡、调兵遣将了。再者，还是回到那个古老、庸俗而又始终无法避免的问题上，那就是国家有钱，谈钱俗，可不谈是办不成事的，《四库全书》从 1773 年纂修开始，至1781 年第一部书基本告竣，全书近 8 万卷之巨。此后又陆续分抄六部，再加上相关的后续工作，直到 1793 年才全部完成。参加纂修的学者和官员有 4000 多人，再加上纂修期间在全国广泛搜征图书以及复杂的禁毁图书等事项，所耗资金之巨难以累计，没有康乾盛世所积累的强大经济实力作支撑，是不可能顺利完成的。

乾隆不仅立志要编好这本书，不惜巨金，还处心积虑地给它取了个大手笔的名字：《四库全书》。这个名字的特点，集中体现在一个"全"字上，"全"是什么意思，就是不缺，就是古往今来的书籍，都在我这里。这个名字与《古今图书集成》的名字有异曲同工之妙，口气不可谓不大。

话又说回来，皇帝再重视，也不能直接参与编书，他没有那个时间——总不能为了这书就不管国家大事了吧，再者就是他未必有那个才能来主持。所以乾隆1773年《四库全书》馆正式开馆后，总纂官的选择问题就提上了日程。乾隆是左思右想、右思左想，将朝中所有的文臣都过了一遍筛子，还是不能下决心，但是心中有了计较，于是召来他最信任的汉大臣刘统勋，让他推荐个人选。

刘统勋故作深沉：皇上，这工程这么大，找个合适的主持人，实在是难啊。乾隆也跟着他打太极：是啊，难啊，朕有意做成这个有利万世的文化盛事，难的是无人相助啊。刘统勋又说，难是难，但是也不是没有。说完故作沉吟，继续卖关子，乾隆受不了了，说你直接说吧，刘统勋一看再卖下去也没必要了，就说皇上恕罪，臣认为《四库全书》总纂官一职，非纪昀莫属啊。乾隆笑了，老爱卿，你这是在这儿等着朕呢，好吧，就纪昀。

一说起纪昀，相信很多人头脑里大概都是电视上那个谦逊文雅又机智无比地与权臣和珅斗智斗勇的纪大烟袋的形象，其实，这完全是一个误会，也可以说影视作品中的纪昀只是作家、编辑们塑造出来的艺术形象。纪昀，历史上确有其人，他才华横溢、文名远播，是乾嘉时代公认的文坛领军人物，虽然一生都混迹官场，但是政绩很少几乎可以忽略。至于斗权臣和珅的事迹则完全是杜撰，说他巴结和珅有些冤枉，不过事实就是他做人不够圆滑，即使对和珅有腹诽，也绝不会在表面上表露出来。

如此说来，难道这个人人称赞的一代风流才子、名臣仅仅是个幻想，他的美名仅仅是个历史的误会吗？也不是，纪昀可能在当时并没有做出过什么有利于国计民生、江山社稷的政绩，但是这个人，对于中国传统文化的贡献是不可估量的，因为前无古人、震古烁今的大型文化工程《四库全书》的编纂就是在他的主持下完成的，这一项辉煌的功绩足以令纪昀名留青史、永垂千古。

纪昀，字晓岚，河北献县人。纪家本是书香门第、钟鸣鼎食之家，后来又出了纪晓岚这个风流才子、文坛领袖，所以他出生前后的情形都被野史描写得充满了神秘色彩，据说纪晓岚出生前夜，一个火球从天而降，掉进了纪家大院，但是光有声响却并未着火，纪晓岚的祖父纪天申正在书房中假寐，被惊醒后，刚好看到书案上的蜡烛从烛芯里毕毕剥剥地一连爆出几朵火花。俗话说"灯花爆，喜来到"，纪天申喜不自胜，知道有喜事要降临了，果然第二天，一个男婴降生了，纪天申给这个孙子取名叫昀，字晓岚。

像《康熙字典》、《古今图书集成》的编纂者陈廷敬、陈梦雷等人一样，纪晓岚也是在深厚的家学渊源的熏陶下，从 4 岁起开始读书问学，"少有才名"，因过目不忘、才思敏捷而有"神童"之美誉。天资固然重要，后天的努力却不能忽视，纪晓岚自幼勤奋好学，博览群书，加上天资聪颖，其学问与日俱增，终至成为公认的"一代通儒"。

12 岁那年，纪晓岚随父入京，拜清代皇家画院中继王原祁之后的一代宗匠为师，名师出高徒，纪晓岚的学业大有长进。24 岁那年，他在顺天乡试中一举夺魁，其文章写得词采华丽、神采飞扬，主考官拍案叫绝，擢其为乡试第一。值得一提的是，这个主考官就是大名鼎鼎的刘统勋，在纪晓岚的一生中，福兮祸兮，刘统勋都起到了关键作用。

　　由于丧母等原因，纪晓岚两次错过会试，31 岁才进京参加会试，高中甲戌科进士，从此步入鸿才硕学荟萃的翰林院，开始了他的官宦生涯。起初，他的仕宦生涯可谓春风得意，由乡试主考官、同考官到侍读、侍读学士，为当朝文学重臣之一，可也只是"文学"重臣，虽然他一生中两次任乡试考官，六次任会试考官，并于清乾隆五十二年（1787）升任礼部尚书，此后任职兵部尚书、都察院左都御史、协办大学士等官，但这种职位皆为掌印的堂官，并无重权、实权，只是朝廷的摆设而已，同刘墉一样，他终生未能进入大清朝的权力中枢机构军机处。

　　从 1754 年至 1768 年，是纪昀在翰林院春风得意、酣酒高歌的日子。他奔忙于学官和侍奉皇帝期间，当时君臣、同僚之间，多有酬唱应答，纪晓岚的妙语佳对，不仅赢得同僚们的广泛赞誉，而且也颇得乾隆帝嘉奖。这时与他交游的朋友中有王鸣盛、钱大昕、朱筠、戴震、王昶等人，都是在文坛中占有一席之地的人物，尤其是戴震，更是清代文学史乃至中国文学史上不可忽略的一位。

　　大概是十几年的太平日子让纪晓岚放松了警惕，他在 1768 年办了一件不太光彩的事，当时刘统勋等人清查盐务贪污案件，其中涉及两淮盐政卢见曾，卢见曾跟纪晓岚有姻亲关系。纪晓岚在京城，消息灵通，暗暗为卢见曾捏了一把汗，想了想，还是决定通风报信，对这件事，《清朝野史大观》的记载更为生动，说是纪晓岚得知消息后，想通知卢家，又怕引火烧身，只好冥思苦想想出了一个绝妙的办法，把一点盐和茶叶封在一个空信封里，里外未写一字，星夜送往卢家。卢见曾也不笨，马上悟出了其中的隐语："盐案亏空查封"，于是急忙补齐借用的公款，查抄的人来时，已经是半月之后了。

可是世上没有不透风的墙，纪晓岚虽没有用文字通知卢家，其行为也是明显违法的，跟直接通知没有什么区别，这件事被他的老恩师查出来了，刘统勋虽然一直很欣赏这个门生，但谁都知道刘统勋绝不是营私舞弊的人，所以乾隆最终知道了这件事，下令将纪晓岚发配乌鲁木齐。

刘统勋对学生的遭遇也很同情、惋惜——这与他公事公办并不矛盾，一直寻找机会为纪晓岚求情，这才有了他和乾隆两人"打太极"的一幕。其实，乾隆想来想去也觉得还是纪晓岚最合适，这才找来刘统勋给自己一个台阶下。这样，被流放到乌鲁木齐两年多的纪晓岚奉旨回京了。

清乾隆三十八年（1773），《四库全书》的编纂工作正式开始，纪晓岚以总纂官的角色，总揽纂修全局事宜，于"繁简不一，条理纷繁"之中，"撮举大纲"，"斟酌综核"，为《四库全书》纂修工程中出力最巨者。陆锡熊和孙士毅也曾任总纂官，但孙士毅任职短暂，陆锡熊入馆较晚而又早逝，"始终其事而总其成者"，唯有纪昀。

《四库全书》的编纂有严密的组织系统。四库全书馆的最高职务是总裁、副总裁，多由郡王、大学士以及六部尚书、侍郎等人兼任，这些人负责总理馆内一切外围事务，接下来是总纂官，在总纂官之下，有 300 多人任编辑，总共 4000 多人参与其事，设"总阅""总纂""总校""提调""缮书"各处，分别在翰林院及武英殿展开工作。其编辑规模之大，恐怕在全世界亦属空前。

此外，四库全书馆堪称人才宝库，集中了大量优秀人才，其中不少人是破格录用的，如邵晋涵、余集、周永年、戴震、杨昌霖等人，入馆前不仅不是翰林，并且戴震、杨昌霖等连进士都不是，仅是举人。不拘一格选拔到的各类人才为《四库全书》的编纂创造了更加有利的条件。而纪晓岚上任后，首先做的工作就是协调调度人员——把每一个人安放在合适的工作岗位，做到人尽其才，是纪晓岚首先要解决的一个问题。

接下来就是收集史籍材料，在纪晓岚的建议之下，乾隆皇帝下令在全国范围内开展大规模的搜集图书活动。不久就出现了这样的情形：圆明园的里里外外，到处停放着满载书籍的大小车辆，收掌官挥毫登记造册，差役们手抬肩扛，将成捆成箱的书籍，搬运到临时存放的大图书库内。纪昀忙而不乱地指挥着众编修，将一捆捆书籍拆开，分到经、史、子、集四库。乾隆很高兴，下令赏赐献书较多的人，受赏名单上赫然列着纪昀的大名。

第三个工作很让纪晓岚头疼，那就是寻找《永乐大典》。提起《永乐大典》，自清入关以来，就没人见过这部整套的巨书，康熙曾多方寻找，亦没有收获。纪晓岚这一次为编纂《四库全书》，更是下了大决心要找到它。但是始终找不到，编纂官们很心急，急中作乐，一个姓朱的翰林就跟大家开玩笑说："看来是李自成攻占北京的时候，被他拿来垫了马蹄子了！"

另一个编纂官，著名书法家、被称为淡墨探花的王文治，则郑重其事地跟纪晓岚说："《永乐大典》是国宝，明廷肯定十分重视，将其藏在了一个秘密的地方，既然民间没有其散佚的传闻，就证明它肯定还在宫中，可是史籍上居然什么记载也没有，这事情就很蹊跷了，我看大人你不如斋戒三天，祈求神明指点一下吧。"纪晓岚听王文治绕了半天说出了最后一句话，就明白了他是想整自己，谁都知道纪晓岚有三大爱好：抽烟、美女、吃肉。他一天烟袋不离手，有一妻六妾，享尽齐人之福，如果一天不吃肉，以"眼放绿光"形容有点夸张，但绝对是很受煎熬。

不过明知王文治是整自己，他焦头烂额之余，也想死马当活马医，就说，那就试试吧，一个月都行。王文治本是跟他开玩笑，见他当了真，与众编纂官都暗自窃笑。谁知，事有凑巧，两天后，一个小太监爬到"敬一亭"的顶架上，终于发现了密藏在这里300余年的《永乐大典》。大家激动之余，又哑然失笑。这件事只是编书过程中一个小小的插曲，从这里也可以看出编纂过程的辛酸。史书载，在总纂《四库全书》期间，纪昀夙兴夜寐，殚十年之力于修书伟业，常常是"鲸钟方警，启蓬馆以晨登；鹤籥严关，焚兰膏以夜继"。

清乾隆四十六年（1781）十二月，经过纪晓岚和众多纂修官八年的辛勤工作和不懈努力，《四库全书》第一部终于告成。全书抄成3.6万册，约计229万页，7.7亿字。为便于检阅，全书将经史子集各部书籍分色装潢，经部用青色绢，史部用赤色绢，子部用月白色绢，集部用灰黑色绢。众纂修官无不欢欣鼓舞。与纪晓岚同为总纂官的陆锡熊曾撰《钦定四库全书告成恭进表》，纪晓岚润色时，改来改去，总觉得不合心意，于是自己动笔另作了一篇，全文条分缕析、辞藻瑰丽、文采飞扬。纪晓岚署了他和陆锡熊两个人的名字进呈给乾隆，乾隆看了之后，赞不绝口，之后话锋一转："这肯定是纪晓岚自己写的，别人写不出来。"说完对其大加赏赐，一时传为佳话。

《四库全书》是中国历史上最大的一部丛书，囊括了清朝乾隆以前中国历史上的主要文史百科典籍，对于弘扬民族文化、传播古代文化做出了重要贡献。《四库全书》和《四库全书总目》是集体智慧的结晶，纪晓岚在其中所起的关键作用丝毫不可忽视。以《总目》而言，全书行文风格一致，思想主旨贯通，都昭示了纪昀"笔削一贯"的重要作用。四库馆总阅官朱珪在纪昀墓志铭中写道："公馆书局，笔削考核，一手删定为《全书总目》。"从这个意义上说，《总目》最大限度地反映了纪昀的学术文化思想，正如黄云眉所言："就形式观之，《提要》似为多人心血之结晶品，其实此书经纪氏之增窜删改、整齐划一而后，多人之意志已不可见，所可见者，纪氏一人之主张而已。"

清嘉庆八年（1803），纪晓岚已届 80 高龄，还奉命主持参与了《四库全书》最后一部分官修书籍的补遗工作，成为《四库全书》纂修工作中唯一"始终其事而总其成者"，为《四库全书》的修成及其完善做出了巨大的贡献。

"扬州八怪"开一代画风

康乾时期，我国东南地区有一个全国贸易中心，富商大贾，四方云集，这就是繁华富丽的商业城市扬州。对于当时扬州的繁荣兴盛，无论是正史还是私家著作都多有记载，《江都县续志》称当时的扬州"富庶甲天下"，而著名的戏剧作家孔尚任则作诗称赞扬州的富庶："东南繁华扬州起，水陆物力盛罗绮。朱橘黄橙香者橼，蔗仙糖狮如茨比。一客已开十丈筵，客客对列成肆市。"

历史名城扬州，兴于汉，盛于唐，尤其是隋唐时期，更以繁华著称于世，是我国东南沿海一大都会和全国的重要贸易中心。虽然扬州在 2000 多年的岁月里，几经战乱，屡遭破坏，但因为地处要冲、交通便利等各项重要的原因，总能在最短的时间内恢复繁荣。说起来，扬州的繁华主要得益于盐业和漕运事业的兴盛。扬州濒临东海两淮地区，历史上一直是我国食盐的重要产地。

清朝时期，人口增长迅速，尤其是康熙到乾隆年间，全国人口增加了十倍不止，人口剧增，盐的需求量也与日俱增。扬州水运便利，理所当然地成了全国知名的吞吐量极大的盐运中心，据统计，乾隆时期，每年有 10 亿斤以上的海盐经过扬州转运到安徽、河南、江苏、江西、湖南、湖北等地，两淮盐运使的官署也设在扬州，种种条件，无疑给扬州的经济带来了空前的繁荣。

因为是靠盐业兴盛，所以毋庸置疑，受益最大的还是那些富甲一方的盐商。当时，盐业收入是政府税收的重要部分，尤其是乾隆时期，国家赋税收入的一半来自盐业，而两淮盐业的税收又占所有盐税收入的一半，说盐业的盈亏关系到国计民生，那绝不是夸张之词。在这样的情况下，来自两淮地区、聚居于扬州的盐商，垄断盐运，大发横财。扬州的盐商有多么富有？举几个例子，有百万银两家产的盐商被称为"小商"，根本不敢炫耀富贵。当时扬州有"八大盐商"，资产都在几百万纹银到几千万之间。

两淮盐商的中坚人物大盐商江春在乾隆年间曾经与其他盐商为朝廷"急公报效""输将巨款"达白银 1000 万两之多，江春由此深受乾隆、嘉庆两代皇帝的赏识和信任，是当时朝廷与两淮盐商之间联系的不可或缺的重要人物，被后世称为"以布衣上交天子"的第一人。说起江春的富有，野史上还有记载得更夸张的，据说一次乾隆南巡到扬州，某天到了大虹园的一个地方，随口说了一句，这个地方像南海的琼岛春阴，可惜没有白塔。江春听了就记在了心里，想赶紧造一个白塔给皇帝拍拍马屁，可是南方人不知道这个"白塔"是个什么样子，于是他赶紧找个机会重金贿赂乾隆的随从，问塔的形状。得到图纸后，马上召集工人、运输材料，一夜之间，就将这个塔造好了，第二天，乾隆又到大虹园，见到白塔巍然耸立，还以为是假的，走到近前一看，一摸，真砖真石，如假包换，知道原因后，也不禁感叹盐商的富贵。

不过，中国的封建社会毕竟是一个官本位的社会，重农抑商尤甚，做官的尤其是靠科举正途步入官场的人才能受到社会的普遍敬重，盐商再有钱，在大部分人眼里，也是暴发户而已，没什么文化，用现在的话说就是没素质。尤其是那些手头不太宽裕的官员和饱读诗书却温饱都成问题的读书人，更加鄙视那些盐商，称他们为"盐呆子"，用词可谓刻薄，原因当然也有些微妙，只可意会不可言传吧。

而当时的盐商们，还做不到我行我素，走自己的发家路让别人尽量去鄙视，他们并不仅仅满足于有钱，更希望获得别人的承认，尤其是官家的承认，认为得到那些人的承认，自己才算真正有了地位。乾隆年间，卢见曾任两淮盐运使与文人墨客举行大规模的诗文活动，但规定盐商不得参加，这对一心想附庸风雅的盐商们无疑是个很大的刺激，为了尽快摆脱这种尴尬的"困境"，他们也开始组织一些比较风雅的活动，尤其是积极主动地与士子、书画家交往密切，缺钱吧，慷慨解囊；有什么需要帮忙的，义不容辞，这样许多诗人画家解决了温饱问题，不用担心吃了上顿没下顿，就开始过上了安定的生活，无疑，世界上没有免费的午餐，没有无条件的资助，诗人画家们与盐商的依附关系就不可避免地产生了。但不能否认的是，这种情形，对文化事业的发展是有非常积极的作用的。

所以，当时的扬州，不仅是东南的经济中心，也是文化艺术的中心。富商大贾们为了使自己看起来有修养一些，极力装饰自己，主要表现在搜求精美的工艺品、珍宝珠玉、鲜衣美食，对于书画，更是愿意千金换取。在这种大风气的影响下，不仅仅是特别有钱的家庭，即使是中产阶级或者小康之家都开始在家里挂一两幅字画，来表现自己的品位，当时的民谣有"家中无字画，不是旧人家"之说。这么多人家都挂字画，那就需要一个必要条件了——画好坏不说，也不是人人都能画的，你想买来挂，得有人画吧。

于是全国各地的很多画家听说扬州书画的销路非常好，就都风尘仆仆地赶到扬州发财了，当时，扬州稍有名气的画家就有100多人，这100多人中，又有几个佼佼者，鹤立鸡群，他们就是著名的"扬州八怪"。

"扬州八怪"究竟指哪些画家，至今仍没有一个统一的说法，首先在人数上就不统一，有的说只有八个，有的学者则说八个只是一个约数，其实不止八个。在这种前提下，这八个或多个人到底都有谁自然就很难确定了，各种著述中，有十五位画家被"怀疑"是扬州八怪中的一员。不过多数人普遍赞同的还是清末李玉棻的说法，因为李玉棻在《瓯钵罗室书画过目考》中关于"扬州八怪"的记载是较早而又最全的，根据李玉棻的说法，这八个人分别是：郑燮、汪士慎、高翔、金农、李鱓、黄慎、李方膺、罗聘，这其中唯有高翔是扬州本土人。

"扬州八怪"最擅长画花鸟，其次人物，再次山水。"扬州八怪"均知识广博，长于诗画，其主要共同点都是在生活上经历了许多坎坷，不得已走上了以卖画为生的道路。这八个人尤其是盐商极力"巴结"的人，他们中的一些人，不惜一切代价，求购这几个名人的字画。其中，郑板桥的字画最受追捧。

郑板桥是"扬州八怪"的代表人物，"难得糊涂"四个哲学意味极其浓厚的四字真言就是出自他的手。这个人不仅是一个历史文化名人，像明时的风流才子唐寅和清代的文化名人纪晓岚一样有许多逸事，为民间百姓所津津乐道。

郑板桥是江苏兴化人，康熙年间的秀才、雍正年间的举人、乾隆年间的进士，做过几年山东潍县县令，为官勤政爱民，为救济饥荒，曾经冒险在没有得到朝廷命令的情况下，私自开仓放粮，深受百姓爱戴，后来在一次天灾中，几次为百姓申请救济，触怒了乾隆皇帝而被免职，卸任时只用一头毛驴驮走自己的"财产"，身为官员多年，清贫至此，途中见到的人无不感叹、称赞。

被革职后，郑板桥以卖画为生度过了贫寒的一生，他一生只画兰、竹、石。他认为兰四时不谢，竹百节常青，石万古不败，也正好是他倔强不驯的性格的写照，他的画一般只有几竿竹、一块石、几笔兰，构图很简单，但构思布局却十分巧妙，用墨的浓淡衬出立体感。竹叶兰叶都是一笔勾成，虽只有黑色一种颜色，但能让人感到兰竹的勃勃生气。

像郑板桥这样的人，他们不愿意用自己的辛苦之作给那些不懂书画的富商装点门面，却又迫于生计，不得不卖画为生。据说郑板桥以此为耻，卖画时，题自己的名字，但是极少题上款，就是很少写"此画送给某某某"之类的话，觉得跟那些沾满铜臭气的商人们来往很不光彩。当时郑板桥的画价值千金，可没有上款的画作，让得到画的富商很不满意，虽说他们本就是想买来郑板桥的画作为炫耀的资本，可是，如果题了上款，那不就更有面子了，跟朋友们一炫耀"郑某人送我的，怎么样，不错吧"，可郑板桥偏偏不题他的名字，就很让人郁闷了。

当时，人们都知道郑板桥爱吃狗肉，认为狗肉是最美味的东西，有些小贩得了狗肉之后经常送给郑板桥，也可能是想卖给他，知道他爱吃，可是郑板桥没钱，就经常作几幅画表示感谢，富商直接给他千金买画，他就是不愿意卖。有一次，郑板桥到野外郊游，渐渐走得远了，就听见附近传来了琴声，异常优美，他循着琴声走进了一片竹林，竹林中有一座大院落，非常雅致，院子正中，一个须发皆白的老翁端坐抚琴，旁边的童子正在煮狗肉，看样子已经熟了正要吃，郑板桥食指大动，问老人：你也喜欢吃狗肉吗？老人说，当然，百味以此为最，咱们进屋一块儿吃吧，两人也不通姓名，就开始大吃起来。

俗话说，吃人家的嘴短，何况如此美味的狗肉，郑板桥想我得想办法报答报答人家啊，站起来，发现房间的墙壁上什么都没挂，就问老人为什么不挂字画啊，老人说想挂，没有看得上的，听说郑板桥的字画相当不错，只是传言没有亲见，也不知是真是假。郑板桥说：您也听说过啊，我就是郑板桥，为您做几幅字画，报答这餐美味，您看行吗？老人说，好啊。说完就拿出许多纸笔，郑板桥写写画画，完了之后，老人说我叫某某某，请你提个上款吧。郑板桥很奇怪，说这不是某臭名昭著的盐商的名字吗？老人说：我出生时还没这个人，同名有什么关系，他虽臭名昭著，清者自清，与我何干？郑板桥一想也是，这么说来我倒俗了。随即题款作别。第二天，那个盐商请客，三番五次终于请到了郑板桥，郑板桥过府一看，墙壁上都是自己昨天作的书画，马上明白昨天的老人收了盐商的好处骗了自己，可是送出去的东西泼出去的水，已经无可挽回了。这个盐商为了得到郑板桥的画，也真是用心良苦。

其实不只是郑板桥，"扬州八怪"中的每一位画家几乎都有这样的苦恼：不想卖画，却迫于生计不得不卖。虽然画作与生计息息相关，但是"扬州八怪"的书画却并没有世俗之气，他们卖画，同时也以画寄情，在书画艺术上有更高的追求，不愿流入一般画工的行列。事实上，他们的学识、经历、艺术修养、深厚功力和立意创新的艺术追求，已不同于一般画工，达到了立意新、构图新、技法新的境界。以"扬州八怪"为代表的扬州画派的作品，无论是取材立意，还是构图用笔，都有鲜明的个性。可以说，"扬州八怪"是一批具有创新精神的画家群体，他们开创了一代新画风，为中国绘画事业的发展立下了不朽的功劳。

　　"扬州八怪"究竟"怪"在哪里，至今也没有固定的说法，有人说他们为人处世很怪，这个"怪"用今天的话来说，就是另类，有个性。其实这个说法并不太靠谱，八怪均经历坎坷，有着不平之气，对贫民阶层深表同情。凭着知识分子的敏锐洞察力和善良的同情心，对丑恶的事物和人，加以抨击，或著于诗文，或表诸书画。这类事在中国历史上虽不少见，但也不是多见，人们以"怪"来看待，也就很自然的了。但他们的日常行为，都没有超出当时礼教的范围，他们和官员名士交流，参加诗文酒会，表现都很正常，从他们生活行为中来认定他们的"怪"是没有道理的。所以，"八怪"真正"怪"的地方是，不愿走别人已开创的道路，而是要另辟蹊径，创造出"掀天揭地之文，震惊雷雨之字，呵神骂鬼之谈，无古无今之画"，就是要自立门户，不同于古人，不追随时俗，风格独创。在这种追求的引导下，他们的作品就很可能有违人们的欣赏习惯，人们觉得新奇，也就感到有些"怪"了。

不过更值得思考的是，"扬州八怪"为什么出现在康乾盛世？"八怪"为什么出现在扬州，而没有出现在其他地方？上文已经分析到，这同清代中叶以后经济发展，特别是扬州城市商业经济繁荣有着直接的关系。实际上，纵观整个 18 世纪，随着商品经济的发展，商人社会地位的提高，商人对学术文化的关心、参与和影响程度已经日益加大了，特别是在经济文化发展的东南地区。他们或出于对学问的尊重，或纯粹为了附庸风雅，或为了在官僚队伍和文化学术精英圈培养代理人，或出于公益与求取社会声望，纷纷热心于藏书设坛，邀聚文人学者吟诗作文、讲谈学问，甚至直接解囊资助学者与学术文化事业。这种情况还并不局限在扬州一地，而是在处于盛世的全国范围内都有这种现象。

图书在版编目(CIP)数据

盛世中国. 第 3 卷,康雍乾盛世 / 陈婷著. —北京:
中国华侨出版社,2015.9

ISBN 978-7-5113-5658-1

Ⅰ.①盛⋯ Ⅱ.①陈⋯ Ⅲ.①中国历史–清代–通俗读物
Ⅳ.①K209

中国版本图书馆 CIP 数据核字(2015)第221497号

盛世中国. 第 3 卷,康雍乾盛世

著 者 / 陈 婷
责任编辑 / 文 蕾
责任校对 / 孙 丽
经 销 / 新华书店
开 本 / 670 毫米×960 毫米 1/16 印张/18 字数/250 千字
印 刷 / 北京建泰印刷有限公司
版 次 / 2016 年 2 月第 1 版 2016 年 2 月第 1 次印刷
书 号 / ISBN 978-7-5113-5658-1
定 价 / 33.00 元

中国华侨出版社 北京市朝阳区静安里 26 号通成达大厦 3 层 邮编:100028
法律顾问:陈鹰律师事务所
编辑部:(010)64443056   64443979
发行部:(010)64443051   传真:(010)64439708
网址:www.oveaschin.com
E-mail:oveaschin@sina.com